초한지
후흑학

초한지
후흑학

발행일
2014년 1월 5일 초판 1쇄
2020년 2월 5일 초판 4쇄

지은이 | 신동준
펴낸이 | 정무영
펴낸곳 | (주)을유문화사

창립일 | 1945년 12월 1일
주소 | 서울시 마포구 월드컵로16길 52-7
전화 | 02-733-8153
팩스 | 02-732-9154
홈페이지 | www.eulyoo.co.kr
ISBN 978-89-324-7222-5 03900

楚漢志厚黑學

초한지
후흑학

• 신동준 지음 •

중국판 마키아벨리즘 후흑의 관계론

을유문화사

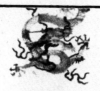

차례

제3장

면후심흑面厚心黑
— 두꺼운 얼굴과 검은 마음으로 천하를 잡다 · 69

제4장

면후심백面厚心白
— 두꺼운 얼굴에 하얀 마음으로 천하에 나서다 · 185

제5장

면박심흑面薄心黑
— 얇은 얼굴에 검은 마음으로 천하를 품다 ·263

제6장

21세기와 후흑 · 315

서문

　초한전楚漢戰의 주인공 유방과 항우는 여러 면에서 극명하게 대비된다. 항우가 명문 귀족 출신인 데 비해 유방은 빈농의 자식이었다. 게다가 항우는 학식과 병법에 뛰어나 본인어 직접 출전한 전투에서 단 한 번도 패한 적이 없는 데 반해 건달 출신인 유방은 참여하는 전투마다 매번 져서 이리저리 쫓겨 다니는 신세에 지나지 않았다. 항우는 팽성전투 때 3만 명의 군사로 무려 56만 명에 달하는 유방 연합군을 궤멸시키기까지 했다. 세계 전사戰史에서 그 유례를 찾아볼 수 없는 전무후무한 일이다. 그런데도 최후의 승리는 유방이 거머쥐었다. 드라마를 쓰고자 해도 이처럼 극적인 드라마는 쓰기 힘들다. 수천 년에 걸쳐 유방과 항우의 싸움이 인구에 회자되며 연구 대상이 된 것도 이와 무관하지 않을 것이다. 오랫동안 수많은 사람들은 가문도 별 볼 일 없고, 돈도 없고, 학식과 지식도 부족했던 유방이 어떻게 해서 새 왕조의 창업주가 됐는지를 놓고 온갖 분석을 내놓았지만 그 내용은 거의 천편일률적이다. 항우는 주변의 애기를 무시하며 독선적인 모습을 보인 데 반해, 유방은 남의 말을 경청하며 그들의 재능을 적극 활용했다는 식이다. 하지만 사서의 행간을 보면 항우역시 통 큰 군자의 모습을 여러 차례 보여 주었음을 쉽게 알 수 있다. 결코 속이 좁은 졸장부가 아니었다. 다만 유방과 달리 정치에 약했던 것이흠이라면 흠이었다. 그의 장기는 병법과 전략에 있었다. 당대 최고였다. 속 좁은 소인배 행보는 오히려 유방이 항우보다 더한 감이 있다. 공신들을 모조리 도륙한 토사구팽 행각은 말할 것도 없고, 항우와 한창 싸울때조차 참모들을 끝없이 의심하는 호의狐疑를 드러낸 게 그렇다. 한없는충성을 보이며 후방에서 군수 지원에 여념이 없던 소하조차 호의의 대상에서 벗어나지 못했다. 항우가 진평의 반간계에 넘어가 핵심 참모인 범증을 내친 것과 별반 다를 게 없다. 사서에 나오는 유방의 통 큰 군자 모습을 액면 그대로 믿어서는 안 된다는 얘기이다.

항우는 당대 최고의 군사 전략을 자랑했지만 정치에 취약했던 만큼애초부터 2인자의 길로 나아갔다면 전혀 다른 평가를 받았을 것이다. 한신의 경우는 1인자도, 2안자도 아닌 어정쩡한 길을 택한 까닭에 끝내비참한 최후를 맞았다. 책사인 괴철의 건의를 좇아 1인자의 길로 갔다면역사는 전혀 다른 방향으로 흘러갔을 것이다. 항우가 홍문의 연회 때 범증의 계책을 좇지 않고 유방을 살려 보냄으로써 이후 천하를 상납한 것과 닮았다. 병법 이론에는 밝았지만 실전에는 약했던 제갈량이 항우 및한신과 달리 처음부터 2인자의 길로 나아가 만고의 현상賢相이 된 것과대비된다. 저우언라이는 마오쩌둥과는 비교할 수 없을 정도로 높은 위치에서 출발했지만 대장정 와중에 마오쩌둥의 1인자 리더십을 발견하고는이내 노선을 수정해 2인자의 길로 나아갔다. 21세기 현재 제갈량에 버금가는 만고의 현상으로 추앙받는 이유다. 당대 최고의 병법가인 항우와 한신도 애초부터 2인자의 길을 걸었다면 비록 '만고의 현상'은 아닐지라도 '만고의 군신軍神' 칭송을 들을 수 있었을 것이다. 난세에 1인자가 되려면 반드시 정치면에서 남다른 수완을 보여야 한다. 삼국시대의 조조와 유비가 바로 그런 경우다. 실전은 조조의 주특기가 아니었다. 실전에서 당대 최고의 기량을 선보인 인물은 훗날 그에게 귀위한 가후였다. 조조가 가후의 계책에 말려들어 죽기 일보 직전까지 몰린 게 그 증거다. 당시 조조는 가까스로 목숨을 구하기는 했으나 장남과 조카 등을 잃었다. 그는 가후가 귀의해 왔을 때 기꺼이 맞아들였다. 이것이 정치다. 조조는 제갈량과 달리 위험 부담을 감수하며 결단할 줄 알았다. 1인자와 2인자 리더십이 갈리는 길목이 여기에 있다.

고금을 막론하고 사서는 승자의 기록인 까닭에 반드시 그 행간을 읽어야만 진실을 찾아낼 수 있다. 그럼에도 시중에 쏟아져 나오고 있는 초한지 관련 서적은 모두 이런 구태의연한 시각에서 크게 벗어나지 못하고 있다. 본서는 『사기』와 『한서』 및 『자치통감』의 기록과 기왕에 나온 초한지 관련 서적은 물론 최근에 새롭게 밝혀진 학계의 연구 성과까지 두루 살폈다. 역사적 사실을 토대로 해야만 21세기에 부응하는 현명하고 바람직한 길을 찾아낼 수 있다는 판단에 따른 것이다. 기존 학자들의 견해와 적잖은 차이를 보이는 이유다.

초한지가 다루고 있는 시간대는 춘추전국시대의 연장선상에 있다. 그래서 학계에서는 초한지제楚漢之際라고 부르고 있다. 초한지제는 항우가 진나라를 멸하고 초패왕楚霸王의 자리에 오른 후 한중왕漢中王 유방이 천하를 거머쥐기까지 진행된 7년간의 짧은 기간을 뜻한다. '제際' 자체가 과

도기를 의미한다. 당연한 결과로 초한지제는 초나라 항우와 한나라 유방의 각축전을 기본 골격으로 삼고 있다. 춘추전국시대의 난세가 형식적으로는 진시황 때 종식되었지만 실질적으로는 유방이 보위에 오르는 기원전 202년 2월에 매듭지어졌다고 평하는 이유다.

초한지제의 등장은 기본적으로 사상 최초의 제국이 불과 15년 만에 허무하게 무너져 내린 데 따른 것이다. 물리학의 '작용과 반작용 법칙'과 닮았다. 거대한 권력의 급작스런 공백이 블랙홀처럼 작용한 결과로 볼 수 있다. 이 시기는 처음으로 반기를 든 진승과 오광이 진나라 군사에게 패한 틈을 타 항우와 유방이 세력을 급속히 늘리며 혈투를 전개하는 와중에 한신이 뛰어난 무공을 배경으로 저울추의 역할을 하는 것으로 진행되었다. 겉으로는 폭정을 종식시키고 백성을 구한다는 제폭구민除暴救民을 기치로 내걸었지만 실은 누가 진시황의 뒤를 이어 천하를 호령하는가 하는 힘겨루기에 지나지 않았다.

초한지제는 제국 체제가 등장한 후 수천 년에 걸쳐 왕조 교체기 때마다 예외 없이 빚어진 난세 상황의 효시에 해당한다. 왕조 교체기의 난세에는 늘 수많은 영웅호걸이 나타나 치열한 각축을 벌이기 마련이다. 진시황의 급서처럼 거대한 권력 공백의 상황에서는 더 말할 나위 없다. 유방이 최초로 평민 출신의 농민 황제가 된 것도 바로 이런 시대 상황이 만들어 낸 것이다.

초한지제는 비록 짧은 기간이기는 하나 왕조 교체기의 난세에 나타나는 모든 특징이 집약돼 있다. 본서가 역사적 사실을 토대로 초한지제를 대표하는 10명의 리더십을 지난 20세기 초 중국의 리쭝우李宗吾가 창안한 '후흑학厚黑學'의 관점에서 집중적으로 살핀 이유다. 필자는 지난 2004년

『삼국지 통치학』에서 삼국시대에 활약한 군웅의 리더십을 후흑학의 관점에서 정밀 분석한 바 있다. 이번에 이를 초한지제로 확장한 것이다. 분석 대상은 천하를 거머쥐고자 한 유방과 항우를 비롯해 독자노선과 신의 사이에서 갈등한 한신과 항우의 책사 범증, 한신의 모사 괴철, 유방의 참모 장량과 소하 및 진평, 유방 사후 사실상 최초의 여제女帝로 행보한 여후와 그 밑에서 승상을 지낸 조참이다.

동서고금을 막론하고 난세에 천하를 거머쥐는 열쇠는 얼마나 많은 인재를 휘하로 그러모아 어떻게 활용하는가에 달려 있다. 유방은 이에 성공해 최후의 승자가 됐다. 동양에서는 이를 전통적으로 '득인得人'과 '용인用人'으로 나눠 설명했다. '득인'은 천하의 인재를 두루 구하고, '용인'은 인재를 적재적소에 배치해 자신의 기량을 최대한 발휘토록 하는 게 관건이다. 모든 것이 급변하는 21세기 스마트 혁명 시대에서는 천하의 인재가 국경을 넘어 자유롭게 이동하고 있는 까닭에 그 중요성이 더 커졌다. 스마트 혁명 시대는 소프트웨어와 하드웨어가 하나로 융합하는 시대다. 스마트폰을 뛰어넘어 스마트 TV와 스마트 카, 스마트 가전, 스마트 홈 등이 출현하고 있는 현실이 그렇다. 안타깝게도 한국의 소프트웨어 산업은 황폐하기 짝이 없다. 유수의 대학 이공계가 정원 미달로 애를 먹고 있는 게 그 증거다. 속히 문과와 이과의 칸막이를 없애 창조적이면서도 융합적인 스마트 인재를 집중 육성할 필요가 있다. 그래야만 미래지향적인 창조 융합 경제의 토대 위에 세계 시장을 석권할 수 있다.

필자가 본서를 펴낸 것도 바로 이 때문이다. 해법을 초한지제에서 찾고자 한 것이다. 초한지제는 비록 7년에 불과하나 군웅 간의 치열한 공방 속에 무수한 유형의 후흑이 등장했다. 이를 격변하는 21세기 스마트 혁명 시대에 적극 활용할 필요가 있다. 본서가 코앞으로 다가온 한반도 통일을 실현해 명실상부한 동북아 허브 시대를 앞당기고자 하는 모든 사람에게 나름 도움이 됐으면 하는 바람이다.

학오재學吾齋에서 저자 쓰다.

제1장

후흑을 바라보는
네 가지 관점

동서고금을 막론하고 사서는 승자의 기록일 수밖에 없다.
리쭝우가 사서를 읽을 때는 반드시 그 행간을 읽어야 한다고 역설한 이유이다.
그가 만세의 구세주와 만고의 역적이 엇갈리게 된 비결을 찾아낸 것은
바로 행간을 읽었기 때문에 가능했다. 만세의 구세주가 되기 위해서는 승리해야 하고,
승리하기 위해서는 반드시 후흑의 달인이 되어야만 한다.

승자와 패자의 갈림길, 후흑과 박백

　청조 말기 리쭝우가 처음으로 제창하고 나선 '후흑厚黑'이라는 용어는 면후面厚와 심흑心黑을 합성한 말이다. 이는 대략 '뻔뻔함'과 '음흉함'으로 번역할 수 있다. 많은 사람들이 그의 후흑학을 대략 '뻔뻔함과 음흉함을 토대로 한 처세학' 정도로 이해하고 있으나 이는 후흑학의 취지를 제대로 파악하지 못한 탓이다. 리쭝우가 역설한 후흑의 궁극적인 목적은 뛰어난 후흑으로 나라를 위기에서 구하는 후흑구국厚黑救國에 있다. 후흑학은 당나라 중엽 조유趙蕤의 『장단경長短經』, 명나라 말기 이탁오李卓吾의 『분서焚書』와 더불어 중국의 3대 기서奇書에 속한다. 맹자가 역설한 왕도王道 대신 법가와 종횡가 및 병가 등이 역설한 패도覇道의 관점에서 역사를 바라보고, 인물과 사건을 평했기 때문이다. 성리학을 절대시한 조선의 기준으로 보면 일종의 사문난적에 해당한다. 실제로 이들 서적은 이

단서로 몰려 불태워지는 등의 수모를 당하고, 당사자 역시 은둔 생활을 하거나 자진하는 등의 굴절된 삶을 살았다. 다행히 리쭝우는 중화민국 시기에 활약한 까닭에 이탁오처럼 자진하는 지경에 이르지는 않았다. 여기에는 중국의 인민들에게 후흑으로 무장해 서구 제국주의 열강의 침략에 단호히 맞서 자주 독립을 이루자고 역설한 게 크게 작용했다. 명실상부한 G2의 일원으로 우뚝 선 현재와 비교할 때 금석지감이 있다.

중국의 역대 인물 중 후흑학이 후흑의 대표적인 인물로 꼽은 사람은 춘추시대 말기에 활약한 월왕 구천勾踐이다. 구천은 와신상담으로 오왕 부차를 죽음으로 몰아넣고 천하의 패권을 차지한 인물이다. 세계의 최빈국으로 존재하던 중국이 덩샤오핑의 개혁 개방 이래 무섭게 실력을 기른 결과 미국과 어깨를 나란히 하는 G2의 일원이 된 과정은 구천의 행보와 사뭇 닮아 있다. 중국은 G2의 일원이 되었음에도 칼날의 빛을 칼집에 숨기고 어둠 속에서 힘을 기르는 도광양회韜光養晦 책략을 멈추지 않고 있다. 도광양회는 후흑의 정수에 해당한다. 중국의 수뇌부는 미국을 완전히 제압해 명실상부한 G1이 될 때까지 도광양회 책략을 계속 구사할 공산이 크다.

중국의 수뇌부는 물론 13억의 중국인 모두 아편전쟁 이래 서구 열강에게 무참히 당한 치욕을 결코 잊지 않고 있다. 현재 많은 전문가들은 중국이 2020년대에는 GDP에서 미국을 제치고 세계 제1위의 경제 대국이 될 것으로 내다보고 있다. 세계의 내로라하는 비즈니스맨들이 죽기 살기로 치열한 각축을 벌이는 글로벌 장터가 바로 옆에 차려지는 셈이다. 여기서 패할 경우 한국 경제의 명실상부한 G5 도약은 물론 통일시대의 개막도 수포로 돌아갈 수 있다. 그럼에도 현재 한국의 군사외교 및 경제 라인에서 중국통은 찾기 힘들다. 온통 미국통과 일본통만 있을 뿐이다. 중국어를 유창하게 구사하며 중국의 현지 사정은 물론 전래의 역사와 문화, 전통을 훤히 꿰고 있는 기업 CEO 및 임직원들과는 완전 딴판이다. 후흑으로 무장한 중국 수뇌부를 그와 정반대되는 이른바 박백薄白으로 상대하고 있는 셈이다. 박백은 인의 도덕을 기치로 내걸고 왕도를 추구하는 것을 말한다.

반면교사가 있다. 멀리 갈 것도 없다. 조선조는 박백으로 패망한 것이나 다름없다. 구한말 당시 조선의 사대부들은 패도로 무장한 사무라이들을 접하면서 조선이 왕도를 견지하면 섬나라 오랑캐들도 언젠가는 감복할 날이 올 것이라고 떠벌렸다. 난세에 붓을 들어 칼에 맞서고자 한 꼴이다. 전 국민이 후흑으로 무장해 있는 중국을 상대하면서 계속 박백으로 대처했다가는 동북아 허브는커녕 민족의 숙원인 한반도 통일도 멀어질 수밖에 없다. 이는 구한말 이래 21세기까지 주변 4강국의 패권 다툼에 저당 잡히는 것을 뜻한다. 마치 체스판 위의 말과 같은 신세가 되고 마는 것이다. 북한의 핵 공갈을 위시해 중국을 견제하려는 미국의 사주를 등에 업은 일본의 재무장과 미·일의 유착, 센카쿠 열도로 불거진 중·일 간의 갈등, 독도 및 위안부 문제 등을 둘러싼 한·일 간의 첨예한 대립 등 작금의 상황은 매우 심각하다. 조선조의 박백 행보에 따른 패망을 거울삼아 주변 상황을 주도적으로 우리에게 유리하게 이끌 필요가 있다. 후흑에 대한 심도 있는 접근이 필요한 이유다.

후흑은 기본적으로 인간의 심성이 선하다는 맹자의 성선설 대신 인간의 심성은 기본적으로 이기적이라는 한비자의 성악설에 기초하고 있다. 『한비자』는 노자의 『도덕경』에 최초로 주석을 가한 고전에 해당한다.

무위자연無爲自然을 역설한 도가와 신상필벌信賞必罰을 역설한 법가 사상이 『한비자』에서 만나고 있다. 리쭝우의 후흑학은 바로 여기에서 출발하고 있다. 난세의 타개책을 유가 사상이 아닌 법가 사상에서 찾고 있는 게 그렇다. 실제로 『한비자』와 『상군서』 등의 법가 사상서만큼 난세의 이치와 타개책을 자세히 설명해 놓은 제왕학서도 없다. 리쭝우는 후흑학에서 출세를 하기 위해 자신의 몸을 낮추고, 여러 개의 빠져나갈 구멍을 만들고, 원만한 인간관계를 수립하는 등의 다양한 처세술을 논하고 있다. 이는 21세기 비즈니스에서도 그대로 통하는 처세술이기도 하다.

리쭝우는 삼국시대 군웅 가운데 유비를 얼굴이 뻔뻔한 '면후'의 대가로 꼽았다. 『삼국지연의』에서는 늘 인자하고 너그러운 사람으로 묘사돼 있으나 정사 『삼국지』와 『자치통감』을 보면 유비는 다혈질 인간의 전형이다. 『삼국지연의』에서는 장비가 독우를 매질한 것으로 나오고 있으나 사실 장본인은 유비였다. 반면 리쭝우는 『삼국지연의』에서 난세의 간웅으로 묘사돼 있는 조조를 '심흑'의 대가로 지목했다. 조조와 유비 모두 비록 방법론은 달랐지만 후한 말기의 난세 속에서 후흑을 통해 새로운 세상을 만들고자 한 점에서는 하등 차이가 없었다. 이것이 바로 『후흑학』이 역설하는 후흑구국이다. 일찍이 마키아벨리는 『군주론』에서 난세의 군주는 결코 통상적인 도덕률에 얽매여서는 안 되고 반드시 여우의 지혜와 사자의 용맹을 기본 덕목으로 갖춰야 한다고 역설했다. 마키아벨리가 "내 영혼보다 피렌체 공화국을 더 사랑했다"고 술회한 데서 알 수 있듯이 그는 외적의 침공에 시달리는 조국 피렌체 공화국이 부국강병을 이뤄 이탈리아 반도의 통일 주역이 되기를 고대했다. 이것이 그가 『군주론』을 쓴 이유이다. 후흑구국의 취지와 같다. 그래서 일각에서 후흑을 중국

판 마키아벨리즘으로 평하기도 한다.

원래 리쭝우는 마키아벨리를 연구한 사람이 아니다. 그는 오직『한비자』와『도덕경』및『손자병법』등의 제자백가서와 역대 사서를 열심히 읽었을 뿐이다. 그가 구국의 비결로 찾아낸 후흑이 마키아벨리의 주장과 맥을 같이 하는 것은 전적으로 우연이다. 동양에서는 난세가 도래하면 각지에서 군벌들이 우후죽순처럼 나타나 인의를 기치로 내걸고 온갖 궤계를 구사하며 유혈전을 치르는 양상이 빚어졌다. 단 한 번의 예외도 없었다. 삼국시대의 조조와 유비 등이 대표적인 인물이다. 20세기의 마오쩌둥과 장제스도 하등 다를 바가 없다. 사서는 이를 '군웅축록群雄逐鹿'으로 표현했다. 군웅들이 가시권에 들어온 사슴을 잡기 위해 서로 정신없이 줄달음을 친다는 뜻이다. 천하를 거머쥐는 것을 '득록得鹿', 천하를 잃는 것을 '실록失鹿'으로 표현하는 이유다. 득록은 발이 가장 빠른 자의 몫이다. 현실에서는 무력전과 심리전, 첩보전 등의 우열로 판가름 날 수밖에 없다. 주목할 점은 발이 빠른 자나 느린 자나 너나 할 것 없이 축록전에 나선 자 모두 겉으로는 인의를 내걸고 구세제민救世濟民을 떠벌린다는 점이다. 여기에서의 인의는 양 머리를 걸어 놓고 개고기를 파는 것처럼 겉과 속이 다른 양두구육羊頭狗肉에 지나지 않는다. 이기면 모든 것이 미화돼 만세의 구세주가 되고, 패하면 모든 게 폄하돼 만고의 역적이 된다. 리쭝우가 제자백가서와 역대 사서를 샅샅이 뒤진 뒤에야 득록의 요체가 후흑에 있다는 사실을 뒤늦게 찾아낸 이유다. 실제로 그는『후흑학』의 첫머리에서 후흑을 뒤늦게 찾아내게 된 배경을 이같이 써 놓았다.

"당초 나는 글을 안 후 영웅호걸이 되고자 했다. 유가 경전인 사서오경을 수도 없이 읽었으나 아무 소득이 없었다. 제자백가와 24사二十四史를 통해 얻고자 했으나 초기에는 이 또한 아무 소득이 없었다. 그래서 나는 과거 영웅호걸이 된 자는 분명히 세상에 전해지지 않는 비술을 터득했을 터인데 나만 못나서 그것을 찾아내지 못한 것으로 생각했다. 그러던 중 왕조의 흥망성쇠와 이를 논한 사관의 평이 완전히 상반되고 있다는 사실을 알게 됐다. 이후 연구를 거듭한 끝에 그 비결이 바로 낯가죽이 두꺼운 '면후'와 속마음이 시꺼먼 '심흑'에 지나지 않는다는 사실을 알게 됐다."

동서고금을 막론하고 사서는 승자의 기록일 수밖에 없다. 리쭝우가 사서를 읽을 때는 반드시 그 행간을 읽어야 한다고 역설한 이유이다. 그가 만세의 구세주와 만고의 역적이 엇갈리게 된 비결을 찾아낸 것은 바로 행간을 읽었기 때문에 가능했다. 만세의 구세주가 되기 위해서는 승리해야 하고, 승리하기 위해서는 반드시 후흑의 달인이 되어야만 한다.

초한지제와 후흑

동양은 역사의 전개 과정을 직선적으로 파악한 서양과 달리 끊임없이 돌고 도는 이른바 순환사관으로 파악했다. 마치 사계절이 순환하듯이 역사 또한 치세와 난세 사이를 끊임없이 오간다고 본 것이다. 이는 경제학에서 경제 변동이 호황과 불황 사이를 오가는 사이클을 그리고 있다고 파악하는 것과 닮아 있다. 20세기 중엽 미국의 저명한 중국학자 라이샤워는 『동아시아─위대한 전통』에서 중국 역대 왕조 교체의 패턴을 이같이 분석한 바 있다.

"군웅할거의 상황에서 최후의 승리를 거둬 새 왕조를 개창하면 국고가 저절로 충실해지고, 백성들 또한 안정된 질서 속에 생업에 종사할 수 있어 인구가 급격히 증가하게 된다. 그러나 이내 사치 풍조가 만연해 토지가 점차 집권층의 지배하에 들어가면 국고가 비어 가고 이를 보충하기 위해 농민들의 조세 부담이 극한 상황에 이르게 된다. 백성들이 도적 떼로 돌변하는 상황에서 뛰어난 인물이 등장해 봉기의 깃발을 올리면 사방에서 이에 호응하는 무리들이 우후죽순처럼 일어나고 마침내 이들을 막을 길이 없게 된다. 각지에 할거한 군웅은 각기 황제와 왕을 칭하며 사방으로 영역 확장에 나서고 수십 년간에 걸친 각축 끝에 최후의 승리를 거머쥔 자가 마침내 새 왕조를 열고 황제의 자리에 오르게 된다. 이로부터 왕조 교체의 순환이 다시 시작된다."

실제로 중국의 역사를 개관하면 라이샤워가 역설한 왕조 교체의 기본 패턴에서 한 치도 벗어나지 않고 있다. 리쭝우가 『후흑학』을 쓴 것도 같은 맥락이다. 원래 리쭝우는 젊었을 때 쑨원이 세운 반청 혁명 조직인 중국 혁명 동맹회에서 활약했다. 그는 1911년의 신해혁명 후 국민 정부의 관원과 사천대학 교수 등을 역임한 뒤 자유기고가로 활동하다가 1944년 종전을 앞두고 세상을 떠났다. 그가 후흑을 최초로 거론하기 시작한 것은 1912년경이었다. 1940년대 이후에는 중국 전역에 걸쳐 '후흑'이라는 용어를 모르는 사람이 없게 되었다. 그러나 이후 국공내전과 대약진운동, 문화대혁명 등이 전개되는 와중에 후흑의 비술을 담아 놓은 『후흑학』은 단지 기서로만 알려진 채 사람들의 뇌리에서 점차 사라져 갔다. 『후흑학』이 새삼 세인들의 이목을 끌기 시작한 것은 지난 1980년 홍콩에서 복간본이 나오면서부터였다. 이는 마오쩌둥이 『후흑학』을 탐독한 뒤 대륙을 뒤흔드는 문화대혁명을 일으켰다는 소문이 유포된 사실과 무관하지 않다. 물론 이는 와전된 것이기는 했으나 문화대혁명 이전에 공자를 리쭝우만큼 통렬하게 비판한 사람도 그리 많지 않다. 그러나 리쭝우의 공자 비판은 문화대혁명 당시의 '비공批孔'과는 차원이 다른 것이었다. 그가 비판한 공자는 성리학자들이 말하는 공자였다. 공자의 모든 것을 무턱대고 배척했던 비공과는 그 내용이 다르다.

『후흑학』은 1980년대 이전까지만 해도 중국보다는 오히려 싱가포르를 비롯한 동남아 및 일본 등지에서 널리 알려졌다. 중국은 마오쩌둥 사후 비로소 해외의 후흑학에 대한 높은 관심에 주목해 다양한 판본을 복각하기 시작했다. 이후 『후흑학』에 대한 열기는 식을 줄을 몰랐다. 여기에는 중국 당국이 후흑구국 정신의 중요성을 재발견하고 대대적인 복간 작업에 나선 게 결정적인 배경으로 작용했다. 현재 중국의 『후흑학』에 대한 연구는 상상을 초월할 정도로 활발하다. 후흑을 토대로 정치, 경제, 군사, 사회 등 각 방면의 문제점을 진단하고 후흑의 활용 방안을 제시한 서적이 쏟아지고 있는 현실이 그렇다. 이런 흐름은 갈수록 더욱 고조되는 양상을 보이고 있다. 이는 『후흑학』이 중국의 역사 문화 전통에 뿌리를 두고 있는 사실과 무관하지 않다.

본서는 리쭝우가 『후흑학』에서 대표적인 난세로 거론한 오월시대와 초한지제, 삼국시대, 근현대의 역사 가운데 초한지제에 초점을 맞춰 군웅의 후흑을 집중 조명한 최초의 저서에 해당한다. 초한지제 당시 이들 군웅이 보여 준 행보와 대처 방법은 모두 제각각이었으나 후흑의 관점에서 보면 크게 네 가지로 요약할 수 있다. 면박심백面薄心白, 면박심흑面薄心黑, 면후심흑面厚心黑, 면후심백面厚心白이 그것이다. 이를 도식화하면 다음과 같다.

24

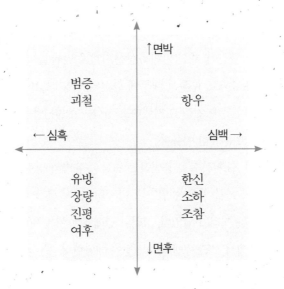

제1사분면의 '면박심백'을 상징하는 인물은 항우이다. 후흑학의 관점에서 볼 때 그는 자존심이 너무 강했다. 면후가 될 수 없는 이유다. 난세에 이는 치명타로 작용한다. 또한 자신의 무략武略에 대한 자부심이 너무 강했다. 천하의 효웅 유방을 얕보며 황제의 자리로 나아가지 않은 게 그 증거다. 심흑에서도 유방에게 밀렸던 것이다. 손에 넣은 천하를 유방에게 상납한 근본 배경이 여기에 있다.

제2사분면의 '면박심흑'을 대표하는 인물은 범증과 괴철이다. 책략이 많았던 범증은 마음은 시꺼멓지만 얼굴은 두껍지 못했다. 진평의 이간책에 넘어간 항우가 의심을 하자 벌컥 화를 내며 물러나겠다고 청한 게 그렇다. 뻔뻔하지 못해 화를 참지 못했다고 평할 수밖에 없다. 결국 그는 낙향하는 도중에 분을 삭이지 못해 등창이 나 죽고 말았다. 리쭝우는 그가 조금만 참았다면 약점이 많은 유방을 얼마든지 쉽게 공격해 들어갈 수 있었다며 커다란 아쉬움을 표했다. 괴철도 크게 다르지 않다. 한신에게 유방을 배신하고 독자 노선을 걸으라고 충고한 것은 심흑의 전형에 속한다. 하지만 한신이 자신의 천하삼분지계를 받아들이지 않자 더 이상의 설득을 포기하고 자존심 때문에 한신의 곁을 떠났다. 범증과 마찬가지로 뻔뻔하지 못해 지레 포기했다고 평할 수 있다. 범증과 괴철을 함께 면박심흑으로 분류한 이유다.

제3사분면의 '면후심흑'을 웅변하는 인물은 유방과 장량, 진평, 여후이다. 유방은 입이 거칠어 욕을 밥 먹듯이 해 대는 날건달에 지나지 않았다. 예의염치와는 거리가 멀었다. 그러나 난세에는 이게 위력을 발휘한다. 후흑학의 관점에서 보면 뻔뻔함의 전형에 해당한다. 게다가 그는 음흉하기 짝이 없었다. 상황에 따라 약속을 멋대로 어기는 등 식언을 일삼았다. 그 결과로 나온 게 천하통일 이후의 참혹한 토사구팽 행각이다. 대표적인 희생양이 한신이다. 난세에는 유방과 같은 날건달이 천하를 거머쥔 사례가 적지 않은 만큼 이를 무턱대고 도덕의 잣대를 들이대 비난할 수만도 없다.

장량 역시 유방과 마찬가지로 면후심흑의 대가에 속한다. 리쭝우가 유방을 당대 최고의 면후심흑으로 평가하면서 제사帝師로 활약한 장량을 같은 차원에서 평한 게 그렇다. 제자인 유방이 최고의 면후심흑을 구사했다면 그 스승이야 더 말할 게 있겠느냐는 취지이다. 진평의 행보는 장량과 크게 다르지 않다. 형수와 사통하고 은밀히 금품을 받았다는 도수수금盜嫂受金 운운의 비난은 그가 면후의 대가였음을 암시한다. 나아가 항우와 범증을 갈라놓은 반간계는 그가 심흑의 대가였음도 보여 준다.

유방의 부인 여후가 보여 준 일련의 행보 역시 면후심흑의 정수에 해당한다. 내색을 전혀 하지 않은 채 꾹 참고 있다가 유방 사후 척희와 그

26

의 소생을 일거에 제거한 것은 면후의 정수를 보여 준 것이다. 수렴청정의 와중에 유씨의 나라를 사실상 여씨의 나라로 만든 것은 심흑의 진수에 해당한다. 죽기 직전 조카인 여록呂祿과 여산呂産을 각각 상장군과 상국에 임명해 병권을 장악토록 조치한 게 그렇다. 이는 삼국시대 당시 사마의가 구사한 수법이기도 하다. 👤

제4사분면의 '면후심백'을 대표하는 인물은 한신과 소하, 조참이다. 한신은 젊었을 때 남의 가랑이 사이를 기어가는 모욕을 능히 참았다. 이는 면후에 밝았음을 보여 준다. 그러나 그는 심흑에 밝지 못했다. 괴철의 천하삼분지계 건의를 듣고도 옷을 벗어 입혀 주고 밥을 먹여 준 유방의 은혜가 못내 마음에 걸린 나머지 결단하지 못한 게 그렇다. 리쭝우는 한신이 얼굴만 두꺼웠을 뿐 마음은 시커멓지 못해 결국 토사구팽을 당했다고 분석했다. 그를 면후심백의 전형으로 구분한 이유다.

소하 역시 면후심백에 해당한다. 한신이 유방에게 실망해 달아났을 때 승상의 체면을 내팽개친 채 한신의 뒤를 황급히 쫓아간 것은 그의 면후가 간단치 않았음을 보여 준다. 그러나 그는 심흑에 밝지 못했다. 유방의 의심을 사 투옥된 게 이를 뒷받침한다. 조참 역시 면후에는 나름 일가견이 있었으나 심흑에는 실패했다. 적진에 마구 뛰어들어 죽을 고비를 여러 차례 넘긴 게 그렇다. 이는 필부의 용맹이다. 원래 심흑은 상대의 속셈을 훤히 꿰어야만 구사할 수 있다. 소하와 조참 모두 아전 출신이어서 학문에 한계가 있었다. 심흑에 밝지 못했던 이유이다.

리쭝우가 『후흑학』에서 초한지제의 군웅을 주요 분석 대상으로 삼은 것은 여러 면에서 후흑의 특징을 극명하게 보여 주고 있기 때문이다. 궁극적인 목적은 말할 것도 없이 『후흑학』을 관통하는 키워드인 후흑구국을 역설하기 위한 것이다. 예나 지금이나 부국강병을 이루지 못한 나라는 유사시 늘 강대국의 병탄 대상이 될 수밖에 없다. 난세에는 난세의 논리가 작동한다. 이를 제대로 알아야만 난관을 슬기롭게 헤쳐 나갈 수 있다.

지금의 한반도 주변 상황은 그야말로 일촉즉발의 난세이다. G2의 일원으로 우뚝 선 중국의 시진핑은 신 중화질서를 뜻하는 중국몽中國夢을 역설하고 있고, 일본의 아베는 아베노믹스의 성공에 힘입어 헌법 개정을 통한 군사 대국을 노골화하고 있다. 미국의 오바마는 G1의 자리를 견지하기 위해 중국의 포위를 뜻하는 아시아 중심 전략에 박차를 가하고 있고, 러시아의 푸틴은 막강했던 옛 소련 제국의 부활을 기치로 내걸고 있다. 제대로 대처하지 못했다가는 핵 공갈로 찬명을 이어가는 북한과 더불어 남북이 공멸하는 최악의 상황을 맞을 수도 있다. 구한말 성리학에 찌든 조선조의 사대부들이 이상적인 도덕 정치만 외치다가 패망을 자초한 것을 반면교사로 삼아야 한다. 후흑의 이치를 모르면 1백 년 전의 전철을 밟을 소지가 크다. 그만큼 한반도의 주변 정세는 심각하다.

현재 중국의 수뇌부와 기업 CEO들은 리쭝우의 『후흑학』을 빠짐없이 읽고 경제 전쟁과 G2 시대의 패권 싸움에 임하고 있다. 한반도 통일과 동북아 허브를 구축하기 위해 늘 이들과 상대해야만 하는 우리로서도 후흑을 깊숙이 천착하지 않으면 안 된다. 『손자병법』이 역설하고 있듯이 난세에는 지피지기知彼知己를 제대로 못 하면 이내 패퇴할 수밖에 없다. 🔲

제2장

면박심백
面　薄　心　白

― 얇은 얼굴과 하얀 마음으로 천하를 대하다

후흑학의 관점에서 볼 때 항우는 면박심백面薄心白의 전형으로 얼굴이 얇고 마음이 하얗다고 볼 수 있다.
얼굴이 두껍고 마음이 시꺼먼 유방의 면후심흑面厚心黑과 정반대된다.
리쭝우는 『후흑학』에서 항우가 손에 다 넣은 강산을 유방에게 거저 상납한 배경을 여기에서 찾은 바 있다.
리쭝우의 이런 지적은 나름 일리가 있다. 항우는 자존심이 너무 강해 면후가 될 수 없었다.
난세에 이는 치명타로 작용한다. 모든 것이 급변하는 난세에는 능굴능신能屈能伸할 수 있어야 한다.

항우편 솥을 부수고
배를 침몰시키다

項羽 초한지제 당시 유방과 항우를 비롯한 군웅이 보여 준 다양한 위기 대처 방안과 교묘한 지략 중에는 난세에 그대로 써먹을 만한 게 매우 많다. 파부침주破釜沈舟와 암도진창暗渡陳倉 등의 많은 고사성어가 그렇다. 『삼국지』 내지 『삼국지연의』에 나오는 성어보다 오히려 더 많다는 느낌마저 준다. 대표적인 예로 유방과 장량 등의 면후심흑 계책이 조조와 유비 및 제갈량 등을 압도하고 있는 점을 들 수 있다.

객관적으로 볼 때 항우 리더십의 재조명에 획기적인 전환점을 만든 인물은 일본 학자 사다케 야스히코佐竹靖彦다. 그는 2010년에 『항우項羽』를 펴냈는데, 이는 지난 2005년에 같은 출판사에서 펴낸 『유방劉邦』의 자매편에 해당한다. 두 작품 모두 초한지제 연구에 새로운 장을 열었다는 칭송을 받고 있다. 『유방』은 역대 사서가 유방을 미화하게 된 배경을 정밀하게 추정한 게 특징이다. 그는 춘추필법을 견지한 것은 『사기』뿐이고, 『한서』는 역사 왜곡의 단초를 열었다고 비판했다. 자매편으로 나온 『항우』역시 육가의『신어新語』와 그 축소판인『초한춘추』의 기록이『사기』
및『한서』에 어떤 영향을 미쳤는지를 정밀하게 추적한 역저이다. 그는 여
기에서 홍문의 연회는 유방이 항복하는 의식의 일환으로 이뤄졌고, 항
우가 천하를 손에 넣었을 때의 호칭은 서초패왕西楚覇王이 아니라 초왕楚
王이었으며, 사면초가四面楚歌는 한신의 영역인 제나라 진하에서 전개된
만큼 사면제가四面齊歌로 해석해야 한다는 등의 독창적인 견해를 제시했
다. 이밖에도 그는 항우가 오강의 정장亭長 앞에서 "강동의 부형을 볼 낯
이 없다"고 말한 것은 사실 유방이 말하고 싶어 하는 내용을 항우의 입
을 빌어 표현한 것에 지나지 않는다는 견해를 제시했다. 2010년 판『항
우』에 나온 이런 견해들은 모두 중국 학자들조차 전혀 제기하지 못한 새
로운 견해들이다. 해하垓下의 결전이 사실은 진하陳下의 결전이라는 주장
은『유방』에서 이미 언급한 것이나 항우가 오강烏江에서 자진한 게 아니
라 진하의 결전에서 전사했다는 등의 주장은 중국 학계의 최근 연구 성
과를 반영한 것이다.

주목할 것은 항우가 초한지제의 영웅호걸을 놓고 간헐적으로 실시되
는 중국 내 여론 조사에서 늘 수위를 차지하고 있는 점이다. 용모도 뛰어
났을 뿐만 아니라 의리를 존중하며 우미인이라는 한 여인에게 모든 사랑
을 바친 너무나 인간적인 사람이라는 게 그 이유다. 정반대로 유방은 얼
굴도 못생긴데다 배신을 밥 먹듯이 하고, 여치라는 아내가 있음에도 여색
을 지나치게 밝히는 음흉하기 짝이 없는 자로 비판받고 있다. 이런 흐름
을 이용해 흥행을 노린 작품이 바로 지난 1994년 홍콩에서 제작한 「서초
패왕」이다. 여기서 항우는 백성들의 고통을 전하는 부하의 간언을 듣고
는 천하를 둘로 나누는 결단을 내린 뒤 곧 유방에게 이같이 제안한다.

"우리로 인해 백성들이 도탄에 빠져 있소. 이제 싸움을 끝내고 평화롭게 살아갑시다. 강을 중심으로 동쪽은 내가, 서쪽은 당신이 다스리도록 합시다."

연전연패하던 유방은 꿇어 엎드려 거듭 사의를 표하고는 음흉하게도 항우의 군사가 모처럼 평화를 즐기고 있는 틈을 노려 기습 공격을 가한다. 결국 항우는 마지막까지 자신을 따르던 휘하들과 함께 자진하고 만다. 이 영화를 보면 누구나 항우를 좋아할 수밖에 없다. 비록 항우를 미화하기는 했으나 나름 역사적 사실에 토대한 까닭에 역사 왜곡으로 치부할 수만도 없다.

이와 정반대되는 블록버스터가 지난 2013년 초 국내에 개봉된 바 있다. 「적벽대전」의 메가폰을 잡은 바 있는 루추안陸川 감독이 제작한 「초한지―영웅의 부활」이 그것이다. 원제목은 제왕이 군신들을 위해 베푼 연회를 뜻하는 '왕적성연王的盛宴'이다. 3년 동안 역사적 고증 끝에 완성된 이 작품은 주인공 유방의 말년에 초점을 맞추고 있다. 서민 출신 유방은 외모도 볼품이 없고 항우를 상대할 무예도 없지만 그 누구보다 용인술에 탁월한 재능을 발휘하는 인물로 나온다. 이 영화에서 주목할 사람은 한신이다. 그는 유방의 천하 통일에 가장 큰 공헌을 한 인물로 나온다. 유방처럼 서민 출신인 그는 항우 휘하에서 입신양명하고자 했으나 이내 항우에게 실망한 나머지 유방의 군대에 합류한다. 병법의 대가인 그는 최후의 결전에서 휘하의 대군을 절묘하게 지휘해 마침내 항우를 궤멸시키고는 천하 통일 후에 이내 유방을 위협하는 인물로 변한다. 장량이 한신은 역모를 꾀한 적이 없다며 그의 숙청을 반대하지만 유방은 계속 강한 의구심을 드러내며 그의 처리 문제를 놓고 갈등하는 모습을 보인다. 토사구팽으로 인해 후대인의 지탄을 받은 유방을 적극 변호하려는 취지가 선명히 드러나는 대목이다. 이 영화의 특징은 한신을 항우 및 유방과 같은 반열에 올려놓아 초한지제를 삼자 대결 구도로 파악하고, 유방을 난세의 바람직한 창업주로 묘사한 데 있다. 이전의 작품들에서는 전혀 볼 수 없는 모습이다. 이는 중국 학계 내에서 거세게 일고 있는 초한지제에 대한 재조명 작업의 성과를 적극 반영한 것이기도 하다. 2012년 7월에 개봉 예정이었던 이 영화가 중국 검열 당국의 제지로 다섯 달이나 늦게 개봉된 것도 이런 맥락에서 이해할 수 있다. 재미난 것은 「뉴욕타임스」의 분석이다. 「뉴욕타임스」는 영화 개봉이 늦어진 것에 대해 크게 두 가지 이유를 들었다.

첫째, 탐욕과 분노의 화신으로 묘사된 여후의 모습이 그해 여름 실각한 보시라이薄熙來의 부인 구카이라이谷開來를 연상시킨다는 점이다. 영국인 살해 혐의로 상승 가도를 달리던 남편을 일거에 구렁으로 밀어 넣은 구카이라이가 중국의 역대 3대 악녀 가운데 하나로 꼽히는 여후와 닮아 보인다는 것이다. 실제로 영화 속의 여후는 자신에게 위협이 될 인물은 모든 수단을 동원해 가차 없이 제거하는 천고의 악녀로 나온다.

둘째, 작품이 중국 내에 크게 만연한 부정부패 현상을 연상시킨다는 점이다. 이 영화는 등장인물의 권력욕과 탐욕, 배신 등을 정밀하게 파헤치고 있다. 항우는 비열한 수단을 동원해 천하를 거머쥐고자 하는 유방을 향해 "내가 또 다른 시황제를 세우려고 진나라를 폐한 게 아니다"라고 일갈한다. 부정부패에 눈을 감고 있는 중국의 수뇌부를 겨냥한 것으로 느껴질 만한 대목이다.

「초한지—영웅의 부활」에서 항우는 유방에게 병사 5천 명을 내줘 그의 아내를 구출하도록 돕고, 이내 의기투합해 진나라를 멸하는 것으로 그려져 있다. 역사적 사실과 약간 다르기는 하나 항우가 모든 면에서 우위에 있었던 것만은 분명한 사실이다. 그럼에도 그는 결국 유방에게 패하고 말았다. 가장 큰 이유는 역시 용인술의 실패에 있다.

중국의 역대 황제 가운데 청조의 강희제와 더불어 최고의 명군으로 손꼽히고 있는 당태종은 인재를 단박에 알아보는 지감知鑑과 적진에 있던 자까지 널리 포용해 과감히 기용하는 탁용擢用에 뛰어났다. 이는 득인술과 용인술의 정수에 해당한다. 리쭝우가 『후흑학』에서 제시한 다양한 유형의 후흑도 따지고 보면 난세의 득인술과 용인술을 법가 내지 도가의 관점에서 종합 정리한 것에 지나지 않는다. 이런 득인술과 용인술이 21세기라고 달라질 리 없다. 초한지제 당시 모든 면에서 압도적인 우위를 차지했던 항우가 후흑에 밝지 못해 결국 패하고 만 사례를 반면교사로 삼을 만하다.

⌬ 만인을 대적할 뜻을 품다

초한지제 당시 항우가 보여 준 무공은 눈이 부실 정도로 휘황하다. 신출귀몰한 용병술이 그렇다. 그는 가는 곳마다 승리를 거뒀다. 7년간에 걸친 초한지제를 전반적으로 개관할 때 마지막 결전에서 패할 때까지 항우는 시종 우위를 유지했다. 유방은 항우의 헛발질로 어부지리를 취한 경우에 해당한다. 항우로서는 크게 억울할 법하다. 그가 최후의 결전에서 패하기 전까지 보여 준 뛰어난 용병술은 21세기 경제 전쟁에 암시하는 바가 크다. 최후의 결전에서 패한 배경 등은 타산지석으로 삼으면 된다. 21세기 스마트 혁명 시대의 관점에서 볼 때 항우의 뛰어난 면모는 크게 세 가지 정도로 요약할 수 있다.

첫째, 어렸을 때부터 천하를 경영하겠다는 웅대한 포부를 지닌 점이다. 사서의 기록에 따르면 항우와 유방이 역사의 무대에 등장한 것은 진승이 처음으로 반기를 든 기원전 209년 7월에서 꼭 두 달 뒤인 이해 9월이다. 그는 숙부인 항량項梁의 휘하 장수로 있었다. 항량은 초나라의 명문가 출신이다. 그의 부친은 초나라 장수 항연項燕이다. 항연은 진시황이 천하를 통일하기 2년 전인 기원전 223년 초나라 군사를 이끌고 진나라 군사와 결전을 치렀다. 이 싸움에서 왕전王翦이 이끄는 진나라 군사에게 항연이 패하면서 초나라도 이내 역사 무대에서 사라지고 말았다. 항량이 기병하기 14년 전의 일이다. 원래 항씨라는 성씨는 지금의 허난 성 침구현인 항읍項邑에 봉해진 데서 나온 것이다. 이곳은 위나라 도성 대량에서 동남쪽으로 약 160킬로미터가량 떨어져 있었다. 항우는 항씨 성의 유래가 되는 항읍에서 다시 280킬로미터가량 떨어진 지금의 장쑤 성 숙천현 서남쪽 하상下相에서 태어났다. 숙부인 항량이 하상으로 이주할 때 부친이 함께 이주했기 때문이다.

항우가 어렸을 때부터 얼마나 큰 뜻을 품고 있었는지 짐작할 수 있는 일화가 『사기』「항우본기」에 나온다. 이에 따르면 한번은 항량이 조카 항우와 함께 밖에 나갔다가 회계산을 유람하고 지금의 전단강인 절강浙江을 지나는 진시황의 행차를 보게 됐다. 장려한 행렬을 유심히 바라보던 항우가 문득 이같이 탄식했다.

"저 황제 자리는 가히 빼앗아 대신할 만하구나!"

깜작 놀란 항량은 황급히 조카의 입을 막았다.

"경망스런 말은 입 밖에도 꺼내지 마라. 삼족이 멸하게 된다!"

「항우본기」는 항량이 내심 항우를 기재奇才로 여겼다고 기록해 놓았다. 크게 흐뭇해했음을 시사한다. 항우의 원래 이름은 적籍이고, 우羽는 자字이다. 그는 어렸을 때부터 문文보다 무武를 좋아했다. 그의 호무好武 행보는 단순히 검이나 배워 무예를 뽐내는 식의 용부勇夫와 커다란 차이가 있다. 그는 숙부 항량이 자신의 호무 행보에 대해 노여워하는 모습을 보이자 이같이 항변했다.

"글이란 원래 사람의 이름을 쓰는 것만으로도 충분합니다. 검 또한 한 사람만을 대적할 수 있을 뿐이니 족히 배울 만한 게 못 됩니다. 저는 만인을 대적하는 것을 배울 생각입니다!"

'무武'는 원래 글자의 생성 원리에서 볼 때 전쟁을 그치게 한다는 뜻을 지니고 있다. '만인을 대적하는 것을 배우다'의 원문은 학만인적學萬人敵이다. 이는 항우가 어린 나이에 '무'의 기본 취지에 통찰했음을 보여 준다. 실제로 『사기』의 기록을 보면 항우의 용병술이 매우 뛰어났음을 알 수 있다. 어떤 면에서는 배수진 등을 구사해 병법의 귀재로 통한 한신을 능가했다. "병법의 뜻을 알고는 또한 끝까지 배우려고 하지 않았다"는 「항우본기」의 구절도 이런 맥락에서 풀이하는 게 옳다. 병법을 공부하다 중단했다는 의미가 아니라 세세한 전술보다는 기본 골자에 해당하는 전략의 의미를 천착하는데 치중했다는 뜻으로 봐야 한다. "글이란 원래 사람의 이름을 쓰는 것만으로도 충분합니다"라는 구절 역시 결코 항우가 독서를 멀리했다는 주장의 근거가 될 수 없다. 서생 수준의 글 읽기는 의미가 없다는 취지로 풀이하는 게 문맥에 부합한다. 마오쩌둥의 항우에 대한 평이 이를 뒷받침한다.

"많은 사람들이 말하기를, '항우는 독서를 멀리했다'고 말한다. 그러나 이는 역사적 사실과 다르다."

후대에 항우를 두고 불학무식不學無識하다는 얘기가 나온 것은 한나라가 등장한 후 황실에 아첨하려는 자들이 의도적으로 퍼뜨린 유언비어일 공산이 크다. 「항우본기」는 항우의 재기가 보통 사람을 뛰어넘은 탓에 오현吳縣의 자제들이 모두 그를 두려워했다고 기록해 놓았다. '재기'는 재치를 뜻한다. 머리가 좋아야 가능한 일이다. 여기서 '자제'는 남의 아들이나 그 집안의 젊은이를 높여 부르는 말이다. 한마디로 항우는 문무를 겸비한 타고난 무인이었음에 틀림없다. 불학무식한데다 병법과 거리가 멀었던 유방과 대비된다.

파부침선의 결단

항우의 두 번째 뛰어난 면모는 반드시 승리를 거두겠다는 필사의 각오와 단호한 결단이다. 항우의 일생 가운데 가장 빛나는 대목은 총사령관 송의宋義의 목을 베고 황하를 건너간 뒤 진나라 명장 장함章邯이 이끄는 진나라 정예군을 거록鉅鹿에서 격파한 일이다. 이를 흔히 거록대전이라고 한다. 진나라가 사실상 패망한 날이라고 보아도 큰 문제가 없다. 이를 가능하게 한 것은 단호한 결단으로 총사령관의 목을 벤 뒤 군사를 이끌고 황하를 건넌 데에 있다. 겉으로만 보면 일종의 하극상이기는 하나 당시의 정황을 감안할 필요가 있다. 「항우본기」에 따르면 항량이 장함의 진나라 군사에게 패사한 뒤 초회왕은 항량의 군사를 항우가 아닌 송의에게 넘겨주었다. 항량의 그늘에서 벗어나 독자적인 군권君權을 확립하고자 한 것이다. 나름 일리가 있으나 항우의 입장에서 보면 배은망덕한 짓이었다. 초회왕은 항량이 발탁하지 않았으면 계속 초야에 묻혀 양이나 치는 목동으로 살았을 인물이었다. 항우의 눈에는 머슴이 안방을 차지한 것으로 비쳤을 공산이 크다. 당시 초회왕과 손을 잡은 인물이 바로 송의와 유방이었다. 초회왕이 진나라의 도성인 함양에 먼저 입성하는 자를 관중왕에 봉하겠다고 공언한 것도 바로 이들 두 사람을 염두에 둔 것이었다. 연합군을 이끄는 송의에게 함곡관을 통한 정면 돌파를 명하면서, 유방에게는 따로 별동대를 이끌고 가 재빨리 관중에 입성할 것을 당부한 게 그렇다. 부사령관 격인 차장次將에 임명된 항우도 대략 이를 짐작하고는 있었다. 그러나 숙부인 항량의 급작스런 전사를 틈타 전격적으로 군사 지휘권을 장악한 초회왕을 어찌할 수는 없었다.

초회왕이 함양 입성을 전제로 한 관중왕 책봉이라는 미끼를 내건 것은 나름 노림수가 있었다. 크게 두 가지이다. 하나는 보위를 굳건히 하는 전기를 마련하고자 한 점이다. 장수들 앞에서 관중왕을 상으로 내건 것은 곧 군명의 집행력이 담보됐다는 의미이다. 성공하면 좋고, 실패할지라도 최소한 제장들의 충성 경쟁을 부추겨 보위를 튼튼히 하는 부수적인 효과를 기대할 수 있었다. 다른 하나는 군권 유지의 최대 걸림돌인 항우에 대한 견제의 구실을 찾은 점이다. 초회왕은 애초부터 항우를 견제하기 위해 유방을 관중왕에 봉하려는 속셈을 갖고 있었다. 유방이 초회왕의 적극적인 배려에 힘입어 남쪽 무관武關을 통해 먼저 함양에 입성한 게 그렇다. 초회왕이 관중왕 책봉을 미끼로 던진 것은 시기적으로도 절묘했다.

「고조본기」는 탕현陽縣을 출발한 유방이 서쪽으로 진격하면서 진나라 군사를 잇달아 격파했다고 기록해 놓았다. 유방이 초회왕의 밀명을 받고 무관을 돌파하는 상황에서 송의를 상장군으로 모시게 된 차장 항우로서는 비상한 결단이 필요한 시점이었다. 빌미는 송의가 제공했다. 기원전 208년 10월, 송의가 지금의 산둥 성 조현인 안양安陽에 이르자 무려 46일 동안 그곳에 머물며 앞으로 나아갈 생각을 하지 않았던 것이다. 이는 항우도 전혀 예상하지 못한 일이었다. 항우의 강력한 항의가 이를 뒷받침한다. 하지만 송의는 반대하며 시간을 더 끌었다. 이것은 초회왕과 밀약했을 가능성을 시사한다. 그가 두 달 가까이 꾸물거리면서 한 발짝도 전진하지 않은 게 그렇다. 병가에서 가장 꺼리는 것은 결단하지 않고 우물쭈물대는 것이다. 당시 송의는 자신의 아들을 제나라의 재상으로 보내게 된 것을 크게 기뻐하며 전쟁을 수행하는 와중인데도 친히 아들을 전송하는 성대한 연회를 베풀었다. 더 한심한 것은 송의 자신이 진탕 마시며 흥겨워하는 사이 병사들이 추위에 떨며 배를 곯은 점이다. 공교롭게도 날씨가 차고 큰비까지 내렸다. 결국 분노한 항우는 이해 11월, 아침 일찍 상장군 송의의 장막 안으로 들어가 조현하는 자리에서 불쑥 칼을 뽑아 그의 머리를 베었다. 그러고는 곧 장병들을 모은 뒤 피가 뚝뚝 흐르는 그의 머리를 든 채 큰 소리로 말했다. "송의가 제나라와 모의해 우리 초나라를 배반했다. 이에 초왕이 나 항우에게 밀명을 내려 그를 주살토록 했다."

「항우본기」는 당시 제장들이 모두 크게 두려워하며 이구동성으로 항우의 거사를 칭송했다고 써 놓았다. 항우는 곧 사람을 시켜 송의의 아들 송양을 추격해 목을 베게 한 뒤 이를 초회왕에게 보고했다. 초회왕은 경악했으나 이미 끝난 일이었다. 그가 항우를 상장군으로 삼은 것은 부득이한 조치였다. 남은 희망은 이제 유방이 조속히 관중으로 입관해 항우를 견제하는 길밖에 없었다. 그러나 상황은 불리하게 돌아가고 있었다. 송의의 목을 베고 상장군에 오르면서 항우가 관중왕에 오를 가능성이 훨씬 높아졌던 것이다. 관중왕은 사실상 '왕 중의 왕'에 해당했다.

항우는 여러 면에서 유방과 비교가 될 수 없었다. 그가 관중왕이 되면 사실상의 황제나 다름없게 된다. 제후는 물론 그 밑의 장수들이 독자적인 판단 하에 항우에게 귀의하는 자가 속출한 이유다. 대표적인 인물이 전안田安이다. 그는 옛 제나라 왕 전건田建의 손자로 제수濟水의 북쪽까지 내려와 항우를 수종했다. 이때의 공으로 훗날 제북왕濟北王에 봉해진다.

항우가 상장군이 되어 제후 연합군을 지휘할 당시 진나라 장수 장함은 양쪽에 담장이 있는 식량 운반용 도로인 이른바 용도甬道를 높게 쌓아 황하까지 이르게 했다. 이어 부장인 왕리에게 명해 군량 공급에 차질이 없도록 조치했다. 왕리의 군사들은 군량이 풍족해지자 배불리 먹은 후 거록성을 더욱 급하게 공격했다. 이와 정반대로 거록성은 양식도 떨어진 데다 군사 또한 상대적으로 크게 적어 이내 스스로 무너질 수밖에 없었다. 유일한 희망은 초나라 총사령관 송의의 목을 벤 뒤 상장군의 자리에 오른 항우가 속히 달려와 진나라 군사를 격파하는 것밖에 없었다. 항우가 송의의 목을 벨 때 내건 명분은 시각을 다투는 거록성의 위급을 구하는 일이었다. 머뭇거릴 여유가 없었다. 항우는 곧바로 휘하 장수 영포英布 등에게 명해 속히 병사 2만 명을 이끌고 황하를 건너가 거록성을 구하게 했다. 이들은 초반 접전에서 승리를 거둔 여세를 몰아 장함이 애써 만들어 놓은 용도를 끊는 데 성공했다. 왕리가 이끄는 진나라 군사는 곧 끼니를 거르게 되었다. 보고를 접한 항우가 마침내 전군에 명을 내려 속히 황하를 건너도록 했다. 이때 그는 도하가 끝나자마자 전군에 명을 내려 배에 구멍을 뚫어 침몰시키고, 취사용 솥과 시루를 모두 깨뜨리게 했다. 장병들로 하여금 필사의 각오로 싸울 것을 촉구한 것이다. 여기서 파부침선破釜沈船이란 성어가 나왔다. 예나 지금이나 필사의 각오는 장수가 앞장서 보여 주어야 주효할 수 있다. 그래야만 전 장병이 죽기를 각오하고 싸우는 결사대로 거듭날 수 있다. 필사의 각오가 주효하면 한 사람이 능히 1만 명의 적군을 상대하는 일이 가능해진다. 대표적인 병서가 『오자병법』이다. 명장 오기는 결사대의 의미를 묻는 위문후의 질문에 이같이 대답했다.

"제가 듣기로 사람은 저마다 장점과 단점이 있고, 원기는 왕성할 때와 침체될 때가 있다고 했습니다. 시험 삼아 저에게 전공을 세우지 못한 병사 5만 명을 내주십시오. 제가 그들을 이끌고 적과 상대해 보겠습니다. 만일 싸워 이기지 못하면 제후들의 웃음거리가 되고 천하에 위신이 떨어지겠지만 결코 그런 일은 없을 것입니다. 지금 죽을죄를 지어 달아난 도적 한 명이 광야에 숨어 있을 경우 1천 명이나 되는 사람이 그를 쫓을지라도 올빼미나 이리처럼 좌고우면하는 모습을 보이지 않는 자가 없을 것입니다. 그 이유가 무엇이겠습니까? 도적이 갑자기 나타나 자신을 해치지 않을까 두려워하기 때문입니다. 한 명이 목숨을 내던질 각오를 하면 1천 명을 두려움에 떨게 할 수 있습니다. 지금 제가 5만 명의 군사를 훈련시켜 죽기 살기로 싸우는 도적처럼 만든 뒤 싸움에 임하면 천하의 그 누구도 이들을 상대할 수 없을 것입니다."

항우가 거록대전에서 막강한 무력을 자랑하던 30만 명의 진나라 군사를 일거에 격파한 것도 전 장병을 결사대로 만든 덕분이다. 당시 왕리는 초나라 연합군의 협공을 피하기 위해 미리 포위를 풀고 퇴각하는 등의 대비책을 강구했어야만 했다. 그러나 그는 잇단 승리에 도취된 나머지 항우가 이끄는 초나라 연합군을 우습게 여기는 우를 범했다.

☁ 설득을 통해 제국을 얻다

마지막으로 항우의 뛰어난 면모로 설득을 통한 승리를 들 수 있다. 항우의 일생에서 가장 빛나는 거록대전은 왕리의 생포에서 시작됐다. 그러나 이는 국지전의 승리에 불과했다. 당시 총사령관인 장함은 나름 군사를 차분히 정비하며 결전을 준비했다. 장함의 주력군을 격파해야만 비로소 완벽한 승리를 거둘 수 있었다. 항우는 이를 설득을 통해 이뤘다. 장함의 투항은 왕리를 생포한 지 여섯 달 뒤인 기원전 207년 7월에 실현됐다. 「항우본기」는 당시 상황을 이같이 기록해 놓았다.

"왕리의 군사가 이미 복몰하기는 했으나 장함은 극원棘原에 주둔하며 항우의 진군을 가로막고 있었다. 항우는 장수漳水의 남쪽에 주둔하고 있었다. 양측 모두 서로 굳게 지키며 교전을 피했다."

장수의 실력이 비슷하고 보유한 병력이 서로 필적할 경우 섣불리 움직이면 오히려 불리하다. 이때 조나라 장수 진여陳餘가 장함에게 투항을 권하는 글을 보냈다. 진나라 조정이 어지러운 만큼 아무리 충성을 다할지라도 결국 무함을 당해 비참한 죽음을 맞이할 수 있으니 속히 투항하라는 게 요지였다. 말할 것도 없이 투항에 따른 후한 포상도 언급해 놓았다. 사서에는 명백한 기록이 없으나 이 서신은 진여가 항우와 상의하고 보낸 것으로 추정된다. 「항우본기」는 당초 진여의 서신을 받은 장함이 한동안 이리저리 생각하며 결단하지 못했다고 기록해 놓았다. 그러나 이는 오래가지 않았다. 곧 휘하 군관 시성始成을 은밀히 항우에게 보내 투항하고자 했다. 공교롭게도 이때 일이 터졌다. 맹약이 맺어지기 전에 항우가 휘하 장수에게 명해 먼저 일부 군사를 이끌고 가 진나라 군사를 치게 한 것이다. 장함이 잠시 머뭇거린 점도 있지만 초나라 연합군 내에서 전공을 세우고 싶어 하는 장수들의 성화도 한몫했다. 항우의 명을 받은 초나라 장수가 이내 장수의 남쪽에 진을 친 뒤 진나라 군사를 깨뜨렸다. 이사이 항우는 친히 전군을 이끌고 지금의 허난 성 임장현 경계에 있는 오수汙水 가에서 진나라 군사를 공격했다. 장함은 곧 사람을 항우의 진영에 보내 투항 의사를 밝혔다. 이해 7월, 항우와 장함은 지금의 산시 성 여성현에서 발원해 조나라 일대를 관통하는 원수洹水의 남쪽 은허殷墟에서 맹약했다. 맹약이 끝나자 장함이 항우 앞에서 눈물을 흘리며 함양의 혼란스런 정황을 얘기했다. 항우는 장함을 위로하면서 곧바로 옹왕雍王에 임명했다. '옹'은 관중을 뜻한다. 장함을 임의로 관중왕에 봉한 셈이다. 유방도 무관으로 진격하는 와중에 자신에게 투항한 남양군수를 은후殷侯에 봉한 바 있다. 양측 모두 초회왕은 안중에도 두지 않았다.

초한지제 당시 항우가 세운 전공은 매우 많았지만 후대인들은 특별히 거록대전을 언급하며 칭송을 멈추지 않는다. 너무 화려하기 때문이다. 거록대전의 승리로 진나라는 사실상 항복한 것이나 다름없었다. 그동안 진나라 내부의 갈등은 최고조에 달해 조고가 이세황제를 살해하고 자영을 옹립하는 자중지란이 벌어졌다. 이런 상황에서 항우가 투항한 장함을 앞세워 함양으로 진격하자 진나라 관원들은 앞다퉈 합류했다. 설득을 통한 적장의 투항이 어떤 효과를 거두는지를 여실히 보여 주는 사례이다.

☁ 영웅은 어떻게 원숭이가 되었나

항우는 비록 유방이 앞서 입관하기는 했으나 이내 유방의 항복을 받은 뒤 제후 연합군을 이끌고 유유히 함양으로 입성했다. 이때 그는 일생일대의 실수를 범했다. 함양을 도륙했던 것이다. 그는 항복한 자영을 죽이고, 진나라 궁실을 모두 불태웠다. 불은 석 달 동안 꺼지지 않았다. 이어 함양의 재화와 부녀자들을 모조리 거둬 동쪽의 팽성으로 갔다. 진나라 백성들이 크게 실망한 것은 말할 것도 없다. 이른바 '약법삼장約法三章'을 선언한 유방의 행보와 너무 대비되는 처사였다. 이로 인해 유방이 얻은 반사이익은 엄청났다. 여기에는 소하의 공이 컸다. 그는 진나라 승상과 어사의 율령, 도서 등을 거두어 보관했다. 두 달 동안 진나라의 율령과 도서에 의거해 나름 새로운 왕조 건립의 예행 연습을 할 수 있었던 것이다. 약법삼장은 그 결과물이었다. 당시 유방의 무리는 항우와 달리 일찍부터 소하를 중심으로 한 관료 체제가 가동되고 있었던 셈이다. 이를 조금만 확장해서 보강하면 이내 진 제국과 유사한 중앙집권적 관료 체제를 구축할 수 있었다. 실제로 유방이 세운 한 제국은 바로 그런 식으로 흘러갔다. 후대의 사가들이 소하의 공을 높이 평가하는 이유다.

정치제도사의 관점에서 볼 때 중앙집권적 관료 체제는 진시황의 천하

통일 이후 처음으로 등장했다. 그러나 진 제국은 진시황의 급서 이후 이세황제 호해가 피살되고, 자영이 진왕으로 격하된 자신의 위상을 그대로 수용하는 등 시종 내리막길을 걸었다. 너무 수명이 짧아 제국의 진면목을 드러낼 기회조차 없었다. 그 과실을 유방이 주워 담은 셈이다. 당시 항우 주변에도 이를 통찰한 인물이 있었다. 성과 이름이 안 알려진 탓에 한나라 출신 유생으로 풀이되는 한생韓生이 당사자이다. 그는 항우를 찾아와 산으로 막혀 있고 황하가 가로질러 사방이 요새인 데다가 땅도 비옥한 관중을 도읍으로 삼아 천하의 패권을 잡으라고 조언했다. 그러나 항우는 이미 진나라의 궁궐이 모두 불타 버려 폐허가 된 것을 꺼린 데다 내심 고향인 강동으로 돌아가고 싶어 한 까닭에 이같이 대답했다.

"부귀하게 되어 고향으로 돌아가지 않는 것은 마치 수를 놓은 비단옷을 입고 밤길을 다니는 것과 같소. 그리 되면 누가 그것을 알아보겠소"

금의야행錦衣夜行 성어가 나온 배경이다. 「항우본기」는 당시 한생이 물러나오며 이같이 탄식했다고 기록해 놓았다.

"사람들이 초나라 사람을 두고 목후이관沐猴而冠이라고 하더니 과연 그러하다!"

목후이관은 원숭이를 목욕시킨 후 관을 씌운다는 뜻으로 사람의 옷을 입힌 원숭이를 의미한다. 항우는 이 말을 듣고 한생을 뜨거운 물에 삶아 죽이는 팽살에 처했다고 한다. 그러나 이는 액면 그대로 믿기 어렵다. 한생이 많은 사람들 앞에서 목후이관이라고 말한 것도 아니고, 홀로 탄식한 얘기가 어찌어찌해서 항우의 귀에 들어갔다고 할지라도 이를 이유로 팽살의 참혹한 극형을 가했다는 것은 앞뒤가 맞지 않는다. 항간의 뜬소문을 그대로 전재했거나 후대인이 손을 댔을 가능성이 크다.

46

당시 유방의 항복을 받아들여 명실상부한 패왕의 자리에 오른 항우에게는 두 개의 과제가 놓여 있었다. 첫째, 비록 형식적이기는 하나 자신보다 상위에 있는 초회왕을 어떻게 처리할 것인가 하는 문제였다. 둘째, 수도를 어디에 두고 승리의 열매를 어떻게 나누며 천하를 호령할 것인가 하는 문제였다. 항우는 첫 번째 문제를 해결하기 위해 먼저 사람을 초회왕에게 보내 관중 문제의 처리 결과를 통보했다. 그러나 초회왕은 처음 약속대로 할 것을 명했다. 항우가 생각할 때 이는 있을 수 없는 일이었다. 최소한 자신의 공을 인정해 전후 처리의 전권을 위임하든가 혹은 이 기회에 정식으로 자리를 양보하든가 해야 했다. 항우가 이렇게 생각한 것은 모든 것을 자기 위주로 생각한 탓이지만 사실 이를 나무랄 수도 없다. 그게 당시의 기준으로 볼지라도 상식이었기 때문이다. 항우는 내심 크게 당황했을 것이다. 초회왕의 대답이 너무 고지식하고 직선적이었기 때문이다. 초회왕의 회답대로 유방을 관중왕으로 봉할 경우 이는 자신의 잠재적인 라이벌에게 날개를 달아 주는 격이었다. 더 무서운 것은 이후에도 초회왕의 명을 받드는 입장에 처해 무슨 봉변을 당할지 모른다는 점이었다. 어떤 식으로든 초회왕을 제거할 필요가 있었다. 더 이상의 효용이 없다고 판단한 것이다. 그러나 문제는 처리 방법이 매끄럽지 못했다는 점이다. 이후 유방이 항우를 비난할 때마다 이를 전가의 보도처럼 써먹은 것은 말할 것도 없다. 항우 입장에서는 억울할 법도 했다. 그렇다고 매번 일일이 구구한 변명을 늘어놓을 수도 없는 일이다. 천하를 틀어쥐었다면 자연스럽게 해명됐을 터이나 천하를 빼앗긴 뒤에는 해명할 길도 없게 됐다. 그 결과 수천 년에 걸쳐 불의한 인물로 낙인찍히고 말았다. 사서의 호오好惡 평가는 승자의 몫인 셈이다.

"지렁이도 밟으면 꿈틀한다"는 우리말 속담이 있다. 미물도 최후의 순간에는 온 힘을 다해 반격을 가한다는 뜻이다. 엄밀히 따지면 초회왕은 지렁이 차원도 아니었다. 유방과 항우가 함양 입성을 두고 진나라 군사와 혈전을 벌일 때 초회왕을 비롯해 그의 주변 인물들은 나름 천하를 거머쥐기 위한 책략을 세우는 데 골몰했다. 초나라 백성들의 초나라 왕실에 대한 열망을 적극 활용하고자 한 것이다. 이미 이 일은 어느 정도 성과를 거두기도 했다. 항우와 유방이 팽성을 출발해 진나라와 전쟁에 나선 것 자체가 그렇다. 왕명이 통한 증거다. 초회왕과 주변 인물이 천하를 거머쥐겠다고 생각한 것이 결코 망상만은 아니었던 것이다. 나아가 막강한 무력을 자랑하는 항우의 군단 역시도 통일된 세력이 아니었다. 항량이 이끌던 원래의 친위 세력 이외에도 진승의 장초국 패잔병 세력을 비롯해 진가秦嘉와 경구景駒 계통의 세력, 초나라 각지에서 들고 일어난 여타 군소 반란 세력이 결집한 혼성 집단이었다. 이들이 목숨을 걸고 항우에게 충성을 바친 것도 아니었다. 오히려 비록 형식적인 것이기는 하나 권위 면에서는 초회왕이 항량의 정통을 이어받았다고 보는 게 옳다. 동양東陽을 기반으로 한 진영陳嬰의 세력이 초회왕의 무력 기반이 된 게 그렇다. 진영은 초나라 최고의 관직인 주국柱國이 되었다. 게다가 항량이 출정한 이후 권모술수에 밝은 수많은 사람들이 초회왕의 주변에 몰려들었다. 이들은 나름 무시할 수 없는 힘을 구축하기 시작했다.

항우가 초회왕의 어처구니없는 회답을 받은 뒤 분통을 터뜨리면서도 곧바로 손을 쓰지 못한 것도 이와 무관하지 않다. 비록 형식에 그칠지라도 권위가 갖는 위세가 이처럼 무섭다. 전국시대 당시 법가 사상가인 조나라의 신도慎到는 이를 세치勢治로 표현한 바 있다. 법의 권위인 법위法威

만큼 막강한 위력을 발휘하는 게 바로 세위勢威이다. 실효성이 없는 이른 바 사법死法일지라도 법으로 존재하는 한 유사시 힘을 발휘하는 것과 같다. 동서고금을 막론하고 신법을 만들 경우 반드시 이와 충돌하는 구법의 효력을 정지시키는 부칙 조항을 두는 이유가 여기에 있다. 반드시 폐법廢法의 조치를 취하는 것처럼 초회왕을 제거하려면 일정한 형식의 폐위廢位 과정을 거쳐야만 했다. 조조가 생전에 천자의 자리에 오르지 않은 것은 바로 이 때문이었다. 항우는 이런 이치를 깨닫지 못했다. 원소처럼 욕심이 앞선 데다 자신의 힘을 과신했다. 이게 훗날 패배의 한 원인이 된 셈이다.

물론 항우가 이를 전혀 몰랐다고 할 수는 없다. 오히려 정반대로 해석할 수도 있다. 초회왕을 의제義帝로 높이면서 허수아비 황제로 몰아간 게 그렇다. 하지만 아무리 허수아비일지라도 초회왕의 지위를 왕에서 황제로 격상시킨 것은 득보다 실이 많았다. 형식을 더욱 단단히 해 주었기 때문이다. 초회왕을 완전히 손에 넣고 양위를 받을 요량으로 그랬다면 이해할 수도 있다. 조비가 한헌제로부터 선양을 받고, 사마염이 조환에게 선양을 받는 모습이 그렇다. 그러나 항우는 초회왕을 완전히 손에 넣지 못했다. 오히려 정반대였다. 그런데도 그의 지위를 격상시켰다. 앞뒤가 전혀 맞지 않는 조치라고 할 수밖에 없다. 사마염이나 조비가 황제를 완전히 손에 넣은 다음 협박을 통해 찬탈한 것과 항우의 행보는 정반대다. 초회왕은 비록 형식적이기는 했으나 진 제국이 사라진 상황에서 반진 세력의 최고 권위자였다. 매끄럽게 처리할 필요가 있었다. 그러기 위해서는 일정한 명분이 필요했다. 그러나 항우는 힘만 믿고 이를 무시한 것이다. 삼국시대 당시 원소가 힘만 믿고 섣불리 천자를 무시했다가 치명타를 입은 것에 비유할 수 있다. 조조는 그 틈을 노려 마침내 원소를 누르고 하북의 패권을 장악했다. 요체는 바로 허수아비 황제를 옆에 끼고 천하의 군웅을 호령한 데 있다. 사서는 이를 '협천자挾天子, 영제후令諸侯'로 표현해 놓았다. 조조는 이를 실행해 천하 통일의 기반을 닦았고, 항우는 이를 무시해 손에 넣은 천하를 유방에게 넘겨주고 말았다. 천하는 아무리 난세일지라도 결코 힘만으로 차지할 수는 없다. 그럼에도 항우는 죽을 때까지 이를 제대로 깨닫지 못했다.

마오쩌둥은 정적인 류사오치劉少奇를 제압할 때 이른바 소리장도笑裏藏刀의 계책을 구사했다. 소리장도는 웃음 속에 칼을 은밀히 감추는 계책인 독수毒手를 뜻한다. 아무리 허수아비 왕일지라도 왕의 자리에 앉힌 채 제거하는 것은 하책이었다. 더구나 항우는 초회왕의 위상을 의제로 격상시키는 우를 범하기까지 했다. 자신의 꾀에 스스로 넘어간 셈이다. 기원전 206년 1월의 일이다. 항우는 왜 이런 하책을 택한 것일까? 여러 이유를 댈 수 있으나 지나친 반진 의식과 강고한 친초親楚 의식이 가장 큰 문제였다. 진나라가 실행한 모든 제도와 관행, 가치 등을 온통 뒤집고자 한 것이다. 당시 군웅들이 할거한 상황에서는 일단 황제의 자리에 오른 뒤 시간을 두고 제후왕들을 차례로 제압하는 게 올바른 순서였다. 이는 유방이 걸은 길이기도 했다. '왕 중의 왕'인 패왕은 황제만큼의 권위는 없다.

물론 항우가 초회왕을 의제로 높이면서 스스로 패왕을 자처한 것을 두고 삼국시대 당시 조조가 한헌제를 옆에 끼고 천하를 호령한 것에 비유할 수는 있다. 겉모습은 닮았다. 그러나 속사정이 다르다. 조조는 한헌제의 권위를 건드리지 않으면서 실권을 장악하는 길을 택했다. 이에 반해 항우는 초회왕을 제후왕만도 못한 존재로 만들어 놓고 패왕의 자리에서 여러 제후왕들을 다스리고자 했다. 패왕과 제후왕의 차이는 종이한 장 차이에 불과하다. 진나라를 무너뜨리고 최강의 정적인 유방의 항복을 받아 낸 여세를 몰아 스스로 보위에 오르거나, 그것도 아니라면 조조처럼 초회왕의 권위를 더욱 높여 놓은 뒤 여러 방안을 강구해 자신의통제 하에 두는 게 옳았다. 항우는 이와 정반대의 길을 간 셈이다. 그가실패한 여러 원인 가운데 매우 중요한 사안으로 꼽을 만한 대목이다. 진시황이 급서한 기원전 210년에서 패왕의 자리에 오르는 기원전 206년까지 4년 동안 지속된 중원축록의 혼란을 가까스로 다잡은 상황에서 또다시 천하를 쟁탈 대상으로 내놓는 우를 범한 셈이다.

실제로 그가 이해 2월에 스스로 서초패왕의 자리에 오르면서 유방을비롯한 군웅들을 각지의 제후왕에 봉한 지 두 달 만에 제나라의 실력자전영이 반기를 들고 일어났다. 유방이 이에 호응해 다시 관중왕을 자처하고 나서면서 천하는 또다시 혼란 속으로 휘말려 들어갔다. 이 또한 현실을 무시한 항우의 잘못된 분봉에서 비롯된 것이다. 항우가 시행한 분봉은 과거 주왕조 때의 봉건체제를 답습한 것이다. 이것이 역사의 흐름을 거스른 것임은 두말할 것도 없다. 천하대세의 도도한 흐름을 거스르다간 자멸할 수밖에 없다. 『맹자』에서는 이를 순천順天과 역천逆天으로 요약해 설명했다. 역천은 패망의 길이다. 결과적으로 항우도 역천으로 인해 패망했다고 평할 수 있다.

실제로 봉건체제의 답습에 따른 후과가 너무 컸다. 당시의 천하대세는진 제국이 이미 모범을 보여 주었듯이 중앙집권적 관료체제에 입각한 일사불란한 통치체제의 구축이었다. 반드시 황제를 칭할 필요가 있었다.

그렇지 않을 경우 진 제국이 너무나 일찍 패망한 까닭에 올망졸망한 제후왕들이 사사건건 충돌할 소지가 컸다. 이는 전국시대로의 후퇴를 의미한다. 그런데도 항우는 황제가 아닌 패왕을 칭한 것이다. 그는 진 제국에 대한 적개심이 너무 컸던 까닭에 제국의 모든 것을 부정하는 식으로 접근했다. 천하를 호령하고자 했으면 그릇의 크기를 천하 단위로 키워야 하는데도 계속 초인楚人으로 존재했던 셈이다. 이는 그가 다스리는 서초西楚의 지역적 한계와 밀접한 관련이 있다.

서초는 강대국이기는 했으나 제국은 아니었다. 새 왕조의 개창과 같은 새로운 통치 질서를 구축할 때 수도의 정립은 왕조의 명운을 가르는 중차대한 일이다. 조선조를 개국한 이성계가 도성의 건립 문제를 놓고 고민을 거듭한 게 좋은 실례다. 항우도 이런 고민을 했어야만 했다. 팽성으로 상징되는 서초도 나름 좋은 점이 있으나 천하의 수도로 정하기에는 결정적인 약점이 있다. 바로 중원이 아닌 동남쪽에 치우쳐 있다는 점이다. 스스로 변방을 자처한 꼴이다. 제국의 중심부인 함양을 분탕질하고 동남쪽에 치우친 팽성에 도읍한 데 따른 자업자득이었다. 원래 유방도 항우를 제압한 뒤 도성을 함곡관에서 약 150킬로미터 떨어진 낙양에 두려고 했다. 이후 계획을 바꿔 함양 인근인 장안에 둔 것은 항우의 실패를 반면교사로 삼은 결과였다.

항우가 도성을 동남쪽에 치우친 팽성에 둔 데 이어 유방을 한중왕에 봉하면서 장함 등에게 그의 관중 진출을 막도록 한 것은 치명적인 실수였다. 이는 호랑이를 산속에 풀어 준 것이나 다름없었다. 그 후과는 곧바로 나타났다. 의제로 추대된 초회왕으로 하여금 재차 흑심을 품도록 만들었기 때문이다. 아무리 최고의 실력을 보유했을지라도 스스로 패왕을 자처했다면 명목상 자신의 위에 있는 의제를 확실히 손에 넣고 통제했어야만 했다. 도요토미 히데요시가 천황이 머무는 교토에 관원을 파견해 놓고 늘 주의 깊게 감시한 게 좋은 예다. 조조가 자신의 딸까지 시집을 보내면서 한헌제를 계속 자신의 관리 하에 둔 것도 같은 맥락이다. 그럼에도 항우는 가장 위협적인 유방을 산속에 풀어 주어 멋대로 활약하게 만들고, 비록 허수아비이기는 했으나 늘 감시해야 할 대상인 의제 역시 먼 곳에 떨어뜨려 놓은 채 방관하는 듯한 모습을 보였다. 패왕체제를 스스로 허물어뜨린 셈이다.

원래 한중왕은 관중왕에 버금가는 자리였다. 나아가 의제로 격상된 초회왕 역시 만만히 볼 수 있는 상대가 아니었다. 초나라는 춘추전국시대를 통틀어 가장 오래된 나라였던 탓에 혈통에 대한 자부심이 다른 어느 왕족보다 강했다. 초회왕도 예외가 아니었다. 항우는 그를 무시했지만 초회왕은 초회왕대로 항우를 자신의 신하로 생각했다. 집안 내력을 따져 볼 때 초회왕의 이런 생각이 터무니없는 것만도 아니었다. 초회왕은 항우가 유방을 한중왕에 봉하는 것을 보고 내심 약속대로 한다는 자신의 언명을 전적으로 무시한 것은 아니라고 판단했을 공산이 크다. 의제는 항우를 잘만 견제하면 자신이 허수아비 황제에서 진짜 황제가 될 수도 있다고 생각했을 가능성이 높다. 항우가 초회왕을 무자비하게 제거한 사실은 이를 반증하는 것이라 할 수 있다.

악수가 악수를 부르다

사서에는 자세한 기록이 나오지 않고 있으나 항우는 의제에게 남초南楚 일대의 영지도 나눠 주었을 것으로 보인다. 남초는 서초와 더불어 옛 초나라 땅의 3분의 1에 해당한다. 『사기』 「화식열전」에 따르면 한나라 초기 옛 초나라 땅은 크게 세 개 지역으로 구분됐다. 서초와 남초 및 동초東楚가 그것이다. 서초는 말 그대로 패왕 항우의 영지가 중심이 된 지역이다. 동초는 항량이 거병한 지금의 장쑤 성 일대인 옛 오나라 땅이다. 동초도 서초와 함께 항우의 직할지가 되었다. 나머지 하나인 남초는 구강왕 경포, 형산왕 오예, 임강왕 공오 등 3명의 토왕에게 배분됐다. 당시 항우는 의제에게 이들 3명의 토왕에게 배분한 남초를 영지로 내렸던 것 같다. 실질적인 관리권은 3명의 토왕에게 맡기면서도 명목상의 관리권은 의제에게 내주는 식이다. 의제가 머무는 수도를 지금의 후난 성 성도인 장사의 상강湘江 상류에 위치한 침현으로 지정한 것도 이런 맥락에서 이해할 수 있다. 당시 침현 지역은 소수민족인 백월百越의 거주지였다. 명목상으로는 남초를 관할하는 지존의 자리에 앉아 있지만 사실은 남만의 우두머리에 불과하다는 식으로 깎아내린 것이다.

항우가 행한 이런 일련의 조치가 아무런 계책도 없이 즉흥적으로 이뤄진 것만은 아니다. 자신을 견제해 진짜 황제가 되고자 했던 초회왕의 야망을 일거에 좌절시킨 게 그렇다. 나름 일정한 효과도 거뒀다. 부나방처럼 초회왕의 주변으로 몰려들었다가 냉엄한 현실을 직시한 주변 인물들이 일거에 초회왕의 곁을 떠난 것이다. 「항우본기」는 "항우의 사자가 의제에게 속히 봉지로 떠날 것을 재촉하자 군신들과 좌우가 점차 의제를

54

배반하기 시작했다"고 기록해 놓았다. 문제는 남초의 토왕 3인에게 의제의 제거를 명하고, 이어 이들이 의제를 제거하는 일련의 과정이 이후 계속 항우의 발목을 잡았다는 점이다. 아무리 뛰어난 실력을 보유하고 있을지라도 매사를 우격다짐으로 밀어붙이면 반드시 후유증이 따르기 마련이다. 항우의 의제 제거 과정이 꼭 그러했다.

항우가 의제의 제거를 명한 것은 기원전 206년 10월이다. 18명의 토왕과 2명의 토후를 천하 각지에 봉한 지 여덟 달 뒤이다. 그사이에 여러 일이 일어났다. 항우의 분봉에 반발한 제나라의 실력자 전영이 이듬해인 기원전 205년 5월에 반기를 들고, 뒤이어 이해 8월에 유방이 장함 등을 무력으로 제압하고 관중을 손에 넣는 격변이 빚어졌다. 「항우본기」는 의제를 침현으로 쫓아낸 지 얼마 안 돼 이내 죽인 것처럼 묘사해 놓았다. 의제의 횡사는 이처럼 엄청난 격변이 일어나는 와중에 빚어진 것으로 때가 너무 좋지 않았다. 유방을 비롯한 정적들이 즉각 자신들의 반기를 합리화하는 명분으로 삼았기 때문이다. 「항우본기」에 따르면 당시 항우는 은밀히 형산왕 오예와 임강왕 공오에게 사람을 보내 의제를 제거하게 했다고 기록해 놓았다. 「경포열전」에는 항우가 구강왕 경포에게 이 일을 주도적으로 처리하라고 명한 것으로 나와 있다. 해당 대목이다.

"항우가 초회왕을 의제로 삼은 뒤 도읍을 장사로 옮기게 했다. 이어 은밀히 구강왕 경포 등에게 명하여 그를 격살하게 했다. 이해 8월, 경포가 휘하 장수를 보내 의제를 죽이려 했다. 의제가 달아나자 곧바로 그 뒤를 쫓아가 침현에서 죽였다."

「항우본기」에는 오예와 공오 등이 의제를 장강의 강중江中에서 죽인 것으로 나와 있다. 많은 학자들은 이를 항우 일생일대의 패착으로 간주하고 있다. 유방이 격문을 돌려 천하의 맹주를 살해한 대역무도한 항우를 토역해야 한다고 부추기고 나선 점 등이 논거로 제시되고 있다. 의제를 제거하는 과정은 바둑에서 악수가 악수를 부른 경우에 해당한다. 초반에 포석을 잘못하면 그 여파가 자못 크다. 그 결과 유방은 항우의 패왕 체제에 저항하는 제후 연합군을 이끌고 팽성을 기습적으로 점거할 수 있었다.

항우가 초회왕을 제대로 잘 다루지 못하고 실책한 것은 리쭝우가『후흑학』에서 역설한 '공㤼'의 후흑술을 제대로 잘 사용하지 못한 후과로 볼 수 있다. 리쭝우는 '공'의 후흑술을 이같이 설명해 놓았다.

"공㤼은 협박한다는 뜻이다. 어떤 사람은 남을 치켜세우는 짓을 수십만 번이나 해도 아무 소용이 없다. 이것은 바로 협박하는 수완이 부족하기 때문이다. 어느 자리에 있는 사람이건 모두 약점을 갖고 있다. 그의 급소를 찾아 가볍게 찌르기만 해도 질겁하고 놀라서 당장 자리를 내줄 것이다. 후흑을 배우는 자는 반드시 협박과 아첨을 함께 병행할 줄 알아야한다. 협박을 잘하는 자는 상대방을 치켜세우면서 은근히 위협을 가한다. 옆 사람이 보기에는 그가 상관 앞에서 하는 말이 구구절절 아첨하는 소리 같지만 사실은 암암리에 급소를 찌르기 때문에 상관은 그 말을들을 때 등에서 식은땀이 나기 마련이다. 반면 아첨을 잘하는 자는 상관을 협박하는 가운데 치켜세운다. 옆 사람이 보기에 그가 오만하게 도끼눈을 부릅뜨고 하는 말이 상관을 탓하는 것처럼 들리지만 오히려 당하는 쪽은 뼈마디가 늘어질 정도로 기뻐하며 편안해한다. 중요한 것은 협박을 할 때 적당히 해야 한다는 것이다. 도가 지나치면 상대가 수치심을 느낀 나머지 분개하여 맞서고 나설 테니 어찌 협박의 기본 취지에 어긋나지 않겠는가? 부득이한 경우가 아니고서는 절대 협박을 가벼이 사용해서는 안 된다."

항우도 초회왕을 다룰 때 '공'의 술책을 사용했으면 결코 섬기던 왕을 죽였다는 비난을 받으며 유방에게 반反항우 전선을 결성하는 명분을 헌납하는 일은 없었을 것이다. 좋은 사례가 있다. 삼국시대 적벽대전이 일어나기 직전 제갈량이 손권을 배견하면서 일종의 협박을 가한 바 있는데 그 수법이 실로 교묘하다. 『삼국지연의』에 따르면 당시 제갈량은 노숙을 따라가 손권을 만나면서 그에게 겁을 주기 위해 조조군의 숫자를 한없이 부풀려 말했다. 기병과 보병, 수병을 모두 합쳐 1백만 명이 넘는다고 한 것이다. 여기서 주목할 것은 제갈량이 시종 손권에게 겁을 집어먹도록 조조군의 군사력을 과장되게 언급한 뒤 손권의 자존심을 자극해 발끈하도록 만든 점이다. 협상에서 화를 내면 승부는 이미 끝난 것이나 다름없다. 손권이 화를 벌컥 낸 후 협상은 완전히 제갈량이 의도한 바대로 흘러갔다. 리쭝우가 '공'의 후흑술을 역설한 이유다.

🌀 마지막 불꽃, 팽성대첩

기원전 205년 3월, 유방이 항우의 본거지인 팽성에 사실상 무혈 입성했다. 항우가 주력군을 이끌고 반기를 든 전횡의 제나라를 치기 위해 북상한 틈을 노린 게 적중했다. 문제는 그다음이었다. 너무나 쉽게 팽성을 접수한 까닭에 유방의 군사는 말단의 병사에 이르기까지 너나 할 것 없이 승리에 도취해 있었다. 팽성 안의 모든 것은 노략의 대상이었다. 「고조본기」의 다음 기록이 이를 뒷받침한다.

"팽성에 입성한 유방은 보화와 미인을 모아 놓고 날마다 성대한 술잔치를 베풀었다."

주색을 밝힌 유방은 함양 입성 때 제대로 펴지 못한 한량 기질을 마음껏 발산했던 듯하다. 내심 항우의 숨통을 끊었다고 생각했을 공산이 크다. 단지 한신만이 광란적인 야단법석에 참여하지 못하도록 직속 부대에 엄명을 내려 평소의 군기를 유지했을 뿐이다.

팽성의 함락은 나름 큰 의미가 있는 것이지만 패왕과의 결전이 아직 이뤄지지도 않은 시점에서 연일 성대한 잔치를 베풀며 먹고 마신 것은 분명 지나쳤다. 모든 병서는 적을 가볍게 여기면 반드시 패한다고 경고했다. 바로 경적필패輕敵必敗이다. 실제로 유방은 당대의 병법가인 항우의 기습 공격을 받고 마치 쥐구멍을 찾듯이 황급히 달아나는 신세가 되고 말았다. 유방이 5국 제후왕과 합세해 56만 명의 대군을 이끌고 팽성을 점령했을 당시 항우는 전영의 동생 전횡의 강고한 저항에 고생하는 중이었다. 「항우본기」는 당시 상황을 이같이 기록해 놓았다.

"전횡이 흩어진 병사 수만 명을 거둬 성양城陽에서 기병하자 항우는 제나라를 평정하느라 정신이 없었다."

항우는 이 와중에 유방이 팽성을 함락시켰다는 소식을 들은 것이다. 당대의 병법가인 그는 곧바로 결단을 내렸다. 제나라 공격을 휘하 장수들에게 맡긴 뒤 직접 3만 명의 정예병을 이끌고 밤을 새워 남쪽으로 내려갔다. 오왕 부차가 황지黃池에서 패자霸者로 등극하기 직전 오나라 도성이 월왕 구천에게 포위돼 태자 우友가 포로로 잡혀 살해되고 고소대가 불에 탔다는 소식을 들은 것과 닮았다. 당시 항우는 단순히 유방을 치는 것으로 끝낼 생각이 없었다. 차제에 유방과 그의 일당을 섬멸할 생각이었다. 어떻게 3만 명의 병력으로 56만 명에 달하는 대군을 섬멸할 생각을 할 수 있었을까? 그런데 실제로 그런 거짓말 같은 일이 벌어졌다. 『손빈병법』은 소수의 병력으로 적의 대군을 물리치는 방법을 이같이 기술해 놓았다.

"용병에 뛰어난 장수는 아무리 적이 대군이고 강할지라도 적의 병력을 분산시켜 서로 구원하지 못하게 만든다. 또 분산된 적을 공격할 때도 적이 서로 연락을 취할 수 없도록 조치해 자신들이 공격받는 상황을 잘 모르게 만든다. 이어 전쟁터의 지형을 잘 살펴 험준한 지형을 활용하고, 병사들을 독려해 진퇴를 자유롭게 한다. 그리하면 적이 아무리 해자를 깊이 파고 보루를 높이 쌓을지라도 그들의 진영은 결코 견고해질 수 없고, 아무리 전차 부대가 견고하고 무기가 날카로워도 그 위력을 발휘할 수 없다. 또 아무리 병사들이 용맹할지라도 결코 강한 군대가 될 수 없다."

전장의 지형을 숙지한 가운데 적의 병력을 분산시키고, 아군의 움직임을 전혀 눈치채지 못하게 만드는 게 요체이다. 적이 술에 취해 잠에 떨어져 있을 경우는 섬멸도 가능하다. 항우는 바로 이런 절호의 기회를 만난 것이다. 관건은 얼마나 빨리, 그리고 얼마나 소리 나지 않게 팽성으로 달려가 기습적인 공격을 가하는가에 달려 있었다. 팽성 주변의 지형을 훤히 꿰고 있는 항우는 팽성의 서쪽으로 우회해 퇴로를 차단한 뒤 다시 동쪽으로 밀어붙이는 작전을 구상했다. 심야에 유방의 무리를 독 안에 든 쥐로 만들고자 한 것이다. 팽성의 함락 소식을 들었을 당시 항우는 거야의 늪지대 서쪽에 포진한 전횡의 군사에 맞서 동쪽에 진을 치고 있었다. 그는 여기서 전횡의 군사가 전혀 눈치채지 못하게 곧바로 남하해 공자의 고향으로 지금의 산둥 성 곡부인 노현魯縣으로 들어갔다. 이어 다시 사수泗水의 물길을 좇아 남으로 내려와 지금의 장쑤 성 소현蕭縣으로 나왔다. 일부러 멀리 우회한 것이다. 『손빈병법』에서 말한 '빨리빨리'의 원칙에는 어긋나지만 '소리 나지 않게'의 원칙에는 부합한다. 만일 심야의 강행군 등으로 속도를 배가할 경우 '빨리빨리'의 원칙에도 부합할 수 있다. 실제로 항우는 이 두 가지 요구를 모두 충족시켰다. 비록 멀리 우회하기는 했으나 강행군을 통해 팽성 동쪽에 이르게 됐을 때는 새벽의 여명이 트기 직전이었다. 항우의 군사가 시간을 지체하지 않고 덮치자 깊은 잠에 떨어져 있던 유방의 군사는 속수무책이었다. 당시 유방은 항우의 군사가 설령 습격을 가할지라도 북쪽으로부터 공격하는 길 이외에는 달리 방법이 없다는 식으로 안이하게 생각했다. 우회해서 급습을 가하리라고는 전혀 상상하지도 못했던 것이다.

이는 1800년에 나폴레옹이 눈 덮인 알프스 산을 넘어 오스트리아 군대를 기습한 것과 닮았다. 당시 프랑스가 이탈리아를 침공하는 루트는 지중해 해안도로를 따라 들어가는 길밖에 없었다. 알프스가 가로막고 있었기 때문이다. 하지만 나폴레옹은 전혀 다른 루트를 염두에 두고 있었다. 당시 병사들은 3일분의 식량을 지급받았다. 대포와 짐마차는 모두 분해되어 병사들이 각 부품을 등에 지고 갔다. 포신은 반쪽으로 쪼개 속을 파낸 소나무통 안에 집어넣고 노새들이 끌도록 했다. 이들은 거의 한 줄로 늘어서서 생-베르나르 협곡을 통과했다. 하루에 통과하는 병사의 수는 약 6천 명이었다. 그는 거의 저항을 받지 않고 알프스 산을 넘어 마렝고 평야에서 오스트리아 군에 승리를 거두었다. 포에니 전쟁 때의 한니발을 흉내 낸 게 주효했다. 제노바에서 나폴레옹의 최측근인 마세나 장군을 포위해 승리를 눈앞에 두고 있던 오스트리아 군대는 나폴레옹 군대의 급습에 반격할 엄두도 내지 못한 채 속수무책으로 당할 수밖에 없었다. 나폴레옹은 이전에 알프스를 넘으려던 다른 도전자들과는 달랐다. 그의 사전에 정말로 불가능이란 없었다. 역사적으로 많은 지휘관들이 나폴레옹 못지않은 장비와 용맹한 군사를 거느렸지만 알프스를 넘는 데는 성공하지 못했다. 끈기와 용기가 부족했기 때문이다. 나폴레옹은 그 어떤 어려움 앞에서도 절대 뒤로 물러서지 않는 불굴의 투지를 보였다. 항우가 팽성을 칠 때와 꼭 닮았다.

　당시 유방의 군사는 승리에 도취한 나머지 항우가 당대의 병법가라는 사실조차 망각했다. 항우의 기습으로 허를 찔린 유방과 5국 제후의 군사들은 서로 밟고 밟히며 사방으로 달아났다. 「항우본기」는 잠에서 깨어난 병사들 중에서 일부가 정신없이 곡수穀水와 사수가 있는 쪽으로 달려갔다가 잇달아 빠져 죽었는데, 그 수가 무려 10만여 명에 달했다고 기록해 놓았다. 그러나 유방의 군사는 항우보다 근 20배나 많았다. 10만여 명이 곡수와 사수에 빠져 죽었지만 아직도 40만여 명이나 남아 있었다. 이들은 남쪽으로 달아난 뒤 대열을 정비해서 반격을 가하고자 했다. 그러나 문제는 시간이었다. 항우의 군사는 조금도 여유를 주지 않았다. 곧바로 유방의 군사를 추격해 팽성에서 서남쪽으로 50킬로미터가량 떨어져 있는 수수睢水 강변까지 몰아붙였다. 궁지에 몰린 유방의 군사 10만여 명이 모두 수수에 수장됐다. 『사기』와 『자치통감』은 이 바람에 수수의 물이 흐르지 않을 지경이 되었다고 기록해 놓았다. 나머지 군사들은 정신없이 사방으로 궤산했다. 이로써 이날 정오쯤 모든 상황이 종료됐다. 새벽부터 시작해 반나절도 되지 않은 시간에 56만 명에 달하는 유방의 군사를 궤멸시킨 것이다. 사실상 섬멸에 가깝다. 항우의 뛰어난 용병술이 찬연한 빛을 발하는 대목이다.

🌀 사면초가인가, 사면제가인가

항우가 백전백승의 승리를 거두다가 마지막에 패한 것은 한신이 막판에 유방 쪽에 붙었기 때문이다. 한신의 세력이 그만큼 막강했다. 당시 항우의 군사는 한신에게 일격을 받고 이내 농성에 들어갔다. 바로 진성陳城이다. 이곳은 항우가 어린 시절을 보낸 항씨 전래의 본향인 항성項城에서 매우 가까운 곳이기도 했다. 항성은 진성에서 북쪽으로 약 40킬로미터 지점에 위치해 있다. 불과 5년 전에 거록전투에서 천하무적을 자랑하는 장함의 진나라 군사를 대파하고, 4년 전에는 서초의 패왕이 되어 천하를 호령했던 항우가 이제는 상황이 역전돼 고향 인근에서 농성을 벌이는 초라한 신세로 전락하고 만 것이다. 「항우본기」의 해당 기록이다.

"항왕이 진하에 방벽을 쌓고 한나라 군사를 막았다. 병사는 적고 식량도 떨어졌다. 한나라와 여러 제후들의 군사가 몇 겹으로 에워쌌다. 어느 날 밤 진성을 사면으로 포위한 한나라 군사 진영에서 초나라 노래가 들려왔다."

여기서 사방이 적으로 둘러싸인 고립무원의 상태를 뜻하는 사면초가라는 성어가 나왔다. 앞서 말했듯이 사다케 야스히코는 지난 2010년에 펴낸 『항우』에서 사면초가가 아닌 사면제가로 보아야 한다고 주장했으나 유방의 군사가 '초가'를 불렀을 가능성도 배제할 수 없다. 「항우본기」

는 당시의 비극적인 정황을 이같이 묘사해 놓았다.

"항우의 눈에서 눈물이 여러 갈래로 나뉘어 아래로 흐르자 곁에 있던 시위侍衛가 모두 함께 울며 쳐다볼 수 없는 지경이 되었다. 항우는 그의 준마인 추騅에 올라탄 뒤 휘하 장사 8백 명이 말에 올라 수종한 가운데 한밤중이 되는 시간까지 포위를 뚫고 남쪽으로 내달렸다. 날이 밝아서 야 한나라 군사들이 이내 이를 알아챘다. 유방이 기병 대장 관영에게 명 해 기병 5천 기를 이끌고 그 뒤를 쫓게 했다."

항우는 잔여 병력을 이끌고 포위망을 뚫었으나 유방의 휘하 장수 관 영이 이끄는 5천 명의 기병이 그 뒤를 급속히 추격했다.「항우본기」에 따 르면 당시 항우가 회하를 건널 때 뒤따르는 자는 겨우 1백여 기에 불과 했다. 항우 일행은 안후이 성 정원현 서북쪽 음릉陰陵에 이르러 길을 잃 고 한 농부에게 물었다. 농부는 일부러 길을 속여 왼쪽으로 가라고 가르 쳐 주었다.

항우 일행은 왼쪽으로 가다가 이내 큰 늪 지역에 빠지고 말았다. 이 대 목에 대해서도 이론이 분분하다. 그중에서 초한지제의 난세가 조속히 끝 나기를 고대한 백성들의 염원이 반영된 것으로 풀이하는 견해가 가장 그 럴듯하다. 한나라 군사들에게 쫓기던 항우는 결국 스스로 목을 찔러 죽 었다. 이때 왕예라는 자가 그의 머리를 잘라 취하자 다른 기병들도 항우 의 시신을 쟁탈하기 위해 서로 마구 짓밟았다. 이때 서로 죽고 죽인 자가 수십 명이었다고 한다. 결국 마지막으로 양희와 여마동, 낭중 여승과 양 무가 각기 시신의 한쪽씩을 나눠 가졌다. 왕예를 비롯한 5명이 각자 얻 은 시신을 하나로 모으자 비로소 항우의 몸 전체가 되었다.「항우본기」 에 따르면 유방은 이들의 공을 기려 항우의 식읍을 5개로 나눠 배분하면서 모두 열후에 봉했다고 한다. 기원전 202년 정월의 일이다. 당시 항우의 나이 31세였다.

여기서 오강자진烏江自盡이라는 성어가 나왔다. 장렬한 최후를 표현할 때 사용하는 말이다. 그런데 최근 이에 대한 강한 반론이 나왔다. 지난 1982년 안후이 성 사범대 부속중학교 교사인 지정산計正山이 「광명일보光明日報」에 발표한 학술 논문 「항우는 결국 어디서 죽었나項羽究竟死于何地」가 그것이다. 항우가 죽은 곳은 오강이 아니라 지금의 안후이 성 정원현定遠縣에 있는 동성東城이고, 자진이 아니라 전사했다는 게 골자이다. 그의 주장이 커다란 반향을 불러일으키자 인민대 교수 펑치융馮其庸이 공동 연구에 들어가 이를 학술적으로 증명했다. 현재 중국에서는 항우가 동성에서 전사했다는 주장이 주류이다.

☁ 항우의 패망 원인

예로부터 건달 출신인 유방보다 모든 면에서 뛰어났던 항우가 패망한 원인을 두고 여러 얘기가 나왔다. 항우는 어느 모로 보나 유방과 비교가 안 될 정도로 배경이 좋았다. 명문가에서 태어나 반진 연합군의 우두머리가 된 항량과 같은 인물을 숙부로 둔 것 등이 그렇다. 출세가 빠를 수밖에 없었다. 게다가 그는 '천시'를 최대한 활용할 줄 아는 수완이 있었다. 그는 반진의 기운이 가장 높았던 초나라 출신인 까닭에 '지리'도 얻었다. '인화'만 얻으면 삼박자가 맞아떨어지는 셈이다. 그러나 많은 사람들이 이 문턱을 넘지 못하곤 한다. 아무리 천시와 지리를 얻었을지라도 본인 스스로 과감히 나서 인화를 이루지 못하면 모든 게 허사가 되고 만다. 거록전투 당시 그는 과감한 결단으로 승리를 낚아 천하를 손에 넣을 수 있었다. 자신의 장점을 최대한 살려 성공을 거둔 셈이다. 그런데도 그는 결국 일개 건달 출신인 유방에게 천하를 내주고 말았다. 많은 사람들이 항우의 리더십을 재조명하면서 가장 큰 의문을 제기하는 이유다. 중국 CCTV의 '백가강단'에서 행한 강의 내용을 요약해 펴낸 『항우강의』에서 왕리췬王立群은 항우 주변 인물들의 배신에서 그 답을 찾았다. 자신의 장점을 잘 살리고 단점을 가려 줄 수 있는 인물을 중용해야 했는데 그러지 못했다는 것이다. 나름 일리가 있는 분석이나 핀트가 어긋났다. 배신을 자초한 당사자는 항우 자신이다. 어디까지나 항우 자신이 일차적인 책임을 져야 한다. 항우의 패망 원인은 주변 인물의 배신보다 항우의 헛발질에서 답을 찾는 게 옳다. 한신과 진평과 같은 당대 초일류 인사들이 유방에게 넘어가 반사이익을 안겨 준 게 그렇다. 그렇다면 그 배경은 무엇일까? 지나친 자신감이 원흉이다. 이는 고금을 막론하고 인화를 가로막는 최대 걸림돌로 작용한다. 왕리췬은 이를 간과했다. 변죽만 울린 셈이다.

지금도 이런 사례는 우리 주변에서 흔히 찾아볼 수 있다. 승승장구하며 고속 승진을 거듭한 인물들에게서 흔히 이런 현상이 쉽게 나타난다. 학교와 직장, 결혼 등 모든 게 순조롭게 풀린 사람들은 세상을 '돈짝'만 하게 본다. 돈짝은 엽전 크기를 뜻하는 말로 마음이 허황되게 부풀어 세상사를 가소롭게 보는 것을 말한다. 집안 배경 등을 토대로 아무런 어려움 없이 승승장구한 자인 고량자제膏粱子弟가 바로 세상을 돈짝만 하게 보는 대표적인 경우다. 사마의의 후흑에 넘어가 멸문지화를 당한 조상曹爽이 바로 그런 경우다. 아무리 국지전에서 백전백승을 거둘지라도 마지막 결전에서 이기지 못하면 아무 소용이 없다. 최후의 승리를 거두기 위해서는 끝까지 신중하고 겸허한 자세를 견지할 필요가 있다. 『주역』이 부단히 스스로를 채찍질하며 정진하는 자강불식自强不息을 역설하는 이유다. 자강불식은 신중하고 겸허한 자세가 전제돼야 가능하다. 항우는 바로 지나친 자신감 때문에 이런 자세를 견지하지 못했다. 그에게는 어려움을 겪지 않고 생장한 고량자제의 통폐가 남아 있었다. 초기에 욱일승천의 기세로 천하를 거머쥐었음에도 이를 계속 유지하지 못하고 이내 유방에게 천하를 상납한 이유가 여기에 있다. 달이 차면 기울게 돼 있다. 최고가 되고자 하면 먼저 그릇을 키우고, 늘 그릇의 한쪽을 비워 놓는 훈련을 해야 하는 이유다. 『순자』 「왕패」에 이를 경계하는 구절이 나온다.

"군주는 관원의 임면을 자신의 능력으로 삼고, 필부는 스스로 할 수 있는 것을 능력으로 삼는다. 군주는 다른 사람을 시켜 일할 수 있으나, 필부는 그의 일을 떠맡길 사람이 없어 1백 무畝의 땅을 홀로 경작하다가 사업이 궁해질지라도 이를 딴 사람에게 맡길 수가 없다. 지금 한 사람이 천하의 일을 두루 처리하면서도 매일 여유가 있고 다스리면서 과실이 없는 것은 사람을 시켜 일을 하기 때문이다. 크게는 천하를 다스리고, 작게는 한 나라를 다스리면서 만일 모든 일을 반드시 자신이 직접 챙겨야 시행된다면 그 노고에 따른 피로와 초췌함이 막심할 것이다. 그렇다면 비록 남녀 노비라 할지라도 천자의 자리와 바꾸려 들지 않을 것이다. 천하를 다스리고 사해를 하나로 통일하는 일을 어찌 반드시 군주 자신만이 해야 하는가!"

천하를 거머쥐거나 다스리고자 하면 다른 사람의 지혜와 힘을 빌릴 수 있어야 한다는 얘기다. 본인이 아무리 출중한 인물일지라도 천하는 넓다. 결코 혼자의 힘으로 얻을 수도, 다스릴 수도 없다. 모두 천하 인재들의 도움을 얻어야 가능한 일이다. 그러기 위해서는 늘 스스로 겸양한 자세로 인재를 그러모으고, 최후의 승리를 거둘 때까지 긴장을 늦춰서는 안 된다. 항우는 자신의 능력과 스펙에 도취한 나머지 남들의 지혜와 용기를 빌릴 생각을 하지 못했다. 진시황 사후 처음으로 반기를 든 진승 역시 장초張楚라는 나라를 세우고 승승장구했으나 자고자대自高自大했다가 이내 몰락했다. 그 뒤를 이어 반진 세력의 우두머리가 된 항량도 천하를 거의 다 손에 넣을 무렵 자고자대하다가 패망했다. 항우는 나름 자신의 뛰어난 능력과 스펙을 최대한 활용해 실제로 천하를 거머쥐었으나 이게 얼마 가지 못했다. 자고자대하며 최대 정적인 유방을 건달 출신이라고 얕본 게 화근이었다. 가장 큰 문제는 천하의 인재를 두루 끌어들이기는 커녕 제 발로 휘하에 들어온 인재를 놓친 데 있다. 당대 최고의 전략가이자 책사인 한신과 진평을 잃은 건 치명타였다. 유방이 천하를 어부지리로 얻었다는 평가가 나올 수밖에 없다.

후흑학의 관점에서 볼 때 항우는 면박심백面薄心白의 전형으로 얼굴이 얇고 마음이 하얗다고 볼 수 있다. 얼굴이 두껍고 마음이 시꺼먼 유방의 면후심흑面厚心黑과 정반대된다. 리쭝우는 『후흑학』에서 항우가 손에 다 넣은 강산을 유방에게 거저 상납한 배경을 여기에서 찾은 바 있다. 리쭝우의 이런 지적은 나름 일리가 있다. 항우는 자존심이 너무 강해 면후가 될 수 없었다. 난세에 이는 치명타로 작용한다. 모든 것이 급변하는 난세에는 능굴능신能屈能伸할 수 있어야 한다. 삼국시대 당시 이를 가장 잘한 인물이 오의 손권이었다. 오나라가 오랫동안 유지된 것도 이와 무관하지 않다. 손권은 비록 면후에서는 유비, 심흑에서는 조조에 미치지 못했을

지라도 면후와 심흑을 섞어 사용한 데에서는 당대 최고의 수완을 보여 주었다. 리쭝우가 손권을 유비 및 조조와 같은 반열에 올려놓고 심흑의 대가로 평한 이유이다.

항우도 비록 면후 면에서는 유방만 못했을지라도 심흑에서 유방을 압도했다면 결코 유방에게 패하지는 않았을 것이다. 그러나 그는 심흑에서도 유방의 적수가 되지 못했다. 오히려 리쭝우가 지적했듯이 심백의 모습을 보여 주었다. 자신의 무략을 과신한 게 화근이었다. 초기만 하더라도 그는 뛰어난 결단력과 탁월한 무략으로 천하를 거머쥘 수 있었다. 그러나 그 이후가 문제였다. 자신의 무략만 믿고 천하의 효웅 유방을 얕보며 황제의 자리로 나아가지 않고 패왕의 자리에 안주한 게 그렇다. 천하는 넓지만 이를 호령할 수 있는 자는 오직 한 사람뿐이다.

항우는 홍문의 연회에서 유방의 항복을 받은 후 함양에 입성했을 때 이곳을 천하의 중심으로 삼아 진시황의 뒤를 이어 황제의 자리로 나아가야 했다. 그런데도 그리하지 못했다. 초나라 사람이라는 지나친 귀속의식에서 벗어나지 못한 탓이다. 진시황이 5백여 년에 걸친 춘추전국시대의 분열시대를 끝내고 사상 처음으로 통일 시대를 활짝 열었음에도 분열시대의 낡은 관념에서 벗어나지 못한 것이다. 유방이 항우를 제압한 후 함양의 맞은편에 장안을 세우고 이후 전한과 후한을 합쳐 4백여 년에 걸친 한나라의 기틀을 다진 것과 대비된다.

면후심흑

面 厚 心 黑

― 두꺼운 얼굴과 검은 마음으로 천하를 잡다

면후심흑面厚心黑의 대가에는 유방과 장량, 진평, 여후 등을 들 수 있다.

유방은 뛰어난 면후심흑으로 항우와의 대결에서 승리해 천하를 잡을 수 있었다.

항상 적절한 계책을 제시하며 황제의 스승이라 불렸던 장량 역시 후흑의 대가였다.

진평은 특유의 후흑술을 통해 유방 사후 여씨의 나라가 될 뻔한 한나라의 사직을 구한 사직지신社稷之臣이었다

기회가 올 때까지 얼굴을 두껍게 하며 검은 속마음을 숨긴 채 참다가

여제의 시초라 불릴 만한 자리에 오른 여후 역시 면후심흑의 대가라 칭하지 않을 수 없다.

유방편 천하의 모든 인재를 모으다

劉邦 「고조본기」에 따르면 유방은 젊었을 때 건달로 지내다가 장년에 이르러 비로소 처음으로 관원 시보試補가 되었다. 맡은 직책은 사수군의 가장 큰 정亭인 사수정泗水亭의 정장亭長이다. 정장은 10리마다 세워진 정의 치안과 소송을 담당한 관원을 말한다. 요즘으로 치면 파출소장과 역장을 합쳐 놓은 자리에 가깝다. 당초 유방이 정장으로 있게 된 것은 소하 덕분이었다. 호족 출신인 소하는 같은 호족으로 있던 조씨曹氏와 가까웠다. 유방과 조씨네 딸 사이에 태어난 아들이 훗날 제왕齊王에 봉해진 유비劉肥로 유방의 서장자이다. 유비의 생모 조씨는 사서에 흔히 조희曹姬로 기록돼 있다. 『한서』는 특이하게도 그녀를 '외부外婦'로 써 놓았다. 외부는 정실 이외에 다른 곳에서 맞아들인 첩 등을 지칭한다. 그녀는 유방이 여치와 혼인하려고 하자 스스로 뒤로 물러났다. 당시 유방은 이를 다행으로 여겼지만 조씨의 오빠 조무상은 앙심을 품은 게 확실하다. 유방이 관중을 장악했을 당시 유방의 사자로 가서 항우에게 유방의 속셈을

고자질한 게 그렇다. 결국 그는 항우가 그 내막을 토설함으로써 곧바로 죽임을 당하고 말았다.

유방은 여치와 결혼한 후에도 이전의 버릇을 버리지 못했다. 늘 그랬듯이 술집을 경영하는 왕오王媼와 무부巫負의 집을 뻔질나게 드나들었다. '오'는 흔히 '온'으로 읽고 있으나, 이는 속음俗音으로 원래 음과 동떨어진 것이다. 중국어 역시 '온媼'의 발음인 '원'이 아니라 '아오'이다. 우리말의 아주머니에 가깝다. 부負는 부녀를 뜻하는 '부婦'와 통한다. 주목할 것은 이 대목 뒤에 나오는 다음 구절이다.

"고조가 일찍이 함양에서 요역할 때 한번은 황제의 행차를 종관한 적이 있었다. 진시황의 행차를 보고는 위연히 탄식하기를, '아, 대장부라면 마땅히 저러해야 할 것이다!'라고 했다."

'종관縱觀'은 구경을 허락받아 마음대로 본다는 뜻이다. 이 구절은 유방이 젊었을 때 요역 차 함양에 갔고, 이때 진시황의 행차를 허락받아 관람했을 가능성을 시사한다. 전후 맥락에 비춰 대략 진시황 31년, 기원전 216년의 일로 보인다. 20세 때 정장에 임명된 유방의 당시 나이는 22세였다(일본 학자 사다케의 경우 유방을 기원전 237년경에 출생한 것으로 보았다. 본문의 유방 나이는 이에 준했다). 정장 3년째에 해당한다. 당시 상관으로 있던 소하의 재가를 받고 갔을 공산이 크다. 출장의 명목은 강제 노동에 징발된 인부의 인솔과 감독이었다. 당시 함양은 연일 토목공사가 진행되고 있었다. 『사기』는 아방궁과 수릉의 수축에 동원된 죄수가 70만 명에 달한다고 기록해 놓았다. 당시의 총인구가 약 6백만 가구, 3천만 명가량이었던 점을 감안하면 엄청난 인원이 동원된 셈이다. 유방이 죄수 출신의 인부를 이끌고 패현에서 함양까지 갈 경우 800킬로미터에 달한다. 왕복

1600킬로미터이다. 서울에서 부산까지 거의 두 번 왕복할 수 있는 거리이다. 중간에 휴식을 취했을 것을 생각하면 두 달 이상 걸렸다고 보아야 한다.

당시 그는 인솔해 온 인부들의 현장 감독을 동료에게 맡기고 함양을 두루 관람했던 것으로 보인다. 이때 여섯 마리의 말이 이끄는 황금으로 장식된 수레 위에 앉아 있는 진시황의 장려한 모습을 처음으로 목도했을 것으로 짐작된다. 포부가 큰 건달 출신의 촌뜨기 정장인 유방의 입에서 절로 감탄이 터져 나왔음직하다. 그 후 유방은 다시 여산의 황제릉 조영 공사에 부역할 인부를 호송하는 일을 맡았으나 도망치는 사람이 속출하자 임무 수행이 어려워지고 말았다. 그러자 유방은 호송하던 죄수들을 풀어 주며 이같이 말했다.

"그대들은 모두 떠나도록 하시오. 나 또한 여기서 떠날 것이오!"

대부분 크게 사례하며 갈 길을 떠났고 오갈 데 없는 장정들은 그대로 남았다. 진승이 반기를 든 지 두 달 뒤인 기원전 209년 9월의 일이다. 유방은 이후 패현 일대의 늪지대에 이들과 함께 몸을 숨긴 채 때가 오기를 기다렸다. 비록 짧은 기간이기는 했으나 자신을 좇는 죄수 출신 장정들과 함께 군도群盜와 다를 바 없는 시간을 보냈을 공산이 크다. 『사기』를 비롯한 사서 모두 군도가 아닌 토패土霸처럼 묘사해 놓았으나 이는 역사의 승리자를 미화한 것에 지나지 않는다. 원래 군도와 지방 군소 군벌인 토패는 종이 한 장 차이에 불과하다. 결과가 모든 평가를 좌우한다.

『사기』「고조공신후자연표高祖功臣侯者年表」에 따르면 훗날 경후敬侯에 봉해진 마을의 부로 팽조彭祖가 현성의 성문을 가장 먼저 열어 유방을 맞이했다. 유방은 팽조를 비롯한 패현의 부로들이 현령으로 추대하려 하자 짐짓 사양하는 모습을 보였다. 그가 거듭 고사하자 부로들이 간곡히 청했다. 사마천은 사평에서 당시 소하와 조참 등은 담력이 작아 감히 나서지 못했다고 분석했다.

"소하와 조참 등은 모두 문리文吏이다. 이들은 제 몸을 아꼈고, 혹여 일이 실패하면 후에 진나라에 멸족의 화를 당할까 두려워했다. 모두 유방에게 양보한 이유다."

고금을 막론하고 대다수 아전들은 변화보다는 안정을 중시한다. 소하와 조참 등의 아전들이 유방에게 현령의 자리를 양보했다는 사마천의 지적이 틀린 게 아니다. 후환을 두려워한 것이다. 유방이 반진의 깃발을 들고 패현의 현령 자리에 오른 것은 그 의미가 크다. 군도의 단계를 벗어나 지방 군벌인 토패의 자리에 앉게 됐기 때문이다. 아무리 많은 무리를 거느리며 막강한 실력을 행사할지라도 군도의 처지를 벗어나지 못하면 중원축록中原逐鹿의 각축전에서는 실격이다. 실제로 팽월은 나름 막강한 무력을 자랑했음에도 빛이 나지 않았다. 군도의 처지를 벗어나지 못한 탓이다.

난세에는 실력이 중요한 게 사실이지만 형식도 무시할 수 없다. 고금을 막론하고 타이틀은 설령 그것이 날림으로 만든 것일지라도 나름 일정한 효력을 발휘한다. 유방이 현령의 토패에서 시작해 토왕과 토황제를 거쳐 마침내 천하를 석권한 게 그 증거다. 역대 왕조 교체의 역사를 보면 군도와 토후, 토패, 토왕, 토황제는 각각 한 끗 차이이다. 그러나 토패는 그 아래의 군도 및 토후와 차원이 다르다. 군대로 치면 영관과 장군의 차이와 같다. 토패와 토왕, 토황제는 동급이다. 모두 별이다. 소장, 중장, 대장의 차이 정도밖에 없다. 토패로 발돋움하는 게 관건이다. 이들 간의 각축전에서 최후의 승리를 거두는 자가 새 왕조의 창업주가 된다. 그 기반이 바로 토패이다. 토패가 됨으로써 유방도 천자가 될 수 있는 기본 요건을 갖춘 셈이다. 그러나 엄격히 따지면 당시 유방이 차지한 패현의 현령 자리는 토패가 아닌 토후에 가까웠다. 여러 현을 거느린 군의 수장인 군수 정도가 토패라고 할 수 있다. 진나라 말기 군수는 통틀어 37개밖에 없었다. 그러나 이는 어디까지나 이론적인 것이고 현실적으로는 유방처럼 비록 현 단위이기는 했으나 나름 실력을 지니고 반진의 깃발을 든 경우는 토패로 행사할 수 있었다. 다만 진승 등이 이미 왕호王號를 사용하고 있는 상황에서 유방이 '패공'을 칭한 것은 그의 세력이 아직 미약했음을 반증한다.

최소한의 타이틀을 확보한 뒤에는 역시 실력이 관건이다. 토패와 토왕, 토황제 등의 명칭에 구애받을 필요가 없다. 진승이 왕호를 칭했지만 이내 몰락의 길을 걸으면서 마지막 단계에서는 토후만도 못한 처지로 전락한 게 그 증거다. 난세의 실력은 곧 군사력을 뜻한다. 첨단 병기의 차이가 거의 없었던 만큼 많은 무리를 이끄는 자가 바로 최고의 무력을 보유한 자였다. 그렇다면 당시 유방의 실력은 어느 정도였을까?「고조본기」는 유방이 거병할 당시 소하와 조참 등이 패현의 자제 2, 3천여 명을 확보하고 있었다고 기록해 놓았다. 이는 처족인 여택과 여석지를 비롯해 죽마고우인 노관, 패현의 아전 우두머리인 소하와 조참 등이 이끄는 무리를 모두 합친 것이다. 초기에 이 정도의 병력을 보유했다면 나름 토패의 체면을 유지할 만했다고 평할 수 있다.

◎◎ 유방 앞에 놓인 세 가지 난제

토패의 일원이 된 유방의 급선무는 실력 배양이었다. 그러기 위해서는 세력 범위를 확장해 병력 자원의 근원인 백성을 대거 확보할 필요가 있었다. 유방은 측근들을 모아 놓고 곧바로 전략 회의에 들어갔다. 크게 세 가지 의제를 논했다.

첫째, 명분 문제이다. 진나라를 타도하고 초나라를 부흥시키겠다는 진승의 장초 건국 취지가 가장 그럴듯했다. 실제로 유방 스스로 초나라 사람을 자처했다. 짧은 옷을 입지 않은 자는 동료로 인정하지 않았고, 초나라 노래와 춤에 기대 시름을 달랬다. 당시의 상황을 감안할 때 천하를 거머쥐기 위해서는 초나라 광복을 기치로 내거는 게 효과적이었다. 그만큼 초나라 사람들은 진나라에 대한 원한이 깊었다. 유방이 출정식에 앞서 초나라 백성들의 수호신이자 군신인 치우에게 제사를 지낸 것도 이런 맥락에서 이해할 수 있다.

둘째, 2, 3천 명으로 늘어난 세력을 군사 집단으로 조직하는 문제이다. 부대마다 우두머리를 두고 다시 몇 개 부대마다 장군을 임명했다. 유방과 행동을 함께 해 온 무리와 조참과 조무상 등 패현의 호족들이 우두머리로 임명됐다. 유방의 고향인 풍읍에도 옹치와 왕릉 등이 무리를 이끌었다.

셋째, 군사 전략 문제이다. 북상해 오는 진나라 군대를 어떻게 대처할 것인가 하는 게 핵심이었다. 이는 무리의 생존과 관련된 문제이기도 했다. 정면으로 맞받아칠 경우 승리를 장담하기가 어려웠다. 2, 3천 명 수준의 반란군으로는 정규군을 상대할 수 없었기 때문이다. 유방의 무리는 진나라 군사와 직접 충돌하는 대신 북상하는 방안을 채택했다. 지금의 산둥 성 어대현 동남쪽 호릉胡陵까지의 거리는 하루 일정이었다. 호릉의 현령은 유방의 군사를 환영했다. 다음 날 유방은 호릉에서 새로 가담한 일당을 이끌고 사수를 거슬러 올라가 서북쪽의 방여方與를 노렸다. 방여 역시 큰 저항 없이 접수했다. 초한지제 내내 호릉과 방여는 서로 차지하기 위해 다투는 쟁지爭地로 작용했다. 이곳에는 유방과 호흡을 같이하는 무리가 대거 포진해 있었다. 그만큼 건달과 무뢰배가 많았다는 얘기다. 호릉과 방여 일대의 장악은 곧 중원 진출의 교두보 확보를 뜻했다.

유방의 무리가 방여를 장악했을 무렵 사수군의 군수 장莊은 뒤늦게 소식을 접하고 서둘러 관군을 소집하고 있었다. 「고조본기」에는 그의 성씨가 기록돼 있지 않다. 유방은 이들의 동향을 속속들이 알고 있었다. 사수군의 고위 관원인 주가와 그의 사촌동생 주창을 비롯해 하급 아전인 임오 등이 가담한 덕분이다. 정보전에서 이미 이기고 있었던 셈이다. 고금을 막론하고 정보전에서 패하고도 싸움에서 이긴 적은 거의 없다.

유방은 사수군에 주둔한 진나라 군사가 움직이기 시작했다는 정보를 입수하자 곧바로 고향인 풍읍 쪽으로 방향을 틀었다. 패현의 현성縣城보다는 풍읍의 읍성邑城에서 농성하는 게 유리하다고 판단한 결과였다. 내부 이탈자를 최소화하려는 속셈도 있었다. 사수군 군수 장은 군사를 이끌고 사수 건너편의 설현薛縣을 공략한 뒤 본영를 차렸다. 유방의 무리가 북쪽의 제나라 반군과 연계하는 것을 미리 차단하고자 한 것이다. 이어 직속 부하인 군감郡監 평平에게 명해 군사를 이끌고 사수를 건너게 했다. 평은 손쉽게 패현 현성의 탈환에 성공했다. 이는 사수군 군수 장의 용병이 간단치 않았음을 보여 준다. 진나라 군사는 여세를 몰아 유방의 무리가 운집한 풍읍을 포위했다. 유방의 무리는 자칫 독 안에 든 쥐가 될 수도 있었다. 여기서 만약 유방이 무너졌다면 한 제국은 역사 무대에 등장하지 못했을 것이다. 그러나 손쉽게 패현의 현성을 탈환한 사수 군감 평은 승리에 취해 사태를 너무 낙관했다. 풍읍에서 농성에 들어간 유방의 무리를 오합지졸로 간주한 게 그렇다. 이들이 풍읍을 포위한 지 사흘째 되던 날 유방이 풍읍의 수비를 옹치에게 맡긴 뒤 과감히 성문을 열고 나가 기습 공격에 나섰다. 급작스런 공격에 진나라 군사는 일순 와해되고 말았다. 유방은 내친김에 패현의 현성 쪽으로 내달렸다. 재차 탈환하고자 한 것이다. 행군 거리는 하루 일정인 약 30킬로미터였다. 당시 패현 현성에는 약간의 수비대밖에 없었기 때문에 유방은 이내 패현을 다시 탈환했다.

싸움은 흐름을 타는 게 중요하다. 적이 패퇴할 때는 급속히 추격해 반격의 여지를 없애는 게 필요하다. 유방은 수군을 편성한 뒤 곧바로 사수를 건넜다. 배가 모두 나포된 까닭에 패배 소식이 강 건너편에 진을 치고 있던 진나라 군사의 귀에 들어가지 않았다. 사수 군수는 유방의 기습 공격에 크게 놀라 황급히 달아났다. 「고조본기」의 기록에 따르면 당시 최고의 무공을 세운 사람은 조참과 조무상 등이 이끄는 조씨 일족의 사병들이었다. 좌사마左司馬 조무상의 공이 특히 눈부셨다. 그는 달아나는 진나라 군사를 10킬로미터가량이나 급히 추격해 사수군 군수의 목을 베는 전공을 세웠다. 덕분에 유방은 패현에 이어 상급 행정 단위인 사수군까지 세력을 확장하게 됐다. 진승이 기병한 지 석 달 뒤인 기원전 209년 10월의 일이다. 현과 군은 차원이 다르다. 유방이 비록 토왕으로 등장한 진승의 장초에 비할 바는 아니나 명실상부한 토패의 일원으로 우뚝 서게 된 근본 배경이 여기에 있다.

☁ 명분을 버리고 실리를 얻다

유방은 비록 사수군을 손아귀에 넣었지만 이내 더 강력한 적을 상대해야만 했다. 바로 진승의 장초였다. 똑같이 반진의 깃발을 들었지만 원래 라이벌은 적보다 더 위험한 법이다. 토왕 진승이 볼 때 토패 수준의 유방이 계속 세력을 확장하는 꼴을 그대로 방치할 수는 없는 일이었다. 유방이 자원해 땅을 바치고 휘하로 들어오지 않을 경우 미리 싹을 제거하는 게 유리했다. 승승장구하여 동쪽으로 진출했던 진승의 휘하 장수 주불이 적현狄縣에서 전담의 반격으로 더 이상의 동진이 불가능해지자 문득 사수군 쪽으로 방향을 돌린 것도 비슷한 이유다. 만만한 곳을 택한 것이다. 당시 주불은 일단 위나라 땅으로 돌아온 뒤 진성에 머물던 옛 위나라 왕족 위구를 보위에 앉힌 뒤 자신은 재상에 취임했다. 그는 위나라 군사를 이끌고 하수를 따라 내려와 유방이 점거한 사수군 일대를 공략하기 시작했다. 당시 유방은 같은 반진 연합 세력이 자신의 등을 치리라고는 생각지도 못했다.

원래 유방의 고향 풍읍은 전국시대 말기 병화를 피해 위나라 백성들이 대거 남하해 둥지를 튼 곳 가운데 하나였다. 주불이 이를 노린 것이다. 그는 적장의 마음을 뒤흔드는 이른바 공심攻心의 계책을 구사했다. 『손자병법』「군쟁」은 공심을 이같이 풀이해 놓았다.

"적과 싸울 때는 적병의 사기를 꺾고, 적장의 심지心志를 뒤흔들 수 있어야 한다. 용병하면서 적의 마음을 빼앗는 게 관건이다."

주불은 군사를 이끌고 풍읍의 수비를 맡은 옹치에게 사람을 보내 설득했다.

"풍읍은 원래 위나라 수도 대량에서 옮겨 온 이주민의 땅이오. 이제 위나라가 평정한 땅이 수십 성에 이르니 지금 항복하면 그대를 후侯로 삼아 풍읍을 지키게 할 것이오. 만일 투항하지 않으면 곧바로 풍읍을 함락시킬 것이오."

적장인 옹치의 심지를 뒤흔들기 위해 회유와 협박을 동시에 구사한 것이다. 「고조본기」의 기록에 따르면 옹치는 매우 유능한 인물이었다. 도리상 나이가 어린 유방의 지휘를 기꺼이 받아들이기는 했으나 내심 불만이었던 그는 주불로부터 제안을 받자마자 곧바로 이를 수용했다. 당시 풍읍에는 유방의 부모인 유태공과 유온은 물론 아내인 여치와 자식들도 있었다. 첫 번째 아내인 조씨와 그 사이에서 태어난 장남 유비도 그곳에 있었다.

옹치의 배신은 유방에게 커다란 충격을 안겨 주었다. 가슴을 가장 아프게 만든 것은 자신을 추종했던 풍읍의 자제들까지 옹치와 행보를 같이 한 점이다. 「고조본기」는 이로 인해 유방이 옹치와 이들 자제들을 크게 원망했다고 기록해 놓았다. 당시 옹치는 풍읍 사람들에게 고향인 위나라에 귀순해 장초 진영에 참가함으로써 반진 항전을 효과적으로 수행하자고 설득했다. 옹치의 설득이 먹힐 경우 유방의 무리는 앉은 자리에서 이내 해체될 수밖에 없었다. 실제로 그의 설득이 그대로 먹혔다. 옹치의 배신 소식을 들은 유방은 대경실색해 곧바로 점거한 방여와 호릉을 놓아둔 채 황급히 방향을 틀어 풍읍으로 달려갔다. 풍읍을 잃은 것은 둥지를 빼앗기는 것이나 다름없었다. 전력을 다해 옹치를 공격했으나 이미 이를 대비해 착실히 준비한 옹치를 이길 수는 없었다. 유방은 부득불 패현의 현성으로 들어갈 수밖에 없었다.

이와 같은 옹치의 배신은 여러모로 삼국시대 당시 조조가 서주의 도겸을 치다가 핵심 참모인 진궁陳宮과 막역지우인 장막張邈의 배신으로 근거지인 연주를 빼앗긴 것에 비유할 만하다. 당시 진궁과 장막은 여포를 끌어들여 연주목으로 옹립함으로써 조조의 등에 칼을 꽂는 짓을 했다. 조조는 2년에 걸친 공방 끝에 간신히 연주를 평정하는 데 성공했다. 연주를 탈환하지 못했다면 이후 원소를 격파하고 천하를 호령하는 일도 불가능했을 것이다.

유방은 풍읍을 잃은 뒤 자신의 둥지를 되찾기 위해 진가秦嘉와 경구景駒 밑으로 들어가 구원병을 청하고, 이후 또다시 항량에게 고개를 숙이고 들어가 5천 명의 지원병을 얻어 마침내 탈환에 성공하는 우여곡절을 겪었다. 둥지는 모든 거사의 출발점에 해당한다. 「고조본기」에 따르면 유방이 풍읍 탈환에 실패해 패현의 현성으로 돌아올 당시 또 다른 반란군인 진가와 영군寧君이 초나라 귀족인 경구를 초왕으로 옹립한 뒤 유현留縣에 집결했다. 유현은 패현에서 동남쪽으로 20킬로미터 떨어진 곳이다. 진가의 무리가 유현에 사령부를 차린 것은 회수 하류의 동해군을 장악한 뒤 세력을 사방으로 확산시키려는 속셈이었다.

원래 진가의 무리 역시 그 기본 성격을 보면 유방처럼 자체적인 노력에 의해 토패로 성장한 경우에 해당한다. 이들은 그릇이 유방보다는 상대적으로 컸다. 토왕을 칭한 게 그렇다. 경구는 비록 가왕假王이기는 하나 초왕을 칭했다. 이는 진승의 장초에 정면 도전한 것이나 다름없었다. 진가와 경구는 나름 승산이 있다고 생각했다. 실제로 이때는 장초의 위세가 이전과는 비교할 수 없을 정도로 크게 떨어져 있을 때였다. 이미 조나라와 연나라, 위나라, 제나라 등의 고토에는 전국시대 말기를 방불케 하는 토패들이 등장해 있었다. 이들 모두 진시황이 천하통일을 이루기 이전의 전국시대로 돌아가 봉건 정권을 다시 부활시키고자 했다. 그러나 초나라 땅에서는 이게 불가능했다. 땅이 너무 넓었기 때문이다. 진시황이 초나라를 정벌할 때 군사를 총동원해 건곤일척의 승부수를 띄운 것도 이 때문이다. 비록 진승이 장초라는 국명을 내세우고 초나라 땅의 패자를 자처했지만 그의 관할 영역은 춘추시대 당시 초나라에 합병된 소국 진陳나라의 영토에 지나지 않는 현縣 단위에 불과했다. 초나라가 병탄후 진현陳縣으로 편제한 게 그 증거다. 게다가 진가가 경구를 초왕으로 내세우며 초나라의 정통성을 주장하고 나선 까닭에 장초는 명분상의 위기까지 맞게 됐다.

유방은 경구가 유현에 이르렀다는 소식을 듣고는 이내 몸을 굽히고 합류했다. 옹치를 물리치고 근거지를 탈환하려는 속셈이었다. 이때 마침 장함이 이끄는 관군이 장초의 수도인 진현을 쳤다. 별장인 사마이司馬夷는 동으로 진격해 사수군의 상현을 함락시킨 여세를 몰아 다시 탕현을 쳤다. 크게 놀란 경구는 강력한 부장 영군과 새로 가담한 유방을 파견해 이를 저지했다. 유방은 영군과 함께 군사를 이끌고 사수를 내려가 팽성으로 향했다. 유방의 군사가 하비의 서쪽 팽성에 이르렀을 때 공교롭게도 경구에게 몸을 의탁하기 위해 무리를 이끌고 오던 장량과 마주치게 됐다. 유방과 이런저런 얘기를 나눈 장량은 곧 유방의 휘하로 들어갔다. 유방으로서는 천군만마를 얻은 것이나 다름없었다. 유방은 다시 서쪽에 위치한 소현蕭縣으로 들어가 사마이가 이끄는 진나라 군사와 맞붙었다.

당시 장함의 별장 사마이가 이끄는 진나라 군사는 사수군의 군도인 상현을 공략한데 이어 여세를 몰아 탕현의 늪지대 일대까지 밀고 들어왔다. 유방은 영군과 합세해 결사적으로 싸웠다. 유방은 다시 탕현을 공격해 3일 만에 함락시키고 탕현의 군사를 수습했다. 그 결과 유방은 6천 명의 군사를 추가로 얻었다. 전에 있던 병사와 합치면 모두 9천 명이나 된다. 얼마 후 여택과 여석지 형제는 탕현의 북쪽에 위치한 하읍下邑을 함락시켰다. 이번에도 많은 수의 병사를 손에 넣을 수 있었다. 유방은 여세를 몰아 풍읍에 대한 포위 공격에 들어갔다. 풍읍을 놓칠 수는 없었다. 풍읍을 잃을 경우 다시 군도로 전락할 수밖에 없었고 풍읍에는 가족과 동료도 있었다. 이 와중에 항량의 군사가 북상해 경구의 군사를 격파하는 일이 빚어졌다. 이는 유방이 전혀 예상하지 못한 일이었다. 유현에서 남하해 팽성 동쪽에 진을 친 뒤 싸움에 임했다가 대패한 경구의 군사는 사방으로 흩어져 달아났다. 일부는 패현을 거쳐 호릉까지 도망갔다. 당시 유방은 유현에 설치된 경구의 본진을 떠나 탕현과 하읍의 늪지대로 들어가 있었다. 한마디로 행운이었다. 만일 경구와 같이 있었다면 항량에게 참패를 당했을 것이다. 유방은 다시 고개를 숙여 항량 밑으로 들어갔다. 「고조본기」는 당시 상황을 이같이 기록해 놓았다.

"패공은 항량이 설 땅에 있다는 얘기를 듣고, 1백여 기를 이끌고 찾아가 알현했다. 항량은 패공에게 군사 5천 명과 오대부五大夫 장수 10명을 보태 주었다. 패공은 이들을 이끌고 돌아가서 풍읍을 공격했다."

오대부는 진 제국의 관원 체계에서 중간급 장교에 해당한다. 당시 유방이 보유한 병력은 1만 명을 넘지 않았다. 항량은 유방의 요청에 선뜻 유방이 보유한 병력의 절반에 해당하는 군사를 내주었을 뿐만 아니라 유능한 간부급 장교 10명까지 지원했다. 이게 옹치를 무찌르고 풍읍을 탈환하는 결정적인 배경이 됐다. 『사기』「표」에 나오는 「진초지제월표秦楚之際月表」는 기원전 208년 4월에 옹치가 유방의 공격을 받고 이내 풍읍을 빠져 나와 위나라로 달아났다고 기록해 놓았다. 명분 면에서는 별장을 자처해 항량에게 굽히고 들어가는 모양이 되었으나 실리 면에서는 커다란 이익을 챙긴 셈이다.

이는 명분을 버리고 실리를 취하는 이른바 사명취실捨名取實의 전형에 해당한다. 죽는 순간까지 실리를 버리면서 명분에 얽매인 항우의 사실취명捨實取名 행보와 대비된다. 사명취실 행보는 일정 부분 후흑이 뒷받침되지 않으면 구사하기 힘들다. 춘추시대 말기 월나라 대부 문종文種과 범리范蠡가 회계전투에서 참패한 월왕 구천으로 하여금 오왕 부차의 노복이 된 뒤 후일을 노릴 것을 건의한 게 그렇다. 리쭝우가 찬탄했듯이 후흑의 진수로 평할 만하다.

일본에도 유사한 인물이 존재했다. 바로 1백년 간 지속된 전국시대의 난세를 종식시키고 에도막부시대를 연 도쿠가와 이에야스德川家康가 주인공이다. 그는 오다 노부나가織田信長와 도요토미 히데요시豊臣秀吉 등의 웅걸이 활약할 때 철저히 몸을 굽히며 최후의 반전을 노렸다. 자신의 실력이 완전히 갖춰질 때까지 몸을 굽히고 온갖 굴욕과 어려움을 참아내면서 실리를 챙긴 것이다. 도요토미가 죽자 마침내 흑심을 고스란히 드러내 도요토미의 자식을 제압한 후 에도막부시대를 열었다. 여러모로 리쭝우가 삼국시대 당시 최고의 후흑을 구사한 인물로 꼽은 사마의와 닮았다. 일본의 역사에서 최고의 후흑 대가로 꼽을 만하다.

특이하게도 조선조 최고의 성군으로 일컬어지는 세종 역시 보위에 오르기 전후의 행보를 보면 일정 부분 후흑을 구사했다. 맏형인 양녕대군이 세자의 자리에서 쫓겨난 후 서열상 앞 순위에 있는 효령대군을 누르고 세자의 자리에 오르는 과정이 그렇다. 당시 그는 열심히 글만 읽는 모습을 보였다. 천성이 책을 좋아하기도 했지만 내심 세자로 책봉되길 기대하며 더욱 글을 읽는 모습을 보였을 공산이 크다. 보위에 오른 뒤 상왕인 태종이 섭정하는 동안에는 부왕의 심기를 거스르지 않기 위해 철저히 몸을 숙였다. 섣불리 행동했다가는 모든 것이 수포로 돌아갈 수 있다는 사실을 통찰한 결과였다. 그는 부왕인 태종이 세상을 떠난 뒤 비로소 자신의 의중을 드러내기 시작했다. 임기응변을 발휘해 신권 세력을 제압하고 철저하게 실리 정책을 편 게 그렇다. 명민한 판단력과 초인적인 인내심, 철저한 실리 위주의 행보 등이 여러모로 도쿠가와가 에도막부를 열 때의 모습과 닮았다. 이는 지금까지 우리가 알고 있던 세종의 모습과는 조금 차이가 있는 것이다. 세종의 이런 행보는 후흑이 결코 난세에만 유용한 계책이 아님을 보여 준다.

☁ 호리지성을 겨냥한 '송遜'의 술책

항우는 곁에서 자신의 잘못을 지적하며 충고해 주는 사람이 겨우 범증 한 사람밖에 없었고, 나아가 항우 자신이 범증의 계책을 전폭 수용하지도 않았다. 이에 반해 유방 주변에는 장량을 비롯해 소하와 조참, 주발, 관영, 번쾌 등이 수시로 간언을 올리고, 유방 자신도 이들의 간언을 전폭 수용하는 모습을 보였다. 이게 두 사람의 운명을 갈랐다고 해도 과언이 아니다. 항우가 유방을 한중왕에 봉했을 당시 유방은 크게 분노하는 모습을 보였다.『한서』「소하조참전」에 따르면 이는 항우의 편파적인 분봉에 따른 것이었다. 유방은 이내 항우를 공격하고자 했다. 주발과 관영, 번쾌 모두 이에 동의했으나 소하가 반대했다.

"비록 한중처럼 험한 곳에서 왕을 칭하는 것이 싫겠으나 그래도 죽는 것보다는 낫지 않겠습니까?"

유방이 물었다.

"어찌하여 죽는다는 것이오?"

소하가 대답했다.

"지금 우리 군사들은 저들만 못해 백전백패할 터이니 죽지 않고 어찌하겠습니까? 무릇 천자의 치하에서 몸을 굽히면서 제후의 수장으로서 믿음을 준 사람으로 탕왕과 무왕이 있습니다. 대왕은 한중에서 왕을 칭하면서 백성들을 잘 다스려 현자를 불러들이고, 파촉의 재부를 거둬들인 뒤 옹雍과 적翟 및 새塞 등의 삼진三秦을 평정토록 하십시오. 그리하면 가히 천하를 도모할 수 있습니다."

이에 유방은 소하의 말을 흔쾌히 따랐다. 이 일화는『한서』와『자치통감』에만 나오고『사기』에는 나오지 않고 있다.『사기』「유후세가」에 따르면 당시 유방이 장량에게 금 1백 일鎰과 구슬 2말을 내려 주자 장량은 이를 모두 항백에게 바친 것으로 나온다. 유방은 이와 별도로 장량을 시켜 항백에게 후한 예물을 보내면서 그에게 청을 넣도록 했다. 그 결과 항백이 곧 항우를 만나 한중의 땅을 모두 유방에게 넘겨주도록 청했고 항우는 이를 허락했다. 장량이 뇌물계를 쓴「유후세가」의 이 대목은『한서』

「장진왕주전」과『자치통감』에도 공히 나온다. 항우가 유방에게 한중을 덤으로 떼어 준 데는 항백이 결정적인 공헌을 한 셈이다. 항우는 자신의 곁에 유방의 반간계에 두루 활용되고 있는 최고급 첩자가 암약하고 있다는 사실도 모른 채 그를 신임하며 곁에 두고 부리고 있었던 것이나 다름없다. 예로부터 뇌물계는 그 효과도 빠를 뿐만 아니라 거의 틀림이 없었다. 이익을 보면 무한 질주하는 인간의 호리지성好利之性을 겨냥했기 때문이다. 리쭝우는 이를『후흑학』에서 '송送'의 술책으로 풀이해 놓았다. 그의 설명이다.

"송送은 크고 작은 두 가지로 나눌 수 있다. 크게는 현찰이나 수표 뭉치를 보내는 것을 뜻하고, 작게는 식사를 대접하거나 요릿집에서 한 턱 내는 것 등을 말한다. 뇌물을 받는 자도 두 부류로 나눌 수 있다. 하나는 자신에 대한 임면권을 쥐고 있는 자이고, 다른 하나는 임면권을 쥐고 있지는 않지만 자신에게 도움을 줄 수 있는 자이다."

뇌물을 주는 이유는 말할 것도 없이 청탁을 하기 위한 것이다. 청탁의 종류는 다양하다. 반드시 리쭝우가 언급한 것처럼 아랫사람이 상납하는 것만 있는 것도 아니다. 윗사람이 아랫사람에게 차질 없는 임무 수행을 당부할 때도 등장한다. 일종의 거마비 내지 활동비를 지급하는 것이나 다름없다. 조선조 개국 초에 이와 관련한 유명한 일화가 있다. 태조 5년(1396년) 정월에 빚어진 표전문表箋文 사건이 그것이다. 원래 표전문은 신년과 황제 및 황후의 탄일誕日 등에 맞추어 축하의 목적으로 황제에게 올리는 '표문表文'과 황후 및 태자에게 올리는 '전문箋文'을 말한다. 당시 명나라는 조선에 사자를 보내 조선에서 보낸 신년 축하의 글 가운데 경박하고 황실을 희롱해 모독하는 내용이 담겨 있다는 트집을 잡고 이를 작성한 정도전을 보낼 것을 요구했다. 이성계는 명나라의 압력을 견디지 못해 마침내 표문을 작성한 김약항을 명나라로 보냈으나 명나라는 강도를 높여 교정을 본 정도전을 압송하라고 압박했다. 조선에 온 명나라 사신의 거듭된 독촉에도 불구하고 정도전이 계속 병을 핑계 대자 보다 못한 권근이 나섰다. 『태조실록』에 따르면 당시 세론은 권근을 높이 칭송하며 정도전을 그르게 여겼다고 한다. 정도전이 이성계에게 말했다.

"권근은 이색이 사랑하던 제자로 전에 이색은 일찍이 주상을 황제에게 고자질하다가 뜻을 얻지 못한 바 있습니다. 지금 권근이 청하여 가고자 하나 반드시 이상한 것이 있으니 보내지 마십시오."

이성계는 이를 듣지 않고 오히려 사람을 뒤따라 보내 권근에게 황금을 노자로 주었다. 스스로 총대를 메고 나선 권근에게 전폭적인 신뢰를 보낸 것이다. 문제는 그다음이다. 태조 6년(1397년) 4월, 권근이 일을 깨끗이 마무리한 뒤 주원장으로부터 후대를 받고 돌아오자 정도전이 사헌부를 사주해 권근을 탄핵했다. 이성계가 권근에게 황금을 노자로 준 사실을 전혀 모르고 있던 정도전은 권근이 주원장으로부터 황금을 받고는 조선의 기밀을 파는 식의 매국 행보를 했을 것으로 지레짐작한 것이다. 전후 사정을 모르는 정도전이 계속 국문할 것을 청하자 이성계가 마침내 역정을 냈다.

"그는 황제가 진노했을 때 자청하여 중국으로 가 다시는 경을 부르지 않게 만들었소. 그러니 나라에도 공이 있고 경에게도 은혜가 있는 것이오. 과인은 상을 주려 하는데 경은 오히려 그에게 죄를 주라고 청하는 것이오?"

정도전은 비록 창업의 일등공신이기는 했으나 이성계가 표전문 사건으로 인해 외교적 궁지에 몰린 상황에서 시종 대책도 없이 병을 핑계로 주군을 더욱 곤혹스럽게 만드는 모습을 보였다. 적잖은 학자들이 정도전의 이런 행보를 간과 내지 무시한 채 그가 이방원에게 참변을 당한 것에만 주목해 애석해하고 있으나 이는 잘못이다. 표전문 사건에서 드러났듯이 창업 과정에서 자신이 세운 공에 안주해 군주 및 국가가 위기에 처한 상황에서 대책도 없이 화를 키운 무책임한 행보는 문제가 있다.

결국 유방은 여타 제후들과 마찬가지로 휘하 군사들을 거두어 봉지인 한중으로 들어갔다. 이때 항우는 병사 3만 명을 보내 유방에게 딸려 보냈다. 「고조본기」는 이같이 기록해 놓았다.

"한왕이 봉지인 한중으로 갈 때 항왕이 병사 3만 명을 내주며 따르도록 했다. 초나라와 제후의 군사들 가운데 한왕을 흠모하여 따르는 병사 수만 명이 두현杜縣의 남쪽에서 식중蝕中으로 들어갔다."

두현은 지금의 산시 성 남전현 서남쪽에 있다. 이들은 식중에서 진령秦嶺을 넘어 한중으로 들어간 게 확실하다. 유방을 흠모해 그 뒤를 따랐다는 사람들은 구체적으로 누구를 말하는 것일까? 문맥상 '초나라 군사'는 초회왕이 직접 관할한 군사의 일부를 지칭한 게 확실하다. '제후의 군사'는 유방의 입관 후 유방의 군단에 편입된 관중 출신 병사들을 언급한 것으로 보인다. 팽성을 출발할 때 데려온 초나라 병사는 잇단 전투에서 적잖이 소실된 만큼 유방이 한중으로 들어갈 당시에는 휘하 군사들 가운데 상당수는 입관 후 징발한 진나라 병사로 채워져 있었다고 보는 게 합리적이다. '흠모하여 따르는 병사 수만 명'은 바로 이들을 지칭한 것으로 보인다.

당시의 기준에서 볼 때 파촉 땅은 미개한 변경 땅이었다. 관중 출신 병사들이 유방의 군단에서 대거 이탈했음직하다. 이는 항우가 유방이 봉지로 떠날 때 희망자에 한해 함께 떠나도록 조치했을 가능성을 암시한다. 이런 추론이 맞는다면 「고조본기」는 '희망자'를 '흠모하여 따르는 자'로 미화해 표현해 놓은 셈이다. 그렇다면 항우가 유방에게 딸려 보낸 병사 3만 명은 어떻게 해석해야 하는 것일까? 사서에는 아무런 기록이 없다. 사다케는 유방에게 딸려 보낸 병사 3만 명을 지휘하는 군관들이 이후 항우를 배신하고 유방을 좇았을 것으로 보았다. 그렇다면 그런 인물이 과연 누구였을까? 항우의 숙부인 항백이라는 게 사다케의 주장이다. 사실 항백 이외에는 달리 생각나는 사람이 없다. 일찍이 유방이 고향인 풍읍을 탈환하기 위해 항량에게 도움을 청했을 때 항량은 고급 장교인 오대부 10명이 이끄는 병사 5천 명을 내준 바 있다. 이는 유방이 항량 군단의 일부로 편입되었음을 뜻한다. 이를 토대로 추론하면 항우는 숙부 항백에게 3만 명을 내주면서 유방에 대한 감시를 맡겼을 가능성이 크다.

한중과 관중은 동서로 가로놓인 진령을 경계로 하여 나뉜다. 협곡의 낭떠러지에는 잔도가 만들어져 있었다. 잔도는 낭떠러지에 구멍을 뚫은 뒤 줄을 늘어뜨려 맞은편에 연결시킨 것을 말한다. 예로부터 한중에서 촉 땅으로 들어가는 길에 있는 잔도가 유명하지만 관중에서 한중으로 가는 길에 있는 잔도 역시 장량으로 인해 유명세를 떨치고 있다. 유방이 한중으로 들어갈 때 장량은 잔도를 불태워 끊어 버릴 것을 권했다. 관중으로 진출할 뜻이 없음을 보여 주어 항우를 안심시키려는 속셈이었다. 그러나 장함 등이 항우의 명을 받아 한중으로 쳐들어오는 것을 대비한다는 방어의 뜻도 담겨 있었다.

🌀 항우의 옆구리를 찌르다

사서의 기록에 따르면 유방이 관중 일대를 모두 탈환한 시점은 기원전 205년 정월이다. 그사이 많은 일이 벌어졌다. 조나라에서 갈라져 나온 상산의 장이가 유방에게 항복하고, 조헐趙歇이 다시 조왕이 되었다. 비슷한 시기 항우가 의제를 제거하는 바람에 유방을 비롯한 군웅들이 자신들의 반기를 합리화하는 데 이 사건을 적극 활용하기 시작했다. 항우에게는 악재가 겹친 격이나 관중을 손에 넣은 유방에게는 오히려 함곡관 밖으로 출관할 수 있는 구실이 거듭 늘어난 셈이다.

항우의 입장에서 볼 때 뭔가 전기를 마련하지 않으면 안 되는 위기 국면이었다. 항우는 비록 자신의 주적이 유방이 아니라 전영과 진여 및 팽월 등의 북부 연합 세력이라고 오판하기는 했으나 나름 일정한 성과를 거뒀다. 가장 먼저 반기를 들었던 전영을 제거해 본때를 보여 준 게 그렇다. 이는 유방이 관중 일대를 완전히 석권한 시기와 겹친다.

당시 항우는 차제에 반란의 진원이 된 전영의 본거지를 뿌리 뽑고야 말겠다는 각오 하에 대군을 이끌고 북상했다. 서쪽의 유방 등이 전혀 걱정이 안 되는 것은 아니었지만 우선 화급한 사안부터 해결한 뒤 차례로 대응하고자 한 것이다. 우선 급속히 북진해 전영의 근거지 인근인 지금의 산둥 성 복현인 성양城陽에 이르자 전영이 급히 군사를 이끌고 나와 싸움을 벌였다. 전영은 항우의 상대가 아니었다. 이내 패하여 산둥 성 평원平原 방향으로 달아났다. 「항우본기」는 평원의 백성들이 그를 죽였다고 기록해 놓았다. 참패를 당한 뒤 홀로 달아나다가 횡사했을 공산이 크다. 항우는 전가田假를 제왕으로 삼고 한 시름을 덜었다. 그러나 전영의 잔당이 아직 남아 있어서 항우는 여세를 몰아 계속 북진했다. 「항우본기」는 지금의 산둥 성 낙창현인 북해北海에 이른 뒤 성곽과 가옥을 불태우고 항복한 전영의 병사들을 모두 갱살했다고 기록해 놓았다. 분노가 치밀어 그리했겠지만 천하의 백성들에게 잔인한 인물이라는 인상을 각인시킨 것은 큰 손해였다. 그나마 분노가 치솟는 와중에도 노약자와 부녀자는 죽이지 않고 포로로 잡는 모습을 보인 것은 다행이었다. 「항우본기」는 당시의 상황과 관련해 "항우의 군사가 지나는 곳마다 대부분 황폐해졌다"고 써 놓았다.

이사이 유방은 승승장구했다. 휘하 장수들이 관중의 북쪽 외곽 지역인 북지北地를 함락시키고 옹왕 장함의 동생 장평章平을 포로로 잡는 성과를 올린 게 그렇다. 유방이 함곡관 밖으로 세력을 확장해 항우의 영토를 야금야금 파먹고 들어오는 형국이었다. 대표적인 예로 낙양에 도읍한 하남왕 신양申陽이 유방의 군사가 들이닥치자 곧바로 항복한 사례를 들 수 있다. 유방은 그곳에 하남군河南郡을 두었다. 신양이 싸움 한번 제대로 하지도 않은 채 유방에게 손을 든 것은 유방의 군사가 그만큼 강했음을 반증한다. 유방은 항우가 온 힘을 들여 전영의 근거지를 초토화하는 와중에 동진을 거듭하며 반사이익을 고스란히 챙긴 셈이다. 이해 3월, 유방은 위나라를 접수하기 위해 지금의 산시 성 태려현에 있는 임진臨晉에서 황하를 건넜다. 위왕 위표魏豹가 이내 항복한 뒤 군사를 이끌고 유방의 뒤를 좇았다. 유방은 여세를 몰아 하내河內를 함락시킨 뒤 은왕殷王 사마앙을 포로로 잡고, 그곳에 하내군河內郡을 설치했다. 한 해 전인 기원전 206년 8월에 관중 탈환을 위해 한중을 출발한 시점에서부터 이듬해 3월 은왕 사마앙을 굴복시킬 때까지 여덟 달 동안 관중을 포함해 하동과 하남, 하내 등 삼하三河의 땅을 모두 손에 넣은 셈이다. 당시의 상황을 감안할 때 거의 전광석화 같은 세력 확장에 해당한다.

출관 이후 연승을 거둬 세력 범위를 크게 넓힌 유방은 고무된 나머지 이런 승세에 적극 올라타 이내 항우의 본거지인 팽성까지 손에 넣을 심산이었다. 곧 평음平陰의 나루터에서 남쪽으로 황하를 건너 낙양에 도착했다. 옛 주나라 왕실이 있던 낙양 입성은 상징성이 컸다. 유방은 내사內史로 있던 패현 출신 주가周苛를 어사대부로 삼아 진 제국의 뒤를 잇는 제2의 제국을 건립하는 행보를 본격화했다. 조만간 닥칠 일을 미리 내다보고 이런 조치를 취한 것이다. 이때 그는 전국시대 말기 한나라의 16대 왕인 한양왕韓襄王의 서손인 한신韓信을 군사 총책인 태위로 삼은 뒤 군사를 이끌고 가 한나라 지역을 경략하게 했다. 그는 회음후 한신과 성은 물론 이름까지 똑같다. 사서는 그를 회음후 한신과 구분하기 위해 대개 '한왕 신'으로 표현해 놓았다. 유방의 명을 받은 한왕 신은 곧 대군을 이끌고 항우에 의해 새롭게 한나라 왕에 봉해진 정창을 공격했다. 기습 공격을 받은 정창은 양성陽城에서 항복했다. 기원전 206년 10월의 일이다. 곧이어 유방은 한왕 신을 한나라 왕으로 삼았다. 진시황이 천하통일 과정에서 가장 먼저 한나라 땅을 병탄한데서 알 수 있듯이 이곳은 관중에서 중원으로 진출하는 교두보에 해당한다. 역으로 중원에서 관중으로 진출하는 목구멍이기도 하다. 전략적으로 그만큼 중요한 곳이다. 그럼에도 항우는 분봉을 전후해 이곳을 거의 방치하다시피 했다. 한왕으로 분봉한 한성을 장량과 함께 팽성으로 끌고 갔다가 이내 살해한 게 그렇다. 유방이 관중을 접수한 뒤 한나라 땅의 공략에 나서자 뒤늦게 정창을 한왕에 임명해 이를 막게 했으나 너무 늦은 처사였다.

매사가 그렇듯이 일이 잘 풀릴 때는 모든 게 순조롭게 진행된다. 진여의 군사가 제나라 군사와 함께 유방에게 협력한 상산왕 장이를 습격하자 싸움에서 패한 장이가 황급히 유방이 있는 곳으로 달아나 몸을 의탁한 게 그렇다. 유방의 입장에서 볼 때 뜻밖의 수확이었다. 장이는 진여와 더불어 당대의 책사로 통한 인물이다. 당대의 병법가인 한신에 이어 장이까지 유방에게 귀부한 것은 천하대세의 흐름이 유방에게 유리하게 전개되고 있다는 신호였다. 당시 유방은 폐구에서 장이를 반갑게 맞이했다. 한때 장이를 모신 바 있는 유방이 그를 후대한 것은 말할 것도 없다. 기원전 205년 3월, 전영의 동생 전횡田橫은 전영의 아들 전광田廣을 제왕으로 삼은 뒤 항우에게 도전장을 던졌다. 전영의 무리를 철저히 궤멸시켰다고 생각하고 잠시 한숨을 놓고 있던 항우로서는 뒤통수를 얻어맞은 셈이다. 실제로 항우는 전영에 이어 전횡을 상대하느라 유방의 동진을 제대로 막지 못했다. 전영을 제후에 봉하지 않은 후과가 이처럼 컸다.

항우는 제나라 땅에 머물며 전횡과 수차례 싸웠으나 쉽게 제압하지 못했다. 그는 이 와중에 유방이 동쪽으로 진격하고 있다는 소식을 들었다. 아무런 대비도 하지 않았다가 허를 찔린 셈이다. 그러나 이미 끝난 일이었다. 독이 오른 항우는 차제에 전횡을 완전히 격파한 뒤 유방을 치는 게 낫다고 판단했다. 얼핏 보면 양면전을 동시에 전개할 수 없는 만큼 일리 있는 결단으로 보인다. 그러나 그 내막을 보면 이 또한 커다란 실책에 해당한다. 「항우본기」의 다음 기록이 이를 뒷받침한다.

"봄, 한왕이 5국 제후왕의 군사 약 56만 명을 이끌고 동쪽으로 진격해 초나라를 정벌했다."

항우는 제나라 토벌에 전력을 기울이는 바람에 둥지를 유방에게 그대로 헌납하고 만 셈이다. 「항우본기」에 나오는 5국 제후왕의 군사 56만 명은 일부 과장된 점을 감안할지라도 당시의 정황에 비춰 대군을 동원한 것만은 확실하다. 유방이 이런 대군을 이끌고 항우의 본거지인 팽성을 겁략한 것은 승세의 큰 흐름을 타고 있었음을 방증한다.

유방이 5국 제후왕을 동원하게 된 근본 배경은 말할 것도 없이 항우가 동쪽으로 돌아갈 뜻이 없다는 장량의 달콤한 말에 속아 넘어간 데 있다. 춘추시대 말 오왕 부차가 월왕 구천의 책사인 범리의 계책에 넘어가 제나라 및 중원의 진나라와 패권을 다투기 위해 북상했다가 월왕 구천에게 허를 찔려 도성이 포위된 것과 꼭 닮았다. "역사는 반복된다"는 얘기가 상기되는 대목이다. 실제로 이후에 나타나는 장면 역시 마치 옛날 영화를 다시 돌리는 것처럼 춘추시대 말기의 모습과 판박이처럼 닮았다. 뒤늦게 허를 찔린 사실을 알고 급속히 군사를 거둬 도성으로 내닫고, 이후 몇 년 간에 걸쳐 공방전을 전개하고, 최후의 결전에서 패한 뒤 스스로 목숨을 끊은 점 등이 그렇다. 유방과 월왕 구천의 행보는 놀랄 만큼 유사하다. 중국의 전 역사를 통틀어 이토록 판박이처럼 유사한 모습을 보인 경우는 없다.

☁ 위나라가 돌아서다

팽성전투에서 항우에게 일격을 당해 참패한 유방은 이후 중원에서 관중으로 들어가는 입구인 형양과 성고 일대를 확고히 지키며 수비에 치중했다. 이는 올바른 선택이었다. 제나라의 전횡과 조나라의 진여, 거야 늪지대에서 유격전을 펼친 팽월 등은 유방이 생각한 것만큼 우호적이지 않았다. 팽성전투 이후 관망하는 쪽으로 입장을 선회한 것이다. 유방이 패할 경우 순식간에 항우 쪽에 설 가능성이 높았다. 그런 점에서 유방은 최대한 힘을 비축한 뒤 일시에 쏟아부어 국면을 전환시킬 필요가 있었다. 그래야만 이들을 다시 믿을 만한 우호 세력으로 만들 수 있었다. 그러나 그게 쉽지 않았다. 실제로 양측이 대치하는 와중에 유방 쪽에 있었던 위왕 위표가 유방을 버리고 항우 쪽으로 돌아서는 일이 빚어졌다. 부모의 병간호를 이유로 형양의 군영에서 벗어나 본국으로 돌아간 후 문득 태도를 돌변한 것이다. 당초 위표는 장함에게 포위된 친형 위구가 위나라 백성들을 구하기 위해 불 속으로 뛰어들어 자진할 때 황급히 초나라로 달아났다. 그러자 초회왕은 그에게 군사 수천 명을 주어 다시 위나라 땅을 경략하게 했다. 이후 그는 위나라 땅에서 유격전을 펼치며 20여 개 성을 탈환했다. 이어 항우가 연합군을 이끌고 입관할 때 행동을 같이했다. 그러나 항우의 포상은 인색했다. 제후들을 분봉할 때 대량을 포함한 옛 위나라 땅의 요지를 직할령으로 삼은 뒤 나머지 땅만을 그에게 내렸던 것이다.

당시 항우가 위표에게 내린 왕호는 서위왕이다. 왕호만 보더라도 위나라의 일부만 떼어 준 것을 알 수 있다. 위표는 내심 크게 분노했으나 밖으로 드러내지는 않았다. 항우의 보복이 두려웠기 때문이다. 얼마 후 제나라의 전영이 항우에게 반기를 들자 곧바로 이에 호응하며 유방 쪽에 섰다. 유방이 팽성전투 참패로 황급히 퇴각할 때 그래도 의리를 지킨 것은 항우의 분봉에 대한 울분이 그만큼 컸음을 반증한다. 그러나 이후 유방 쪽에 섰던 제나라의 전횡과 조나라의 진여가 유방 진영에서 떨어져 나가면서 그 역시 심하게 흔들리기 시작했다. 여기에 유방이 위표의 공적을 제대로 인정하지 않자 불에 기름을 붓는 격이 되었다. 대우가 이처럼 기대에 미치지 못하자 결국 위표는 앞서 보았듯이 모친상을 이유로 본국으로 돌아간 후 항우 쪽에 서게 되었다. 「위표팽월열전」에 따르면 유방은 뒤늦게 이 사실을 알고 이내 책사인 역이기酈食其를 불렀다.

"뺨의 근육을 풀고 가서 위표를 설득하도록 하라. 능히 설득하면 내가 자네를 만호후萬戶侯에 봉하도록 하겠다!"

뺨의 근육을 푼다는 뜻의 원문은 완협緩頰이다. 왕족 출신인 위표의 성격이 까다로운 만큼 그의 완고함을 풀어 줄 수 있는 능변을 펼쳐 달라고 주문한 것이다. 유방이 역이기를 사자로 택한 것은 올바른 선택이었다. 역이기는 유가의 인의를 중시하면서도 결코 고지식한 인물이 아니었다. 그러나 설득에는 실패하고 말았다. 왕족 출신인 위표가 유가의 예절에 얼마나 민감했는지를 반증하는 사례다. 「위표팽월열전」에 나오는 위표의 답변이 그 증거다.

"사람이 한평생 살아가는 것은 마치 백구과극白駒過隙의 순간에 지나지 않소. 그런데도 지금 한왕 유방은 극히 오만한 모습으로 주변 사람들에게 모욕을 가하고 있소. 제후와 군신들을 욕하는 모습이 마치 하인을 나무라는 듯하오. 상하 간의 예절이 없기 때문이오. 나는 짧은 생을 살아가면서 그런 사람을 두 번 다시 볼 인내심이 없소!"

백구과극은 『장자』 「지북유知北遊」에서 나온 말로 세월이 마치 흰 망아지가 지나는 것을 문틈으로 보는 것처럼 빨리 흐르는 것을 비유한 말이다. 하인 운운의 지적은 유방의 오만하며 무례한 자세를 통탄한 것이다. 위표는 비록 왕족 출신이기는 하나 유방처럼 나름 협기가 있는 인물이다. 그러나 왕족 출신인 위표와 건달 출신인 유방은 사고방식과 행동양식이 다를 수밖에 없다. 유방의 천박한 언행에 위표가 학을 뗀 것으로 풀이하는 게 옳다. 결국 이로 인해 위표와 유방의 인연은 끝이 났다.

유방의 입장에서 볼 때 위표의 배신은 커다란 위협으로 작용할 수밖에 없었다. 크게 두 가지다. 첫째, 현실적인 위협이다. 조나라의 진여가 위표와 손을 잡고 항우를 불러들일 경우이다. 이 경우 관중의 입구에 해당하는 형양과 성고를 지키기가 어렵게 된다. 둘째, 권위의 훼손 문제이다. 당시 유방 밑에는 상산왕 장이가 망명해 와 있었고, 구강왕 경포도 휘하에 들어와 있었다. 여기에 위왕 위표를 더할 경우 유방의 권위는 항우에 필적하게 된다. 그러나 위표가 빠져나갈 경우 유방의 권위는 반대로 커다란 손상을 입게 된다. 결국 유방은 중대 결단을 내렸다. 한신에게 위표 토벌의 책임을 맡긴 것이다. 위표로서는 최대 위기를 맞이한 셈이었다. 당대 최고의 병법가인 한신과 맞서 승리를 거두는 것은 매우 어려웠다. 실제로도 그렇게 진행됐다. 객관적으로 볼 때 한신의 도움이 없었다면 유방의 천하통일은 꿈도 꿀 수 없었다. 그러나 한신이 토사구팽을 당한 후 그의 뛰어난 무공에 관한 기록은 대거 사라지거나 유방 및 유방 휘하 장수의 공으로 둔갑했다.

☁ 유방의 후흑술

기원전 203년 8월, 유방과 항우는 홍구를 기점으로 천하를 양분하는 홍구강화 회담을 체결했다. 이는 유방이 구사한 후흑의 정수에 해당한다. 강화 회담의 타결로 일단 황하에서 회하 상류로 이어진 인공운하 홍구를 기준으로 서쪽은 한나라, 동쪽은 초나라에 귀속되었다. 그러나 항우는 회담이 타결된 지 불과 4개월 뒤에 스스로 목을 치는 비극의 주인공이 되었다. 건달 출신인 유방에게 철저히 농락당한 결과이다. 원래 홍구는 식량 등의 물자 수송에 매우 긴요한 대표적인 운하였다. 지금의 허난 성 정주시 서북방에서 끌어들인 황하의 물줄기가 동쪽으로 개봉시까지 흐르다가 회양현을 거쳐 허난 성 구현丘縣에 이르러 영수穎水와 합류해 회수로 빠진다. 운하의 굴착은 전국시대 중엽 위혜왕 10년인 기원전 360년에 시작됐다. 개통 후 진한시대는 물론 그 이후의 위진남북조시대까지 황하와 회수를 연결하는 중요한 수로로 사용됐다.

주목할 것은 항우 진영에 인질로 잡혀 있던 유방의 부친 태공과 부인 여후가 유방의 영채로 송환된 시점이 강화 회담이 타결되고 나서 한 달 뒤라는 점이다. 항우는 순진하게도 유방의 약속을 믿고 태공과 여후를 돌려보냈다가 그 후 후미를 공격당했다. 『사기』와 『한서』는 당시 유방도 본거지인 서쪽, 관중의 근거지인 약양櫟陽으로 돌아가려고 하자 문득 장량과 진평이 만류한 것으로 기술해 놓았다. 이게 사실일까? 『사기』는 「고조본기」 등에서 "장량과 진평의 계책을 좇았다"라는 식으로 간략히 기술하는 것으로 그쳤다. 그러나 『한서漢書』 「고제기高帝紀」는 당시 상황을 이처럼 생생히 묘사해 놓았다.

"한나라가 천하의 절반을 차지하자 제후들이 모두 귀부했습니다. 지금 초나라 군사는 피로에 지쳐 있고 식량도 떨어진 상황입니다. 바야흐로 하늘이 초나라를 멸망시키려는 것입니다. 지금 저들이 지친 틈을 타 공격해 취하지 않으면 이른바 '호랑이를 길러 근심거리를 남긴다'는 격이 될 것입니다."

이 대목을 읽으면 유방은 신의를 극히 중시하는 사람이고, 장량과 진평은 속임수의 달인이라는 착각을 할 수밖에 없다. 『한서』는 무엇을 근거로 장량과 진평의 건의를 이처럼 상세히 알게 된 것일까? 내용이 모순되고 있다. 크게 두 가지이다.

첫째, 기록을 보면 유방은 천하대세가 자신에게 유리하게 돌아가고 있는데 천하통일을 도모할 생각을 하지 않고 관중으로 돌아가려고 한다. 그 이유는 무엇일까? 객관적으로 볼 때 누구보다 욕심도 많고 시기심도 많았던 유방이 바야흐로 떡이 입안으로 들어오려는 상황에서 떡을 나눠 주려 했을 리 없다. 홍구강화 회담이 태공과 여후를 돌려받기 위한 속임수의 일환으로 이뤄진 사실이 이를 뒷받침한다. "유방이 군사를 이끌고 서쪽으로 돌아가려고 했다"는 구절은 당시의 정황과 동떨어져 있다.

둘째, 당시 유방은 병법의 기본 이치가 적을 철저히 속이는 궤사에 있다는 사실을 모르고 있었던 것일까? 이는 있을 수 없는 일이다. 『한비자』와 『사기』에 따르면 전국시대 이래 거의 대부분의 사람들이 집에 『손자병법』과 『오자병법』을 비치해 놓고 있었다고 한다. 난세에 적을 제압하기 위한 궤사의 구사는 상식에 속한다. 유방만 도덕군자인 양 이를 모르거나 무시했을 리 없다. 유방이 장량과 진평의 간언을 듣고서야 비로소 공격에 나섰다고 보는 것 자체가 있을 수 없는 일이다. 사서의 기록을 종합해 보면 홍구강화 회담은 시종 유방이 계책을 내고 주도적으로 추진한 게 거의 확실하다. 실제로 유방은 홍구강화 회담에 앞서 전에 궁지에 몰려 있을 때 형양을 반분하는 계책을 낸 바 있다. 홍구강화 회담을 추진하는 과정에서 전혀 거론되지 않았던 장량과 진평이 마지막 장면에 이르러 문득 튀어나오는 것 자체가 억지스럽다. 유방을 미화하려는 의도가 너무 선명히 드러난다고 할 수 있다. 「고제기」에 수록된 장량과 진평의 건의를 받고 비로소 이들의 계책을 사용했다는 구절은 후대인이 꾸며낸 애기이거나 윤색 내지 가필로 보는 게 타당하다. 실제로 이같이 보지 않을 경우 유방이 강화 회담이 타결되자마자 항우의 등을 노린 배경을 이해할 길이 없다. "역사는 승자의 기록이다"라는 금언을 새삼 상기시켜 주는 대목이 아닐 수 없다. 유방이 구사한 야비한 기만술은 그가 얼마나 욕심과 시기심이 많았는지를 잘 보여 준다. 항우의 등에 칼을 꽂으려고 황급히 뒤를 쫓아갔다가 대패한 사실이 이를 뒷받침한다. 말할 것도 없이 항우를 얕잡아 보고 단숨에 천하를 거머쥐고자 너무 서두른 탓이다.

당시 항우의 반격에 깜짝 놀라 황급히 뒤로 물러난 유방은 참호를 깊게 파고 영루를 굳게 지키면서 한신과 팽월이 오기만을 기다렸다. 유방은 두 사람이 자신의 명을 받들어 이내 올 것으로 착각했다. 초조하게 기다리다 지친 유방이 마침내 장량에게 물었다.

"제후들이 내 말을 따르지 않으니 도대체 이게 어찌된 일이오?"

그는 형양에서 항우와 대치할 때 충직하기 그지없는 소하에 대해서도 의심을 품은 바 있다. 자신이 항우에게 패하면 소하가 관중을 슬쩍 할 것으로 의심한 것이다. 그는 소하가 일족을 참전시킨 뒤에야 안심했다. 유방은 월왕 구천과 너무나 닮은 인물이었다. 고난은 같이해도 부귀는 함께 누릴 수 없었다. 구천과 유방이 공히 공신들을 가차 없이 도륙한 게 결코 우연이 아니다.

객관적으로 볼 때 당시 한신은 앉은 자리에서 어부지리를 취할 수 있는 가장 막강한 세력으로 부상해 있었다. 실제로 무력 면에서 유방과 항우를 압도했다. 군사적 재능 면에서 유방은 한신과 비교할 수조차 없었다. 한신과 어깨를 나란히 할 수 있는 사람은 겨우 항우 한 사람 정도였다. 그런데도 유방은 이런 사실을 무시하거나 간과했다. 사태를 지나치게 낙관한 나머지 달라진 현실에 눈을 감은 것이다. 장량이 간언을 삼간 채 유방이 자문을 구할 때까지 기다린 것도 이런 맥락에서 이해할 수 있다. 설불리 간할 경우 득보다 실이 컸다. 자칫 토사구팽의 목록에 오를지도 모를 일이었다. 장량은 여러모로 범리를 빼닮았다. 유방이 뒤늦게 자문을 구하자 비로소 자신이 생각해 온 해법을 제시한 게 그렇다. 「고조본기」의 해당 기록이다.

"전에 초나라 군사를 격파했는데도 한신과 팽월 모두 땅을 나눠 받지 못했습니다. 그들이 오지 않는 것은 실로 당연한 일입니다. 지금이라도 대왕이 그들과 더불어 천하를 나눠 함께 소유할 의향이 있으면 가히 그들을 즉시 이곳에 이르게 할 수 있습니다. 한신은 비록 제나라 왕의 자리에 오르기는 했으나 이는 대왕의 본의에 따른 게 아닙니다. 팽월 역시 위나라 일대를 모두 평정한 당사자인데도 대왕은 위표를 왕으로 삼으면서 그를 상국으로 삼았을 뿐입니다. 지금 위표가 죽고 없는 까닭에 팽월은 내심 보위에 오르기를 간절히 바라고 있는데도 대왕은 이를 속히 확정해 주지 않고 있습니다. 지금이라도 수양睢陽 이북에서 곡성穀城에 이르는 땅을 팽월에게 주어 위나라 왕으로 삼고, 진성陳城 동쪽에서 바다에 이르는 땅을 한신에게 떼어 주십시오. 한신은 고향이 초나라 지역에 있는 까닭에 초나라의 옛 땅을 다시 찾고 싶어 할 것입니다. 이 두 곳을 두 사람에게 내준 뒤 그들로 하여금 항우와 싸우도록 하면 항우는 이내 쉽게 무너지고 말 것입니다."

장량이 팽월에게 떼어 줄 곳으로 언급한 '수양 이북에서 곡성에 이르는 땅'은 이미 팽월이 장악하고 있는 지역이었다. 한마디로 떼어 주고 말고 할 것도 없는 곳이다. 현실을 승인하면 끝난다. 그런데도 욕심이 많은 유방은 이를 인정하려 들지 않았던 것이다. 문제는 한신이었다. 한신에게 떼어 줄 것을 권한 '진성 동쪽에서 바다에 이르는 땅'은 초나라 땅의 대부분을 포함한다. 이는 차원이 다르다. 장량은 유방에게 제나라 땅에 이어 초나라 땅까지 덤으로 얹어 줄 것을 권한 것일까? 있을 수 없는 일이다. 팽월과 한신은 이미 위나라와 제나라를 실질적으로 지배하고 있는 군웅의 일원이었다. 항우와 일대 결전을 앞두고 있는 상황에서 유방이 이들에게 일방적으로 명을 내릴 수 있는 입장이 아니었다. 당시의 정황에 비춰 유방은 거짓 포상을 미끼로 내걸고 상대를 농락한 게 거의 확실하다. 인터넷 홈쇼핑에서 진품인 양 선전한 후 막상 대금을 송금하면 가짜를 보내는 식의 사기 수법과 닮았다. 홍구강화 회담 때 써먹은 기만적인 수법과 별반 차이가 없다.

유방은 항우에 이어 한신에게도 기만적인 궤사를 구사한 것으로 보는 게 옳다. 홍구강화 회담 때 써먹은 궤사의 책임을 장량과 진평에게 덮어씌운 것처럼, 기만적인 미끼를 내걸고 한신을 꼬드긴 책임을 장량에게 떠넘긴 셈이다. 리쭝우가 『후흑학』에서 유방을 월왕 구천에 버금가는 후흑의 대가로 평한 것은 정곡을 찌른 것이다. 그러나 엄밀히 얘기하면 유방은 오히려 구천보다 더한 감이 있다. 구천은 기본적으로 건달 출신이 아니다. 나름 체면을 중시했다. 구천은 범리 등의 간언을 들은 뒤 비로소 오왕 부차의 대소변을 맛보는 식의 극단적인 궤사를 구사했다. 이에 반해 유방은 장량과 진평의 건의를 듣기 이전에 이미 천하를 거머쥘 수만 있다면 구천이 행한 것보다 더한 것도 기꺼이 할 수 있는 마음의 준비가 돼 있었다. 사서에는 유방이 늘 장량과 진평 등의 간계를 들은 후 마지못해 이를 좇은 것처럼 기록돼 있으나 이는 거꾸로 해석할 필요가 있다. 유방은 후흑의 구사에서 구천보다 윗길이었다.

得천하의 배경

왕조 교체기의 중원축록 과정에서 승리를 거머쥔 역대 사례를 개관하면 몇 가지 특징을 찾아낼 수 있다. 공교롭게도 초한지제에는 그러한 특징이 모두 드러나 있다. 유방이 최후의 승리자가 된 것도 이런 특징을 구비한 결과로 볼 수 있다. 최근 학자들의 연구 성과를 종합하면 크게 세 가지로 요약할 수 있다.

첫째, 인화人和이다. 이는 『사기』를 비롯한 대다수 사서들이 하나같이 유방의 득천하 비결로 꼽은 것이다. 유방은 인화에 성공한 까닭에 득록得鹿의 행운을 거머쥘 수 있었고, 반대로 항우는 제 발로 걸어온 인재마저 제대로 활용하지 못한 탓에 다 잡은 사슴을 놓치는 실록失鹿의 당사자가 되었다는 게 골자다. 천시天時는 난세에 과감히 반기를 들고 봉기한 모든 군웅에게 거의 동일하게 적용된다. 지리地利 역시 큰 변수는 못 된다. 넓은 영토와 많은 인구를 지닌 쪽이 유리하기는 하나 이게 승패를 좌우하는 결정적인 요인은 아니다. 삼국시대 당시 원소는 지리에서 가장 유리한 입장에 서 있었으나 결국 불리한 지리를 지닌 조조에게 패했다. 인재의 확보 및 운용에서 뒤쳐진 게 결정적인 패인이었다. 모든 면에서 불리했던 유방이 인화에 성공해 마침내 득록의 주인공이 되었다는 분석은 나름 타당하다.

둘째, 승시乘時이다. 기회가 왔을 때 즉각 이에 올라타야 한다. 항우는 홍문의 연회 때 범증의 계책을 좇아 유방의 목을 치는 결단을 내리거나, 최소한 굴복을 받아내 한중이 아닌 다른 곳에 봉해야 했다. 그러나 그는 그리하지 못하고 유방을 한중왕에 봉했다. 이는 호랑이를 숲에 풀어 준 것이나 다름없었다. 이후에도 유방을 제압할 수 있는 기회가 여러 번 있었으나 항우는 계속 우물쭈물하면서 이런 기회들을 날려 버렸다. 거록 대전에서 승리를 거둘 때 파부침주의 결단을 내린 것과 대비된다. 이와 정반대로 자기 멋대로 결정해 일을 처리하던 유방은 마지막 순간에 장량의 계책을 받아들여 절호의 기회를 놓치지 않았다. 그 결과 최후의 결전에서 항우의 군사를 결정적으로 궤멸시킬 수 있었다. 마오쩌둥이 스탈린의 반대에도 불구하고 여세를 몰아 장강을 도하한 뒤 장제스를 대륙에서 완전히 몰아낸 것과 닮았다.

셋째, 투지鬪志이다. 유방은 당대 최고의 전략가이자 용장인 항우를 상대로 싸운 까닭에 시종 비세非勢를 면치 못했다. 그럼에도 그는 결코 좌절하지 않았다. 그는 투지의 화신이었다. 팽성을 점령했다가 항우의 기습 공격으로 참패를 당해 달아나는 와중에 수레의 무게를 덜기 위해 어린 자식을 수레 밖으로 밀어 떨어뜨릴 정도로 혼이 났는데도 포기하지 않았다. 매사를 낙관적으로 바라보는 그의 천성이 적잖은 도움을 주었다는 게 일반적인 평가다.

고금의 모든 싸움이 그렇듯이 판세의 저울추를 기울게 하는 결정적인 진검 승부에서 승리하는 자가 천하를 거머쥐기 마련이다. "최후에 웃는 자가 가장 잘 웃는 자이다"라는 속언이 이를 웅변한다. 난세는 기존의 가치와 관행이 일거에 뒤집히는 격동의 시기이다. 이런 시기에는 명문가 출신이 오히려 불리하다. 엘리트 의식에 젖어 민심을 제대로 읽지 못하는 치명적인 약점이 작용할 공산이 크기 때문이다.

유방이 천하를 거머쥔 것도 이런 맥락에서 이해할 수 있다. 건달 출신인 까닭에 누구보다 민심에 밝았던 것이다. 건달 출신으로서는 애초부터 잃을 게 없었다. 실제로 그는 시작부터 경무장을 한 채 신속히 이동해 힘을 한곳에 집중하는 식으로 용병술을 구사했다. 중무장을 한 채 사방으로 뛰어다닌 항우와 대비되는 방식이다. 항우는 뛰어난 병법과 초인적인 능력을 발휘해 백전백승을 거뒀지만 정작 가장 중요한 득민심得民心에서 실패해 결국 천하의 강산을 유방에게 상납했다.

후흑학의 관점에서 볼 때 유방은 리쭝우가 『후흑학』에서 역설했듯이 면후심흑面厚心黑의 전형에 해당한다. 『후흑학』에서 리쭝우는 유방을 다음과 같이 평했다.

"유방은 천부적 자질이 있는 데다 경륜 또한 깊었다. 그는 세속에서 말하는 군신과 부자, 형제, 부부, 붕우의 오륜은 물론 예의염치 따위를 깨끗이 버렸다. 그렇기 때문에 군웅을 능히 평정하고 천하를 통일할 수 있었다. 이후 4백여 년이 지나 유방이 떨친 '면후심흑'의 기운이 바야흐로 소멸되자 한나라의 황통도 끊어지게 됐다."

유방이 구사한 면후심흑을 선천적인 것으로 본 것이다. 나름 일리가 있는 지적이다. 유방은 모든 면에서 항우와 대비됐다. 객관적으로 볼 때 그는 뜻만 크고 큰소리를 잘 치는 날건달에 지나지 않았다. 그러나 비록 허풍일지라도 충성스럽고 유능한 사람들을 휘하에 모을 수만 있다면 난

세에는 이게 자산이 된다. 아무리 허풍을 치더라도 휘하에 나눠 줄 작위
와 봉록 등은 천하를 얻은 뒤의 일이고, 천하를 얻는 과정에서 자신이 내
줄 것은 아무것도 없다. 잃을 것은 하나도 없고, 오직 얻을 일만 있는 셈
이다.

난세에는 유방 같은 건달이 천하를 거머쥔 사례가 적지 않다. 명태조
주원장은 탁발승 행각으로 간신히 목숨을 이어간 빈농 출신의 홍건적
소두목이었다. 그러나 그는 난세에 적극 올라타 천하의 인재를 그러모아
마침내 새 왕조를 세우는데 성공했다. 마오쩌둥도 크게 다르지 않다. 그
는 기라성 같은 소련 및 프랑스 유학파가 득실대는 속에서 오직 아는 것
이라고는 『손자병법』밖에 없다는 놀림을 받는 시골뜨기 출신의 얼치기
공산주의자에 지나지 않았다. 그러나 역사에 밝았던 그는 노동자 혁명
이 아닌 농민 혁명을 통해서만 천하를 거머쥘 수 있다는 사실을 잘 알고
있었다. 그가 대장정 이후 국공내전과 문화대혁명 등의 과정을 통해 천
하를 틀어쥐는 과정은 면후심흑의 정수에 해당한다. 모두 면후심흑에
밝은 후흑의 대가였기에 가능했다고 평할 수밖에 없다.

목표를 정한 뒤 온몸을 던지다

 장량張良과 제갈량은 중국 역사상 가장 뛰어난 군사로 칭송받고 있다. 장량은 유방을 도와 전한의 건립에 커다란 공을 세우고, 제갈량은 유비를 도와 삼국 정립의 한 축을 형성했다는 게 이유다. 오랫동안 호사가들은 두 사람이 여러모로 닮은 점에 주목해 누가 과연 천하제일의 꾀주머니인가에 대해 많은 관심을 기울였다. 이른바 천하제일의 지낭智囊 논쟁이다. 『삼국지연의』는 제갈량이 적벽대전 당시 지략으로 오의 장수 주유를 제압하는 허구를 끼워 넣음으로써 적벽대전의 승리를 이끈 주인공을 제갈량으로 둔갑시켜 놓았다. 『삼국지연의』를 읽은 독자들은 제갈량을 천하제일의 지낭으로 꼽기 십상이다. 그러나 「고조본기」를 토대로 한 『초한지』를 읽을 경우 얘기가 달라진다. 적잖은 사람들이 장량을 제갈량보다 윗길의 지낭으로 꼽는다.

사실 두 사람의 성장 배경은 서로 닮은 점이 많다. 장량은 당대의 명문가 출신이다. 비록 조국 한나라는 진나라에 의해 패망했지만 그의 집안은 3백 명의 노비를 부릴 정도로 부유했다. 진시황 척살 음모를 꾸밀 수 있었던 것도 이런 배경과 무관하지 않을 것이다. 그의 진시황 척살 기도를 통해서 우리는 크게 세 가지를 알 수 있다.

첫째, 가문에 대한 자부심이다. 나라가 망한 상황에서 대대로 재상을 배출한 집안이 일족의 평안만 꾀하는 것은 도리가 아니라고 생각했을 공산이 크다. 구한말 이회영과 이시영 형제들이 가산을 팔아 만주로 이주한 뒤 독립군 양성소인 신흥무관학교를 세운 것과 닮았다. 둘째, 남다른 담략과 과단성이다. 동생의 장례도 생략한 채 가산을 모두 기울여 자객을 구한 뒤 사상 최초의 제국을 세운 진시황과 맞선 게 그렇다. 셋째, 천하대세를 거스른 반동적인 행보이다. 산동 6국의 부활은 백성들의 입장에서 볼 때 재차 암흑기로 들어가는 것을 의미한다. 천하통일에 대한 귀족과 서민들의 이해관계는 정면으로 대립하고 있었기 때문이다. 장량을 극도로 미화한 「유후세가」의 기록을 액면 그대로 좇아서는 안 되는 이유다. 제갈량 역시 장량보다 약간 못하기는 하나 명문가 출신이다. 체모가 수려한 것도 비슷하다. 다만 집안이 넉넉하지 못해 농사를 지으며 때를 기다린 게 약간 다르기는 하나 이 또한 장량이 하비에 숨어 살며 열심히 병서 등을 읽은 점에 초점을 맞추면 별반 차이가 없는 셈이다. 그럼에도 두 사람은 크게 두 가지 점에서 적잖은 차이가 있다.

우선 장량은 적극적인 반면 제갈량은 소극적이었다. 장량은 당시의 기준에서 볼 때 만고의 역적으로 몰릴 수도 있는 진시황 척살을 감히 시도했다. 자신의 울분을 그대로 터뜨린 셈이다. 이에 반해 제갈량은 자신을 알아주는 사람을 만날 때까지 몸을 숨긴 채 학업에 매진했다. 전형적인 참모의 모습이다. 장량을 역대 최고의 참모로 평가하는 기존의 견해에 수정을 요하는 대목이다.

마지막으로 장량은 실천적인데 반해 제갈량은 이론적이었다. 장량은 유방과 합류하기 전만 하더라도 독립적으로 무리를 이끌며 반진 투쟁에 나서고 있었다. 장수 스타일에 가깝다. 그는 나름 지략도 뛰어났지만 자신의 생각을 곧 실천으로 옮겼다는 점에서 제갈량과 적잖은 차이가 있다. 제갈량은 장량과 달리 본인이 직접 나서는 것을 꺼렸다. 그보다는 자신의 재주를 은근히 자랑하며 주군의 자문에 응하는 것을 좋아했다. 스스로를 관중과 악의에 비유한 게 그렇다. 자신의 독창적인 이론에 자부심을 느끼는 서생의 전형적인 모습에 해당한다. 제갈량은 융중에서 유비와 처음 만난 자리에서 천하삼분지계를 역설하며 자신의 재능을 과시했다. 이른바 융중대隆中對이다. 융중대는 총론에서 보면 나름 그럴듯하나 각론에 들어가면 구체성을 결여한 매우 추상적인 얘기로 꾸며져 있다. 『삼국지연의』에 묘사된 것처럼 천하제일의 지낭으로 간주하는 것은 적잖은 문제가 있음을 시사한다.

제갈량은 장량에 비교하기보다는 오히려 비슷한 행보를 보인 진평과 비교하는 게 타당하다. 진평은 초장에 자신을 알아주는 주군을 곧바로 만나지 못해 방황한 전력이 있기는 하나 이는 작은 사안에 지나지 않는다. 제갈량도 『삼국지』의 배송지주에 인용된 「위략」에 따르면 스스로 유비를 찾아간 것으로 돼 있다. 중요한 것은 내용이다. 얼마나 제대로 보필했는지 여부가 평가의 기준이 돼야 한다. 진평은 한나라의 사직을 구한 말 그대로 사직지신社稷之臣에 해당한다. 한나라는 유방 사후 유씨의 나라가 아닌 여씨의 나라로 바뀐 것이나 다름없었다. 여후가 작심했다면 측천무후처럼 새 나라를 건설할 수도 있었던 상황이었다. 이런 위기 상황에서 유씨의 사직을 되찾아 온 장본인이 바로 진평이다. 제갈량이 유비 사후 후주인 유선을 지극정성으로 섬기며 촉한의 사직을 지킨 것과 닮았다.

장량은 진평과 달리 유방이 살아 있을 때 이미 그 곁을 떠났다. 표면상으로는 신선술을 내세웠지만 이는 구실에 불과하다. 관련 기록을 종합해 보면 유방의 신하로 계속 있는 것을 거부한 것으로 보는 게 합리적이다. 범리는 구천의 곁을 떠날 때 함께 일한 대부 문종에게 충고하기를, "구천은 고난은 같이해도 영화는 같이 누릴 수 없는 관상을 지니고 있다"고 지적했다. 이는 유방에게도 그대로 적용되는 얘기다. 장량은 제갈량 및 진평과 달리 1인자의 스승 행보를 보인 범리와 비교하는 게 타당하다. 신하이되 신하로 대하지 않는 이른바 신이불신臣而不臣의 신하가 이 경우에 해당한다. 왕사王師와 제사帝師, 국사國師 등이 대표적인 사례다. 이에 반해 진평과 제갈량은 2인자 리더십의 전형에 해당한다.

장량을 범리와 같은 범주로 파악해야 하는 것은 유방이 천하를 평정한 뒤 장량이 취한 행보를 보아도 알 수 있다. 당시 유방은 장량의 공에 보답하기 위해 제 지방의 3만 호를 주려고 했다. 한나라 초기 신하들의 영지는 조참에게 내려준 1만6백 호가 가장 컸다. 이에 비해 장량의 영지는 거의 3배에 달한다. 파격에 가까운 우대이다. 장량이 이를 덜컥 받았다면 어떻게 되었을까? 대공을 세운 후 뒤로 물러나는 공성신퇴功成身退의 취지가 무색해진다. 견제하는 유방의 눈초리도 피할 수 없게 된다. 「유후세가」에 따르면 장량은 이를 정중히 사양했다. 결국 그는 유현 일대의 1만 호만 봉지로 받았다. 범리처럼 곧바로 군주 곁을 완전히 떠나는 방안 대신 우선은 조참보다는 봉지를 덜 받는 쪽으로 공성신퇴의 취지를

살린 셈이다. 어찌 보면 세속에 묻혀 있으면서 탈속脫俗을 추구하는 쪽이
훨씬 더 현명한 공성신퇴의 방법일 수 있다. 장량이 자신의 삶을 1인자
의 왕사로 매듭짓고자 한 것도 이런 맥락에서 나온 것이다. 제왕의 그릇
이 아닌 사람이 정승의 자리까지 오르고도 더 욕심을 내는 것은 패망의
길이다. 그러나 그는 단순한 재상이 아니었다. 스스로를 황제의 스승에
비유한 게 그렇다.「유후세가」의 원문은 제자사帝者師이다. 흔히 줄여 제
사帝師라고 한다. '황제의 스승'이면 '황제'보다 더 높은 셈이다. 초한지제
의 혼란이 수습된 뒤 자신의 공을 이처럼 직설적으로 표현한 사람은 없
다. 장량의 자부심이 얼마나 강했는지를 여실히 보여 준다.

장량의 행보를 보면 그는 비록 도중에 유방 밑에서 참모로 활약하기는
했으나 원래는 1인자의 길을 가고자 했던 인물이란 것을 알 수 있다. 자신
의 한계를 알고 유방에게 몸을 굽히고 들어가 참모로 활약했을 뿐이다.
범리가 구천의 패업이 완성되면 미련 없이 떠날 생각으로 도운 것과 맥을
같이한다. 장량과 범리는 심정적으로 2인자의 자리를 기꺼워한 사람들
이 아니다. 1인자의 스승이 되어 돕는 것을 즐긴 사람들인 만큼 당당했
다. 실제로 유방과 구천 모두 장량과 범리를 비록 신하로 두기는 했으나
여타 신하와 같이 대하지는 않았다.

장량이 대공을 세운 후 공성신퇴의 모습을 보인 이유가 여기에 있다.
누대에 걸친 재상가 가문의 출신답다. 사마의 역시 장량과 비슷하다. 당
대의 명문가 출신인 그 역시 탁류 출신인 조조에게 허리를 굽히는 것을
크게 꺼렸다. 거듭된 명에도 출사를 사절한 이유다. 조조는 그의 속마음
을 꿰뚫어 보았다. 그가 화를 내자 사마의는 자칫 목숨을 잃을까 우려해
마지못해 출사했다. 장량은 비록 사마의와 다른 길을 걷기는 했으나 기본

취지와 포부 등은 별반 차이가 없다. 그는 철저히 2인자의 길을 걸은 소하나 진평 및 제갈량은 말할 것도 없고, 2인자의 위치에 있으면서 1인자의 행보를 하다가 토사구팽을 당한 한신 등과도 전혀 다른 길을 걸었다.

🌀 황석공과 『삼략』

진시황 척살에 실패한 장량은 진나라 관원들이 사방으로 자신을 체포하려 나서자 황급히 지금의 장쑤 성 수녕현 서북쪽인 하비로 숨어 들어갔다. 하비는 사수의 하류에 있는 작은 마을이다. 사수는 태산의 중간 지점에서 발원해 서쪽으로 공자의 고향인 곡부를 거친 후 남쪽으로 방향을 틀어 유방의 고향인 패현에 이른다. 여기서 다시 대략 20킬로미터가량 흘러가면 장량이 유방을 만난 유현이 나온다. 훗날 장량이 논공행상에서 봉지로 받은 곳이다.

「유후세가」에 따르면 하루는 하비에 몸을 숨긴 장량이 한가한 틈을 타 하비 외곽에 흐르는 내 위에 걸쳐 있는 다리 위를 천천히 산책했다. 「유후세가」 원문은 흙다리를 뜻하는 이상圯上으로 돼 있다. 『사기색은』에 따르면 당시 동쪽 초나라 사람들은 교량을 이圯라고 했다. 이때 한 노인이 거친 삼베옷을 걸치고 장량이 있는 곳으로 다가온 뒤 곧바로 신발을 다리 밑으로 떨어뜨렸다. 그러고는 장량을 돌아보며 이같이 말했다.

"애야, 내려가서 내 신발을 가져오도록 해라!"

장량은 내심 화가 났으나 그가 노인인 까닭에 억지로 참고 다리 아래로 내려가 신발을 주워 왔다. 노인이 말했다.

"신발을 신겨라!"

장량은 기왕에 신을 주워 왔으므로 꾹 참고 꿇어앉아 신발을 신겨 주었다. 노인은 이내 웃으며 가 버렸다. 장량은 크게 놀란 눈으로 노인이 가는 곳을 쳐다보았다. 이때 노인이 문득 1리쯤 가다가 다시 돌아와 말했다.

"얘야, 내가 보니 너는 가히 가르칠 만한 듯하다. 5일 뒤 새벽에 나와 여기서 다시 만나자."

장량이 괴이하게 여겨 꿇어앉은 채 대답했다.

"그리하겠습니다."

5일 뒤 새벽에 그곳으로 가 보니 노인이 먼저 와 있었다. 노인은 화를 내며 말했다.

"노인과 약속하고 늦게 오다니 이 어찌 된 일인가?"

노인은 되돌아가면서 말했다.

"5일 뒤 더 일찍 만나도록 하자."

닷새 뒤 닭이 우는 이른 새벽에 장량이 다시 그곳으로 갔다. 노인이 또 먼저 와 있었다. 노인은 다시 화를 냈다.

"또 늦게 오다니 어찌 된 일인가?"

다시 그곳을 떠나면서 노인은 말했다.

"5일 뒤 좀 더 일찍 나오도록 해라."

다시 닷새 뒤 장량은 한밤중이 되기도 전에 그곳으로 갔다. 얼마 후 노인이 와서는 기뻐하며 말했다.

"응당 이같이 해야지."

그러고는 책 한 권을 내주며 말했다.

"이 책을 읽으면 왕자王者의 스승이 될 수 있다. 아마 10년 뒤 그 뜻을 이룰 수 있을 것이다. 13년 뒤에는 제수濟水 북쪽에서 나를 만날 수 있을 것이다. 곡성산穀城山 아래에 있는 황석黃石이 바로 나일 것이다."

곡성산은 지금의 산둥 성 동아현 동북쪽에 있는 황산黃山을 말한다. 노인은 이같이 말한 뒤 더 이상 다른 말을 하지 않은 채 곧바로 자리를 떠났다. 이후 다시는 그를 볼 수가 없었다. 장량이 다음 날 아침에 책을 보니 책의 이름이 『태공병법』이었다. 장량은 이를 기이하게 여겨 늘 익히며 소리 내어 읽었다고 전해진다. 「유후세가」에 따르면 훗날 장량이 한고조 유방을 따라 제수의 북쪽 땅을 지날 때 보니 과연 곡성산 아래에 황석이 있었다. 장량은 이를 가지고 와 보물처럼 받들며 제사까지 지냈다고 한다. 나아가 그는 죽을 때 황석을 함께 묻기까지 했다. 이후 사람들은 성묘하는 날이나 여름의 명절인 복일伏日 또는 겨울의 명절인 납일臘日이면 으레 장량뿐만 아니라 황석에게도 제사를 올렸다고 한다.

이상이 「유후세가」에 나오는 황석공과 관련된 내용의 전부이다. 후대 사람들은 「유후세가」의 이 기록을 근거로 황석공이 전해 준 『태공병법』이 바로 『삼략』이고, 저자 역시 『육도』와 마찬가지로 태공망 여상일 것으로 생각했다. '육도삼략'의 명칭이 나오게 된 배경이다. 『삼략』 역시 여타 병서와 마찬가지로 저자의 실존 여부가 매우 불투명하다. 『삼략』의 원래 명칭이 '황석공삼략黃石公三略'인데서 알 수 있듯이 오랫동안 전설적인 도인인 황석공의 저서로 알려져 왔다. 그러나 황석공의 사적은 거의 알려진 게 없다. 『사기』 「유후세가」에 나오는 일화가 유일한 기록이다.

현재는 전설적인 도인인 황석공이 태공망 여상을 가탁해 펴낸 것으로 보는 견해가 더 많다. 그러나 황석공을 실존인물로 보기는 어려운 까닭에 후대의 무명인이 장량의 고사에 주목해 만들어 낸 것으로 보는 게 합리적이다. 편제 시기는 사서의 기록에 비춰 볼 때 대략 후한 말기에서 삼국시대 사이인 듯하다. '삼략'의 명칭은 전체 내용을 편의상 상략, 중략, 하략으로 나눈 데 따른 것이다. 이는 단순히 편의상 그같이 나눈 것으로 내용이나 체제의 특징을 염두에 둔 것은 아니다. 원문은 겨우 3,800여 자에 불과해 병서로는 매우 얇은 편에 속한다. 그러나 짧은 문장에 병법의 요점을 잘 정리해 놓고 있어 효용이 높다. 일각에서는 『삼략』에 역대 병서에 나오는 병법의 진수가 응축돼 있다는 평을 내리기도 한다. 예로부터 『육도』와 더불어 병서의 고전으로 널리 읽힌 것도 이와 무관하지 않을 것이다.

『삼략』의 세 가지 특징

『삼략』은 무경 7서 가운데 가장 간결한 병서에 속한다. 『삼략』의 '략略'은 기략機略을 뜻하는데 사안의 중요한 계기인 사기事機의 흐름을 좇은 방략을 말한다. 문제점을 곧바로 찾아내 해결책을 마련한 뒤 일을 재치 있게 처리하는 지혜가 바로 기략이다. 『삼략』의 '삼三'은 산술적인 숫자를 뜻하는 게 아니라 많다多의 뜻이다. 임기응변을 망라해 놓았다는 의미다. 사상적으로는 노자의 영향이 강하나 유가와 법가의 설도 섞여 있다. 『삼략』의 사상적 특징은 크게 세 가지로 요약할 수 있다.

첫째, 민부병강民富兵强 사상이다. 『손자병법』을 비롯한 여타 병서 역시 부국이 강병의 전제조건임을 역설하고 있다. 그러나 『삼략』과 달리 대부분 부국의 뿌리가 민부에 있다는 사실을 공개적으로 천명하는 데까지 이르지는 못했다. '부민'을 역설하는 것은 『관자』의 부국강병 사상을 그대로 흡입한 결과로 볼 수 있다. 이를 뒷받침하는 「상략」의 해당 대목이다.

"군사를 일으키고자 하는 나라는 반드시 먼저 병사들에게 커다란 은혜를 베푸는 일에 주력해야 한다. 공세를 취하고자 하는 나라는 반드시 먼저 백성들을 쉬게 하며 백성들의 힘을 키우는 일에 주력해야 한다. 적은 병력으로 승리를 거두는 이과승중以寡勝衆은 평소에 두루 은혜를 베푼 덕분이다. 약한 병력이 강한 병력을 이기는 이약승강以弱勝强은 백성들의 힘을 키워 민심의 지지를 받은 덕분이다. 뛰어난 장수가 병사들을 육성할 때 마치 자신의 몸을 아끼고 기르듯 하는 이유가 여기에 있다. 이같이 해야만 전 장병의 마음을 하나로 만들 수 있다. 적과 싸워 온전한 승리를 거두는 것도 바로 이 때문이다."

부민이 전제돼야 민력民力이 강해지고, 민력이 강해져야 강병을 만들 수 있고, 강병을 만들어야 막강한 적군과 맞닥뜨려 이과승중 및 이약승강의 승리를 이끌 수 있다고 주장한 것이다. 「하략」에서는 부민의 의미를 보다 구체적으로 언급해 놓았다.

"사士, 농農, 공工, 상商으로 요약되는 이른바 4민의 재용이 비게 되면 그 나라는 재정이 바닥나게 된다. 4민의 재용이 풍족하면 그 나라는 안락해진다."

전쟁은 많은 전비를 요구하고, 전비는 결국 백성들의 세금으로 충당된다. 4민이 보유한 재물이 풍족하지 않으면 재정을 확충할 길이 없다. 이는 패망의 길이다. 부민이 전제되지 않은 전쟁은 패배를 자초하고 들어가는 셈이다. 『삼략』은 4민 가운데 병력과 세원의 대종을 이루고 있는 농민의 중요성을 특히 강조하고 있다. 법가의 농전農戰 사상과 맥을 같이하는 것이다. 이를 뒷받침하는 「상략」의 해당 대목이다.

"세상의 많은 군주들은 조상을 조상으로 존중할 줄 안다. 그러나 백성을 애호하는 자는 드물다. 조상을 조상으로 존중하는 자는 단지 친족을 존중하는 것일 뿐이다. 백성을 애호할 줄 알아야 비로소 군주의 진정한 은덕을 드러내는 것이다. 백성을 애호하는 군주는 밭을 갈고 뽕나무를 기르는 경상에 힘쓰고, 농사짓고 누에를 치는 농잠의 시기를 빼앗지 않는다. 조세를 가볍게 하여 백성들의 재물이 모자라지 않도록 하고, 요역을 드물게 하여 백성을 고달프게 만들지 않는다. 그리하면 나라는 부유하게 되고 백성의 집안은 즐겁게 된다. 그런 연후에 뛰어난 인재를 발탁해 나랏일을 맡긴다. 무릇 문사文士와 무사武士라고 하는 것은 곧 영웅을 뜻한다. 그래서 말하기를, '천하의 영웅을 망라해 부리면 적이 궁하게 된다. 영웅은 나라의 줄기이고, 서민은 나라의 뿌리이다. 줄기를 얻고, 뿌리를 거두면 교화가 널리 행해져 원망하는 일이 없게 된다'고 한 것이다."

둘째, 주폭의전誅暴義戰 사상이다. 정의를 구현하기 위해 불의한 자를 토벌하는 것을 말한다. 이는 사상 최초로 폭군방벌론을 언급한 맹자의 사상과 상통한다. 전쟁을 할 때는 반드시 명분에서 앞서야 한다고 주문한 것이다. 이를 뒷받침하는 「하략」의 해당 대목이다.

"성왕聖王의 용병은 전쟁을 즐기고자 한 게 아니다. 폭군을 주살하고, 난신적자亂臣賊子를 토벌코자 하는 것이다. 정의를 기치로 내걸어 불의를 치는 것은 마치 장강과 황하의 둑을 터 작은 횃불을 끄고, 아득한 골짜기에 임해 아래로 밀어뜨리고 싶은 자를 미는 것과 같다. 승리는 필연적이다. 그런데도 성왕이 한적하고 담백한 경지에 노닐며 진격을 서두르지 않는 것은 사람과 물자를 크게 상할까 염려하기 때문이다. 무릇 전쟁은 상서롭지 못한 것으로 천도天道가 미워하는 것이다. 성인이 부득이할 때 용병하는 이유다. 이는 천도에 부합한다. 사람이 도道 안에서 사는 것은 마치 물고기가 물 안에서 사는 것과 같다. 물고기는 물을 얻으면 살고, 잃으면 죽는다. 그래서 군자는 늘 두려워하며 도에서 벗어나지 않기 위해 애쓰는 것이다."

'군자는 늘 두려워하며 도에서 벗어나지 않기 위해 애쓴다'고 역설한 것은 『도덕경』에 나오는 부득이용병不得已用兵과 취지를 같이하는 것이다. 5천여 자로 이뤄진 『도덕경』에서 '도'는 총 74회 나온다. 병서에서 말하는 도는 병도兵道를 뜻한다. 그게 바로 부득이용병이다. 주목할 것은 「하략」에서 노자 사상의 부득이용병과 맹자 사상의 폭군방벌 주장이 함께 거론되고 있는 점이다. 폭군을 주살하고 난신적자를 토벌하는 것을 원문은 '주폭토란誅暴討亂'으로 표현해 놓았다. 폭군방벌론을 역설한 맹자 사상이 병가 사상에 그대로 적용된 대표적인 사례에 속한다.

그러나 『삼략』에서 말하는 주폭토란은 맹자의 폭군방벌론과 방법론상 적잖은 차이가 있다. 폭군과 난신적자를 무력으로 몰아내야 한다는 목적론에서는 양자가 일치하고 있다. 그러나 맹자는 가차 없이 제거할 것을 주문한데 반해 『삼략』은 신중한 대응을 요구하고 있다. 한적하고 담백한 경지의 염담恬淡을 역설한 이유가 여기에 있다. 이는 『장자』에 나오는 말이다. 장자 사상은 전쟁을 혐오하는 혐전 사상을 대표한다. 『삼략』이 폭군방벌론을 방불하는 주폭토란을 역설하면서 동시에 염담을 언급한 것은 『도덕경』의 부득이용병 취지를 그대로 이어받은 결과다. 『삼략』이 제자백가 사상을 하나로 녹인 다채로운 병법 이론을 제시하고 있는 것이다.

셋째, 거현치군擧賢治軍 사상이다. 현자를 발탁해 군사를 다스려야 나라를 안정시킬 수 있고, 적군도 능히 제압할 수 있다는 주장이다. 역대 병서 가운데 현자의 기용을 『삼략』처럼 역설한 병서는 없다. 『삼략』의 내용이 단순한 치군治軍의 차원을 넘어, 치국治國과 치천하治天下 사상으로 연결되는 이유가 여기에 있다. 「하략」에 이를 뒷받침하는 대목이 나온다.

"능히 천하의 위기를 구할 수 있는 자는 천하의 안녕을 떠맡을 수 있다. 능히 천하의 근심을 제거할 수 있는 자는 천하의 즐거움을 누릴 수 있다. 능히 천하의 화란을 구하는 자는 천하의 복을 손에 넣을 수 있다. 그 은택이 서민에게 두루 미치면 현인이 귀의하고, 천하 만민에게까지 미치면 성인이 귀의한다. 현인이 귀의하면 그 나라는 강해지고, 성인이 귀의하면 천하를 하나로 통합해 다스릴 수 있다. 덕을 내세워 현인을 구하고, 도를 내세워 성인을 구해야 한다. 현인이 떠나면 그 나라는 쇠약해지고, 성인이 떠나면 그 나라는 이지러진다. 쇠미해지는 것은 나라가 위기에 처하는 단계이고, 이지러지는 것은 망하는 징조이다."

『논어』와 『도덕경』을 방불하는 내용이다. 『삼략』이 일본에 끼친 영향은 지대했다. 일본은 칼을 버린 채 붓만 든 조선의 사대부와 달리 무사의 문무겸전을 중시한 까닭에 『삼략』의 정략 이론에 크게 주목했다. 9세기 말에 천황의 명을 받은 후지와라노 스케요藤原佐世가 『일본국현재서목록日本國見在書目錄』을 펴내면서 『황석공삼략』을 수록한 사실이 이를 뒷받침한다. 당나라 말기에 『삼략』을 손에 넣고 1천여 년 넘게 이를 열심히 연구했음을 방증한다.

실제로 일본에서는 『삼략』 주석서가 무수히 쏟아져 나왔다. 가장 주목해야 할 인물은 일본 군사학의 시조로 불리는 에도시대의 야마가 소코山鹿素行이다. 그는 『삼략구독三略句讀』과 『삼략언의三略諺義』, 『삼략요증三略要證』 등을 펴냈다. 원래 그는 낭인 출신이었다. 젊은 시절 큰 뜻을 품은 그는 일본 최초의 주자학자인 하야시 라잔林羅山 밑에서 공부하기 위해 에도로 갔다. 하야시는 원래 선승 출신이다. 정유재란 때 조선에서 피랍된 유생 강항姜沆으로부터 성리학을 전수받고 이내 환속한 후 쇼군의 초대 왕사王師가 된 인물이다. 하야시는 야마가가 『삼략』에 대한 주해서 시리즈를 내기 이전에 이미 『황석공삼략평판黃石公三略評判』과 『삼략강의사고三略講義私考』를 펴내 커다란 명성을 얻고 있었다. 천성적으로 명민했던 야마가는 하야시 라잔이 가장 총애하는 제자가 되었다. 이내 그는 학문에서 스승을 능가하면서 유학뿐만 아니라 불교, 신도, 병학 등을 두루 공부했다. 덕분에 짧은 시일 안에 당대의 가장 인기 있는 스승이 돼 수천 명의 제자를 가르치게 됐다.

야마가의 『삼략』 주해서는 사무라이의 사명과 의무에 대해 사상 처음으로 체계적인 해설을 시도한 것으로 유명하다. 야마가가 볼 때 사무라이에게는 주자학보다 공자의 원래 가르침이 훨씬 더 적합했다. 이것이 주자학에 의해 오염된 공자 사상의 요체를 찾아내는 배경으로 작용했다. 그는 사무라이를 공자가 말하는 군자와 동일시했다. 사무라이는 언제 있을지 모르는 군사적 봉사에 대비해 늘 자신을 단련하고, 서민에 대해서는 미덕의 본보기가 돼야 한다고 역설했다. 그는 『중조사실中朝事實』에서 일본은 건국 이후 줄곧 신성한 황실에 충성을 바친 반면 중국 왕조는 흥망성쇠를 거듭했다고 주장했다. 중국에서는 유학이 주희의 공허한 이기론理氣論으로 인해 크게 타락했지만, 일본은 공자가 역설한 군자의 의무 개념에 충실해 왔다는 것이다. 일본 문명이 중국 문명보다도 우월하다는 주장을 펼친 이유다. 이것이 바로 에도시대 이후 제2차 세계대전이 끝날 때까지 일본 사무라이 및 일본군의 사상적 지침이 된 무사도 정신의 본질이다. 21세기 현재에 이르기까지 그를 일본 군사학의 시조로 부르는 것도 바로 이 때문이다.

일련의 『삼략』 주해서를 펴낸 야마가의 논리는 간명했다. 바로 모시는 주군을 위해 충성을 다하라는 것이다. 따지고 보면 서구 열강이 동양을 무차별로 침탈해 올 당시 동아시아에서 일본만 유독 메이지유신을 성사시켜 21세기 현재까지 강대국으로 군림하게 된 것도 야마가가 무사도 정신을 확립한 덕분이다. 실제로 19세기 중엽 이토 히로부미를 비롯한 젊은 사무라이들은 야마가가 역설한 무사도 정신에 입각해 막부를 무너뜨리고 메이지유신을 성사시켰다. 주자학을 맹종한 청나라와 조선이 제대로 대응하지 못해 끝내 열강의 약육강식 대상으로 전락한 것과 대비되는 대목이다.

🌀 미화된 유방과의 만남

박랑사에서 진시황 척살에 실패한 장량이 은신처인 하비에서 다시 기지개를 켜게 된 것은 진승과 오광이 반진의 깃발을 든 이후다. 그는 초왕 경구에게 몸을 의탁하기 위해 무리를 이끌고 오다가 본거지인 풍읍을 탈환하려고 경구 밑으로 들어간 유방의 군사와 우연히 만나게 됐다. 「유후세가」는 당시의 상황을 이같이 묘사해 놓았다.

"진승이 기병했을 때 장량 역시 수백 명의 청년을 모아 놓고 있었다.

초왕 경구가 유현에 머물러 있을 때 장량이 무리를 이끌고 가 몸을 의탁
코자 했다. 무리를 이끌고 경구를 찾아가던 도중 유방의 무리와 마주치
자 이내 그의 무리로 들어갔다. 당시 유방은 휘하에 수천 명을 이끌고 하
비의 서쪽을 공략하러 가던 중이었다."

　　당초 장량은 진승이 봉기했을 때 곧바로 은신하고 있던 하비에서 재
빨리 1백 명의 청년을 그러모은 뒤 반기를 들었다. 이미 진시황 척살을 꾀
한 데서 알 수 있듯이 장량은 흉중에 천하를 품고 있었다. 내심 천하가
이제 자신을 부르고 있다고 판단했음직하다. 그가 휘하의 무리를 이끌
고 경구를 찾아간 것은 경구가 자신의 지략을 받아 줄 만한 인물인지 여
부를 타진하고자 한 것으로 보인다. 많은 사람들이 유방과 장량의 해후
를 역사적인 만남으로 미화하고 있으나 이는 지나치다. 유방이 장량을
처음으로 만나 얘기를 나눈 후 말을 담당하는 책임자인 구장廄將으로 삼
은 사실이 이를 뒷받침한다. 구장 표현은 『사기』「유후세가」를 비롯해 장
량의 사적을 기록한 『한서』「장진왕주전」과 『자치통감』에 모두 나온다.
유방이 첫 만남에서 장량을 당대의 지낭으로 믿었다면 구장의 직책을
맡겼다는 게 아무래도 이상하다. 그럼에도 「유후세가」는 두 사람의 만남
을 극적으로 묘사해 놓았다. 장량이 전에 다른 사람에게 제나라 시조인
태공망 여상의 병법을 말했을 때는 아무도 이를 이해하지 못했으나 유
방만은 곧바로 이해했을 뿐만 아니라 장량을 높이 평가했다는 식이다.
장량이 이같이 탄복한 것으로 묘사해 놓았다.

　　"패공이야말로 거의 하늘이 내려 준 인물이다!"

　　건달이었던 유방은 장량이 설파한 『육도』와 『삼략』 등의 병법을 언제
공부한 것일까? 후대 사가가 윤색했을 공산이 크다. 두 사람이 해후할 당

시 유방은 30세, 장량은 부친이 사망한 기원전 250년에 태어났다고 가정할 경우 43세가 된다. 장량 쪽이 열세 살가량 더 많은 셈이다. 유방이 연장자인 장량의 말을 경청하는 듯한 모습을 보일 수는 있다. 그러나 마치 군신의 관계에 있는 것처럼 장량이 '하늘이 내려 준 인물' 운운했을 가능성은 거의 없다고 보는 게 합리적이다.

✿ 사면협공의 계책을 내다

「고조본기」는 유방이 팽성전투에서 참패해 가까스로 사지를 빠져나와 황급히 도주할 당시 제후들이 모두 유방을 배반하고 다시 초나라에 붙었다고 기록해 놓았다. 천하대세는 팽성전투를 계기로 다시 항우에게 유리하게 기울기 시작했다. 당시 유방은 팽성전투의 참패를 만회하기 위해 절치부심했다. 병법에 나오는 온갖 궤계를 모두 동원한 게 그렇다. 여기에는 팽성전투 참패 후 초심으로 돌아가는 모습을 보인 게 결정적인 도움이 됐다. 사방으로 달아났던 장병들이 하나 둘 모여들기 시작했던 것이다. 그러나 이는 일정한 한계가 있었다. 제후들 대부분이 천하대세가 기울었다고 판단해 분분히 다시 항우 쪽으로 붙는 것을 막을 수는 없었던 것이다. 이들을 탓할 수만도 없었다. 선택 하나로 일거에 운명이 뒤바뀌는 난세의 상황에서 불가피했기 때문이다. 건달 출신인 유방이 제후들의 이런 염량세태炎涼世態 행보를 이해하지 못했을 리 없다.

「유후세가」에 따르면 당시 유방은 크게 위축돼 있었다. 이때 장량이 국면을 일거에 바꿀 수 있는 방안을 제시했다. 북쪽의 팽월과 동쪽의 한신, 서쪽의 유방, 남쪽의 경포가 동시에 사면으로 협공을 가해 항우를 제압하는 계책을 낸 것이다. 그러나 땅을 나눠 주겠다는 통 큰 결단은 유방이 내렸다는 점을 간과해서는 안 된다. 대다수 사람들은 건달 출신인 유방이 이런 묘안과 거리가 먼 것으로 지레짐작한다. 그러나 이는 선입견이다. 유방은 비록 불학무식한 건달 출신이긴 했으나 항우와 달리 남의 의견을 잘 받아들일 줄 알았다. 이는 1인자 자질의 기본 덕목에 해당한다. 게다가 유방은 머리도 비상했다. 위기의 순간마다 뛰어난 후흑을 발휘한 게 그 증거다.

"함곡관 이동의 땅을 현상으로 내놓아 공을 세운 사람이 갖도록 포기할 생각이오"라는 구절의 「고조본기」 원문은 연捐과 기棄의 동사를 동시에 사용하고 있는 점에 주의할 필요가 있다. 장량의 계책을 그대로 받아들인 것이라면 가진 것을 내놓다는 뜻의 '연'만 사용했을 것이다. 그런데도 굳이 그 뒤에 헌신짝처럼 내던진다는 뜻의 '기'가 잇달아 나오고 있다. 이는 무엇을 말하는 것일까? 유방이 장량의 건의를 듣고 스스로 큰 결단을 내렸음을 암시한다. 한신이 제나라의 가왕假王에 봉해 달라고 청했을 때 천둥같이 화를 내다가 장량과 진평의 건의를 들은 후 한술 더 떠 한신을 진왕眞王에 봉하는 식의 과단성 있는 결정을 내린 것과 닮았다. 당시 비세에 몰려 있던 유방이 역전승을 거두는 결정적인 배경이 된 사면협공 계책을 온통 장량의 작품으로 간주하는 기존 견해는 일정 부분 수정이 필요하다.

유방의 이런 결단은 팽성전투의 참패에 따른 것으로 후흑의 일환이기도 하다. 관중의 땅만 차지하겠다는 깜짝 선언을 통해 연합군을 결성한 뒤 항우를 제거하면 항우를 비롯한 연합 세력을 차례로 도모하겠다는 속셈을 담고 있다. 유방은 항우를 만만히 봐서는 안 되고, 자칫 한 수를 잘못 두었다가는 오히려 항우의 포로로 잡혀 목이 달아날 수도 있다는 사실을 절감했을 것이다. 당시의 상황 자체가 유방에게 비상한 결단을 요구하고 있었다. 그런 점에서 함곡관 이동의 땅을 내놓는 과단성 있는 결단은 고육책의 성격이 짙었다. 하지만 결과적으로 봤을 때 팽성전투의 참패는 유방에게 전화위복의 계기로 작용했다.

☁ 젓가락을 들어 천하를 잡다

그렇다고 장량이 이름뿐인 책사라는 뜻은 아니다. 그 또한 당대의 책사였다. 유방이 역이기의 말을 듣고 큰 실책을 범하는 사태를 저지한 게 대표적이다. 유방이 앞서 말한 결단을 내릴 당시 상황은 매우 좋지 못했다. 항우의 거센 반격으로 인해 군량 수송로가 매번 끊겨 한나라 군사들이 자주 식사를 거르게 된 것이다. 과단성 있는 결단의 후혹이 효력을 발휘하기도 전에 자멸할지도 모를 일이었다. 이를 크게 걱정한 유방이 유세가로 활약하던 책사 역이기와 함께 이 문제를 심각하게 논의했다. 역이기는 다음과 같이 건의했다.

"옛날 은나라 탕왕湯王이 하나라 걸桀을 친 뒤 그 후손을 기杞에 봉하고, 주무왕이 은나라 주紂를 친 뒤 그 후손을 송宋에 봉했습니다. 지금 진나라가 덕을 잃고 의를 버린 채 제후들을 침공해 그들의 사직을 훼멸하고 송곳을 간신히 꽂을 정도의 극히 작은 땅조차 없게 만들었습니다. 폐하가 실로 6국의 후예들을 다시 세울 수 있다면 모든 군신君臣과 백성들은 반드시 폐하의 은덕에 감격해하며 풍문을 듣고 의를 사모하고 신첩臣妾이 되기를 원치 않는 자가 없을 것입니다. 덕의가 시행되어 폐하가 남면하여 패자를 칭하면 초나라는 반드시 옷깃을 여미며 한나라에 조현할 것입니다."

유방이 말했다.

"훌륭한 말씀이오. 빨리 인새를 새겨 갖고 가도록 하시오."

역이기가 아직 출발하지 않았을 때 장량이 밖에서 들어와 알현했다. 유방은 마침 식사 중이었다.

"자방子房, 어서 오시오. 손님 중에 나를 위해 초나라를 뒤흔들 계책을 마련한 사람이 있소."

그러고는 역이기의 계책을 장량에게 전하면서 의중을 물었다.

"이 계책이 어떻소?"

유방의 말을 들은 장량은 목소리를 높였다.

"누가 폐하를 위해 그런 계책을 세웠습니까? 그리 하면 폐하의 대업은 끝나 버릴 것입니다!"

유방이 당황해하며 물었다.

"왜 그렇다는 것이오?"

장량이 정색을 하고 대답했다.

"청컨대 대왕을 위해 상 위의 젓가락을 빌려 그 계책의 잘못을 그려 보이겠습니다. 옛날 탕왕과 무왕이 걸과 주의 후예를 제후로 봉한 것은 그들이 죽고 사는 운명을 능히 제어할 수 있다고 생각했기 때문입니다. 지금 대왕이 항우의 목숨을 제어할 수 있습니까? 이것이 불가한 첫 번째 이유입니다. 주무왕은 은나라로 쳐들어간 뒤 현인 상용商容의 마을을 표창하고, 간언을 하다 옥에 간힌 기자箕子를 석방하고, 간언을 하다 죽임을 당한 비간比干의 묘에 봉분을 만들어 주었습니다. 지금 대왕이 그리 할 수 있습니까? 이것이 불가한 두 번째 이유입니다. 주무왕은 은나라 곡식 창고의 곡식을 내고, 은나라 도읍의 거대한 누대인 녹대鹿臺의 돈을 풀어 빈궁한 사람들에게 내려 주었습니다. 지금 대왕이 그리 할 수 있습니까? 이것이 불가한 세 번째 이유입니다. 주무왕은 은나라 정벌을 마친 뒤 병거兵車를 승거乘車로 고치고, 방패와 창을 뒤집어 쌓아 두어 다시는 용병하지 않을 뜻을 천하에 보여 주었습니다. 지금 대왕이 그리 할 수 있습니까? 이것이 불가한 네 번째 이유입니다. 주무왕은 전마戰馬를 화산華山 남쪽에서 쉬게 하여 할 일이 없음을 보여 주었습니다. 지금 대왕이 그리 할 수 있습니까? 이것이 불가한 다섯 번째 이유입니다. 주무왕은 도림桃林의 그늘에 소를 방목해 다시는 군량미를 운송해 쌓아 둘 뜻이 없음을 보여 주었습니다. 지금 대왕이 그리 할 수 있습니까? 이것이 불가한 여섯 번째 이유입니다. 지금 천하의 선비들이 그들의 친척을 떠나고, 조상의 묘소를 버리고, 옛 친구를 버리고, 대왕을 좇아 사방으로 참전하는 것은 단지 밤낮으로 약간의 땅이라도 얻기를 바라기 때문입니다. 지금 6국의 후예를 다시 세우면 천하의 선비들이 각기 그들의 군주에게 돌아가고, 그들의 친척을 따르고, 옛 친구와 조상의 분묘로 돌아갈 것입니다. 그리 되면 대왕은 누구와 더불어 천하를 취하려는 것입니까? 이것이 불가한 일곱 번째 이유입니다. 게다가 지금 초나라보다 강대한 세력이 없는 상황에서 보위에 오른 6국의 군주는 이내 다시 약해져 초나라를 좇을 터인데 대왕이 어찌 그들에게 칭신稱臣을 요구할 수 있겠습니까? 이것이 불가한 여덟 번째 이유입니다. 실로 빈객의 계책을 채택하면 대왕의 천하대사는 모두 끝나 버리고 말 것입니다."

유방은 이 말을 듣고는 먹던 음식을 내뱉은 뒤 역이기를 향해 마구 욕을 해 댔다.

"이 유생 놈, 하마터면 내가 생각하는 대사를 거의 망칠 뻔했다!"

그러고는 곧바로 명을 내려 인새를 녹여 버리게 했다. 여기서 나온 성어가 바로 화저조봉畫箸阻封이다. 젓가락으로 그림을 그려 유방을 설득함으로써 분봉分封 사태를 막았다는 뜻이다. 흔히 쉬운 비유를 들어 잘못된 방향으로 나아가는 것을 막는다는 뜻으로 사용되고 있다. 이 화저조봉 일화는 춘추시대 말기의 범리처럼 1인자의 스승을 자부한 장량의 진면목을 잘 보여 주고 있다. 여기서 주목할 것은 장량의 기본 목표가 완전히 뒤바뀐 점이다. 당초 그는 진시황 척살을 꾀할 때 비록 패망한 조국의 부활을 내걸었지만 사실은 몰락한 한나라 재상 가문의 출신으로서 울분을 토로한 것에 지나지 않았다. 천하대사를 사적인 원한에 초점을 맞춘 점에서 극히 저급했다. 그러나 유방에게 몸을 숙이고 들어가 2인자로 활약하면서 그는 완전히 면모를 일신했다. 오직 주군인 유방의 득천하를 위해 헌신한 게 그렇다. 화저조봉은 바로 이를 상징한다.

그가 2인자로 활약하면서 추구한 것은 화저조봉의 일화가 보여 주듯이 천하 만민을 위한 새로운 제국의 건설이다. 상전벽해와 같은 일대 변환에 해당한다. 관중이 초반에 자신이 모시는 공자 규糾를 옹립하기 위해 훗날 제환공齊桓公으로 즉위하는 공자 소백小白을 죽이려고 화살을 날렸다가 이후 일대 변신을 꾀한 것과 닮았다. 관중은 포숙아의 천거로 제환공의 부름을 받게 되자 주군인 공자 규와 함께 죽는 것을 마다하고 이내 제환공 밑으로 들어간 뒤 그를 도와 천하 만민을 위한 패업을 완성하는데 진력했다. 이로 인해 후대인들로부터 변절자라는 비난을 받았으나 공자는 오히려 그의 변절을 높이 칭송했다. 대의大義를 위해 소의小義를 버렸기 때문이다. 사서의 기록을 종합해 볼 때 장량이 유방을 도와 새 제국의 건설에 매진한 것 역시 같은 맥락에서 나온 것으로 풀이하는 게 타당하다.

⌬ 공성신퇴의 행보

유방은 조금이라도 위협이 될 만한 자가 있으면 온갖 구실을 붙여 저승길로 보냈다. 항우는 이런 일을 아무렇지도 않은 듯 해치울 수 있는 인물이 못 된다. 항우가 천하의 패권을 차지한 후 여러 제후왕을 분봉한 조치와 유방이 천하를 거머쥔 뒤 행한 일련의 토사구팽 행각을 비교하면 이를 쉽게 알 수 있다. 리쭝우가 지적했듯이 잡초처럼 생장한 건달 출신은 원래 체면을 따지지 않는다. 그러나 얼굴이 두꺼운 이런 면후가 난세에는 위력을 발휘한다. 사실 유방은 면후 위에 마음이 시꺼먼 심흑까지 곁들였다. 난세에 천하를 거머쥘 수 있는 모든 조건을 구비한 셈이다. 당대 최고의 전략가인 항우는 이런 면후와 심흑의 술책이 없었다. 후흑의 관점에서 보면 항우는 난세에 남의 부림을 받는 장수나 책사는 될 수 있을지언정 천하를 거머쥐는 창업주의 자격에는 결격 내지 미달이다. 그런 점에서 난세에는 여러모로 건달이 유리하다. 시정에서 잔뼈가 굵으면서 명리를 향해 줄달음치는 민성民性을 뼈저리게 절감한 덕분이다. 장량이 대공을 이룬 뒤 현실 정치에서 손을 뗀 것도 이런 맥락에서 이해할 수 있다. 다만 천하대사가 끝난 뒤 범리가 구천 곁을 표표히 떠난 데 반해, 장량은 신선술에 빠지는 식의 위장 행동으로 속세와 인연을 끊은 점만이 다를 뿐이다.

중국의 역대 인물 가운데 21세기 현재에 이르기까지 범리와 장량이 제갈량과 더불어 최고의 지낭으로 꼽히는 이유도 이와 무관하지 않을 것이다. 이는 두 사람이 공을 세운 뒤 아무런 미련 없이 뒤로 물러난 데 있다. 이른바 공성신퇴功成身退를 실천한 것이다. 군주로서도 이들을 경계할 이유가 없게 된다. 두 사람이 토사구팽을 피해 천수를 누리게 된 근본 배경이 여기에 있다.「유후세가」에 따르면 훗날 장량은 자신의 삶을 이같이 요약했다.

"우리 집안은 대대로 전국시대 한나라의 재상이었다. 한나라가 멸망하자 만금의 재산을 던져 망국 한나라를 위해 막강한 진나라에 복수해 천하를 진동시켰다. 이제 세 치의 혀를 가지고 황제의 스승이 되어 1만 호를 봉지로 받고 지위는 제후에 오르게 됐다. 이는 인신人臣으로서 최고의 자리에 올랐다고 해야 할 것이다. 더 이상의 욕심은 없다. 이제 세상과 하직 인사를 하고 적송자赤松子의 자취를 따르고자 한다."

장량이 전설적인 도인인 적송자의 길을 걷겠다고 선언한 것은 삶을 등산에 비유한 결과다. 제왕의 자리를 빼고는 인신으로서는 최고의 자리에 오른 만큼 이제 하산하겠다는 취지를 밝힌 것이다. 제왕의 그릇이 아닌 사람이 정승의 자리까지 오르고도 더 욕심을 내는 것은 패망의 지름길이다. 장량은 자신의 그릇이 천기를 틀어쥐는 능력은 없어도 이를 얻는 방법을 아는 책사에 부합한다는 사실을 통찰하고 있었다.

조선조 개창 당시 장량과 유사한 역할을 한 인물이 정도전이다. 그 역시 장량처럼 제왕의 스승을 자부했다. 그러나 그는 어리석게도 현실 정치에 몸을 담은 채 취중에 그런 발언을 했다. 스스로 무덤을 판 꼴이다. 그가 이방원의 토벌 대상이 된 근본 배경이 여기에 있다. 속세와 인연을 끊을 때는 제왕의 스승을 자부할지라도 아무 상관이 없다. 그러나 현실에 몸을 담은 채 그런 얘기를 할 경우 이는 화를 자초하는 길이다.

장량이 늘 입을 다문 채로 유방 스스로 그에게 자문을 구할 때까지 기다린 것도 바로 이 때문이다. 공연히 나섰다가 의심 받을까 우려한 것이다. 그가 대공을 이룬 후 적송자 운운하며 속세와 거리를 둔 것도 같은 이유다. 고금을 막론하고 천하가 평정됐는데도 매사를 자기중심적으로 생각하는 주군을 계속 모시는 것은 매우 위험한 일이다. 이를 알고 있던 장량은 초한지제의 막바지에 이르러 유씨의 천하를 만들어 놓은 뒤 아무 미련 없이 떠날 생각을 한 게 확실하다.

후흑학의 관점에서 볼 때 장량은 진평과 마찬가지로 면후심흑의 대가에 속한다. 리쭝우가 유방을 당대 최고의 면후심흑으로 평가하면서 사실상 제왕의 스승으로 활약한 장량을 같은 차원에서 평한 게 그렇다. 『후흑학』에 나오는 리쭝우의 평이다.

"유방의 뻔뻔함과 음흉함은 다른 사람과 비교해 특별히 남달랐다. 가히 하늘이 내린 성인이라 할 만하다. 특히 속마음이 시꺼매 '태어날 때부터 자연스러워 마음 내키는 바대로 해도 결코 시꺼먼 속마음이 법도를 어긋난 적이 없다'고 말할 만하다. 유방의 스승은 한나라 개국 3걸 가운데 한 사람인 장량이다. 당초 흙다리 위의 노인은 장량에게 비전의 병서를 전해 줄 때까지 그를 여러 차례 시험했다. 소동파가 「유후론留侯論」에도 썼듯이 이는 장량에게 모욕을 참아내며 뻔뻔해지는 법을 가르친 것이다. 장량은 재주를 타고난 사람으로 하나를 가르치면 열을 알았다. 노인은 장량이 장차 제사가 될 것을 의심하지 않았다. 우둔한 사람은 이런 최고의 비결을 결코 터득할 수가 없다. 한신을 제나라 왕에 봉할 때 유방은 장량과 진평이 그의 발을 밟고 제지하지 않았다면 분개해서 큰 소리로 사신을 질타하는 실수를 저지를 뻔했다. 이는 마치 요즘 학교에서 학생이 문제를 풀 때 선생님이 옆에서 고쳐 준 것과 닮았다. 천부적인 자질을 지닌 유방도 때로 차질이 있었으나 곧바로 스승의 충고를 받아들이는 점에 비추어 면후심흑에 능한 그의 뛰어난 면모를 대략 짐작할 수 있다."

소동파의 『유후론』은 장량처럼 인내심을 발휘해 은밀히 힘을 기른 뒤 외적의 침공에 강력히 대응해야 한다는 게 골자이다. 리쭝우가 「유후론」을 언급한 것은 말할 것도 없이 장량을 면후심흑의 대가로 평하게 된 논거를 뒷받침하려는 취지이다. 제자인 유방이 최고의 면후심흑을 구사했다면 그 스승이야 더 말할 게 있겠느냐는 뜻을 담고 있다.

속셈을 감추고
때를 기다리다

진평편

陳平 유방이 거병하여 항우를 제압하고 한나라를 세울 때까지 걸린
기간은 겨우 7년에 불과하고 전해지는 사료도 한정돼 있다. 한나라의 건
국 시점을 초한지제의 종점으로 잡을 경우 한신을 비롯한 개국공신들이
차례로 제거되는 토사구팽의 상황을 제대로 파악할 길이 없다. 한신을
비롯한 개국공신들이 반기를 든 것은 성격상 유방과 항우가 천하를 놓
고 다툰 쟁패와 별반 차이가 없다.

유방 사후 총 15년간에 걸쳐 진행된 여씨 척족의 발호 시기 역시 초한
지제의 후과로 보는 게 타당하다. 창업과 수성의 관점에서 볼 때 토사구
팽은 황실의 기반을 다지기 위한 외부 위협 세력의 제거 작업, 여씨 척족
의 소탕 작업은 내부 위협 세력의 제거 작업에 해당한다. 개국공신 진평
陳平은 여씨 척족 소탕 작업의 장본인이다. 초한지제의 전 기간을 통틀어
최고의 인물로 진평을 꼽는 이유이다. 위기 상황에서 사직의 기틀을 튼
튼히 다진 이른바 사직지신에 해당한다. 그럼에도 아직까지 이에 대한

평가가 제대로 이뤄지지 않고 있다. 항우와 유방, 한신 등의 리더십에만 초점을 맞추고 있는 게 그렇다. 시중에 나와 있는 역사소설 『초한지』가 토사구팽이 끝나는 유방의 사망 시점까지만 다루고 있는 것도 이와 무관하지 않을 것이다. 그러나 여씨 일족의 발호를 일거에 제압한 진평의 사직지신의 행보를 모르면 초한지제의 진정한 의미를 제대로 파악하기 어렵다.

「진승상세가」에 따르면 진평이 유방을 만날 때까지의 과정은 그야말로 우여곡절의 연속이었다. 이는 그의 고단한 생장 과정과 무관하지 않다. 그는 지금의 허난 성 양무현陽武縣에 속해 있는 호유향戶牖鄕 출신이다. 예로부터 양무현은 크게 두 가지 일로 인해 명성이 높았다. 장량이 창해군 역사를 부추겨 진시황 척살을 꾀한 박랑사가 이곳에 속해 있고, 이곳에서 그리 멀지 않은 곳에 진평의 고향인 호유향이 있기 때문이다. 호유향이라는 명칭은 공교롭게도 진평의 삶을 상징하고 있다. 호유의 호戶는 옛날 가옥에서 마루와 방 사이의 문이나 부엌의 바깥문을 뜻하는 지게문을 지칭한다. 후에 '문호'라는 용어가 보여 주듯이 문門과 동일한 뜻으로 사용됐다. 유牖 자는 현재 잘 사용하지 않는 글자이나 옛날 문헌에는 자주 등장한다. 방에 햇빛을 들게 하려고 벽의 위쪽에 낸 작은 창을 말한다. 흔히 양쪽으로 여닫게 돼 있어 우리말로는 쌍바라지로 풀이하곤 했다. 후대인들은 문과 창을 뜻하는 '호유'가 안과 밖을 연결시키는 통로인 점에 주목해 뛰어난 학문을 배경으로 하나의 학파를 이루는 것을 비유할 때 사용하곤 했다. 진평은 하나의 학파를 만들지는 않았으나 제자백가의 학문을 열심히 공부한 덕분에 그에 준하는 학문적 식견을 자랑했다. 사서의 기록을 토대로 보면 그가 구가한 일련의 책략은 유가와 법가, 병가, 종횡가, 도가 등 제자백가의 가르침을 하나로 녹인 것이다. 특히 병가와 종횡가의 색채가 짙다. 『손자병법』 등의 병서와 『귀곡자』 등의 종횡가 서적을 두루 읽었음을 시사한다.

호유향은 위나라 수도 대량과 그리 멀지 않아 나름 천하대사에 관한 모든 얘기를 생생히 들을 수 있는 곳이었다. 나이로 보면 진평은 대략 장량보다는 20세, 유방보다는 10세가량 젊었을 것으로 추정되고 있다. 어렸을 때 장량이 주도한 박랑사의 거사 얘기를 들었을 공산이 크다. 진시황의 급서로 천하가 크게 소용돌이칠 때 병서와 종횡가 서적을 탐독한 그가 초한지제의 격랑 속에 몸을 던진 것은 당연한 일이었다. 그러나 현실은 녹록하지 않았다. 「진승상세가」에 수록된 일화가 이를 뒷받침한다. 그는 장가를 들기 전에 친형 진백 부부와 함께 살았다. 집안이 빈한했기 때문이다. 그 또한 유방이나 한신 등과 마찬가지로 살림살이를 전혀 돌보지 않았다. 30무畝의 밭이 있었으나 농사는 늘 형의 몫이었다. 진백은 동생 진평이 마음 편히 공부할 수 있도록 세심히 보살폈다. 다른 곳으로 가 공부하는 유학 비용까지 부담했다. 진평에 대한 기대가 컸기 때문이다. 「진승상세가」는 진평을 키도 크고 미모도 출중했다는 뜻에서 장대미색長大美色으로 표현해 놓았다. 빈한한 집안 출신이 장대미색의 용모를 한 것을 보고 한번은 어떤 사람이 이같이 힐난했다.

"집도 가난한데 무엇을 먹었기에 이토록 살이 쪘는가!"

진백의 아내는 시동생인 진평이 주야로 책을 읽느라 집안일을 전혀 돌보지 않는 것이 늘 못마땅하던 차에 이 말을 듣고는 이같이 맞장구쳤다.

"아니, 쌀겨와 싸라기를 먹인 것밖에 없어요. 밥만 먹고 하는 일 없이 지내는 이런 식충이 시동생은 차라리 없느니만 못 해요!"

「진승상세가」는 이 얘기가 진백의 귀에 들어가자 그가 크게 화를 내며 아내를 내쫓아 버렸다고 기록해 놓았다. 역대 사서 가운데 동생의 공부를 뒷바라지하기 위해 불만을 털어놓는 아내를 쫓아낸 일화는 이게 유일하다. 진평의 학업이 얼마나 치열하게 진행됐는지를 반증한다.

🌀 세 명의 주군을 모시다

당초 진평은 위왕 위구 밑에 있을 때 나름 성심을 다해 모시고 다닐 때마다 도움이 될 만한 얘기를 충고했지만 하나도 받아들여지지가 않았다. 이 와중에 그를 시기하는 자가 무함을 하고 나서자 후환이 두려운 나머지 위구 곁을 떠나 이내 항우 쪽으로 갔다. 항우는 진평의 능력을 인정해 나름 매우 높은 자리인 객경客卿에 임명했다. 그러나 실무에는 관여하지 않은 듯하다. 유방이 한중을 빠져나와 관중을 공략한 뒤 다시 동쪽으로 진출하고자 할 때 과거 조나라 장군으로 있다가 은왕에 책봉된 사마앙이 항우에게 반기를 들었다. 항우가 진평의 능력을 시험할 요량으로 속히 군사를 이끌고 가 그를 치게 했다. 진평이 곧바로 사마앙의 항복을 받고 의기양양하게 개선하자 항우는 크게 기뻐하며 진평을 도위都尉에 제수하고, 부상으로 400량兩에 해당하는 황금 20일鎰을 내렸다. 도위는 전국시대에 만들어진 관직으로 장군 다음의 고위 무관 자리였다. 조나라의 경우는 장군과 도위 사이에 국위國尉를 두기도 했다. 진나라 역시 매 군郡마다 군사를 전담하는 군위郡尉를 설치해 태수를 돕게 했다.

진평이 항우 곁을 떠나게 된 것은 도위 자리를 맡은 지 얼마 안 돼 유방이 은왕 사마앙의 영지를 공격해 이내 손에 넣은 데서 비롯됐다. 당시 항우는 이런 보고를 접하고 대로했다. 평정에 나섰던 장군과 관원들이 일을 대충 처리한 뒤 포상을 받은 것으로 오해한 것이다. 주살 대상 일순위는 군사를 지휘했던 진평이었다. 진평은 크게 두려워한 나머지 이내 하사받은 금과 인장을 봉인해 사람을 시켜 항우에게 돌려준 뒤 칼 한 자루만 지닌 채 황급히 몸을 빼내 샛길로 달아났다. 마침 이때는 유방이 5국 제후왕의 군사를 이끌고 항우의 본거지인 팽성을 치기 위해 진격하던 때였다.

진평이 유방과 조우한 곳은 지금의 허난 성 수무현修武縣이었다. 공교롭게도 진평은 그곳에서 옛 친구인 위무지魏無知를 만나게 됐다. 위무지는 성씨가 '위'인 점에 비춰 위나라 왕족의 일원이었을 공산이 크다. 곧 그를 통해 진평은 유방을 알현하게 됐다. 유방은 위무지의 천거에 귀가 솔깃해져 진평을 만나 보았지만 실망하고서 먹을 것을 내린 뒤 객사에서 쉬게 했다. 그러자 진평은 물러나지 않고 간절히 청했다.

"신은 일로 온 까닭에 오늘을 넘기면 말씀드릴 수가 없습니다."

유방은 전에 천하제일의 전략가인 한신을 제대로 알아보지 못하고 홀대했다가 소하 덕분에 간신히 끌어들인 적이 있었다. 그가 진평의 청을 물리치지 못한 이유다. 과연 더불어 얘기를 나눠 보니 진평은 보기 드문 당대의 지낭이었다. 유방이 크게 기뻐하며 물었다.

"그대는 초나라에 있을 때 어떤 관직에 있었소?"

"도위로 있었습니다."

유방은 그날로 진평을 도위에 제수하면서 자신의 수레에 함께 타는 배승을 허락하며 장령을 감찰하는 호군도위護軍都尉의 벼슬까지 내렸다.

지금의 청와대 경호실장에 해당하는 봉거도위와 수도경비사령관에 준하는 호군도위 자리를 겸한 셈이다. 한신이 유방과 대화를 나눈 뒤 문득 대장군에 제수된 것과 닮았다. 항우는 이런 식의 파격적인 인사를 할 줄 몰랐다. 그러나 늘 외부 영입 인물인 굴러온 돌에 대한 파격적인 인사는 박힌 돌의 불만을 불러오기 마련이다. 기존의 장수들이 유방의 파격 인사에 하나같이 입을 삐죽 내밀며 불만을 터뜨렸다.

"대왕이 어느 날 문득 초나라의 탈주병 하나를 얻더니 그 재능의 고하도 모르면서 곧바로 수레를 같이 타게 하고, 오히려 공을 세운 우리들을 감독하게 했다."

「진승상세가」는 유방이 이 얘기를 듣고 더욱 진평을 가까이했다고 기록해 놓았다. 이 일화는 사람을 알아보는 그의 지감이 예사롭지 않았음을 반증한다. 사서의 기록을 보면 유방은 평소 휘하 장상의 건의를 기꺼이 받아들이는 모습을 보였지만 확신이 선 경우에는 누구의 의견도 듣지 않고 독단적으로 일을 처리했다. 독단獨斷과 독선獨善은 구분할 필요가 있다. 자신만이 옳다며 휘하의 건의를 아예 받아들이지 않는 태도는 독선이다. 그러나 독단은 두루 경청한 뒤 앞뒤 맥락을 살펴 신중히 판단하고 나서 최종적으로 결단하여 밀고 나가는 태도를 말한다. 『상군서』가 군주의 독단을 역설하고, 『한비자』가 군주의 전제專制를 역설한 이유다.

ꙮ '붕繃'의 후흑술로 신임을 얻다

당시 초나라 군사를 격파하는데 큰 공을 세운 관영을 비롯한 기존의 장수들은 진평이 호군도위로 발탁된 사실에 커다란 불만을 품고 있었다. 그들은 유방 앞에서 거듭 진평을 헐뜯고 나섰다. 유방은 호쾌한 면이 있었지만 귀가 얇기도 했다. 항우와 별반 차이가 없었다. 자칫 항우가 범한 전철을 밟을 소지가 컸다. 도대체 관영 등이 진평을 어떻게 헐뜯었기에 유방이 혹했던 것일까? 사서의 기록이다.

"진평은 비록 생긴 모습이 관에 장식하는 구슬인 관옥冠玉과 같으나 관옥 같은 모습을 지녔다고 해서 반드시 책략이 있다고 말할 수는 없습니다. 신들이 듣건대 진평은 집에 있을 때 형수와 몰래 간통했다고 합니다. 또한 위왕 위구를 섬기다가 건의가 받아들여지지 않자 이내 항우에게 달아났다가 다시 중용되지 못하자 도망쳐 우리 한나라에 귀부했습니다. 그런 자에게 대왕은 관직을 높여 주어 군을 감찰하는 호군도위에 임명했습니다. 듣자하니 그는 제장들로부터 금품을 뇌물로 받으면서 금품을 많이 낸 자는 좋은 곳에 배치하고 조금 낸 자는 나쁜 곳에 배치한다고 합니다. 진평은 배신을 거듭하는 난신입니다. 원컨대 대왕은 이를 깊이 헤아리기 바랍니다."

유방은 이 말을 듣고 진평을 의심했다. 이에 진평을 천거한 위무지를 불러 크게 나무랐다. 위무지가 곧바로 반박했다.

"신이 대왕에게 천거한 것은 그의 재능이고 지금 폐하가 나무라는 것은 그의 행실입니다. 지금 미생尾生과 효기孝己의 행실이 아무리 좋다 한들 승부를 판가름 짓는 책략에는 아무런 도움이 되지 않습니다. 폐하가 어찌 한가로이 그런 자들을 채용할 수 있겠습니까. 초나라와 한나라가 서로 대립하고 있기에 신은 기책을 내는 인재인 기모지사奇謀之士를 천거했던 것입니다. 그러니 그의 계책이 실로 족히 나라를 이롭게 하는 것인지 아닌지만을 고려하십시오. 형수와 사통하고 은밀히 금품을 받았다는 도수수금盜嫂受金이 어찌 족히 사람의 재능을 의심할 소재가 될 수 있겠습니까?"

미생은 여인과의 약속을 고집스럽게 지키다 물에 빠져 죽은 전설적인 인물이다.『장자』「도척」편에 따르면 미생은 여인과 다리 아래에서 만나기로 약정했다. 다리 밑에 물이 계속 불어나는 상황에서 여인은 나오지 않았다. 미생은 여인이 오기를 기다리며 자리를 떠나지 않고 있다가 끝내 다리 기둥을 붙든 채 익사하고 말았다. 효기는 은나라의 중흥주인 고종高宗의 아들로 효행이 뛰어난 것으로 유명했다. 유방은 위무지의 말을 듣고도 이내 진평을 불러들여 따졌다.

"선생은 위나라를 섬기다가 임용되지 못했고, 초나라를 섬기다가 떠났고, 지금은 또 나와 어울리며 교유하고 있소. 성실하고 믿음직한 사람이라면 실로 이처럼 여러 마음을 가질 수 있는 것이오?"

이 물음에 진평은 이렇게 대답했다.

"신이 위왕을 섬겼을 때 위왕은 신의 말을 채용하지 못했습니다. 그래서 그를 떠나 항우를 섬긴 것입니다. 항우는 다른 사람을 믿지 못해 그가 일을 맡기고 아끼는 사람은 항씨가 아니면 바로 처의 형제였습니다. 그래서 비록 기이한 재능을 지닌 재사가 있을지라도 쓸 수가 없었습니다. 그러던 중 대왕은 능히 용인할 수 있는 사람이라는 얘기를 듣고 마침내 대왕에게 귀부한 것입니다. 신은 맨몸으로 온 까닭에 금을 받지 않으면 쓸 자금이 없었습니다. 실로 신의 계책에 채택할 만한 것이 있다면 원컨대 대왕은 이를 채택하기 바랍니다. 만일 채택할 만한 것이 없다면 제가 받은 금이 그대로 있으니 봉하여 관부로 보내도록 하겠습니다. 사직을 허락해 주십시오."

유방은 이내 진평에게 사과하고 더 많은 포상을 내렸다. 「고조공신후자연표高祖功臣侯者年表」에 따르면 이때 유방은 진평을 호군도위보다 한 단계 더 높은 호군중위護軍中尉에 제수했다. 이는 장수들의 상하관계를 조절하며 감독하는 자리이다. 요즘으로 치면 보안사령관쯤에 해당한다. 파격적인 인사로 대장군에 제수된 한신에 버금가는 자리였다. 총애로 치면 오히려 더한 감이 있다. 사서는 이후 제장들이 다시는 그에 관해 감히 말하지 못했다고 기록해 놓았다. 유방의 진평에 대한 신임이 어느 정도였는지를 가늠하게 해 주는 대목이다.

크게 보아 유방이 진평을 호군중위에 제수한 것은 한신과 호흡을 맞추기 위한 계책의 일환으로 해석할 수 있다. 진평을 호군중위에 제수하면서 한신의 군령에는 더욱 힘이 실리게 됐다. 이것이 무력 면에서 상대적으로 우위를 지녔던 항우의 군사들과 맞설 수 있는 배경이 되었다. 군령이 지리멸렬했을 경우 한신의 군사도 이내 궤멸하고 말았을 것이다. 한신이 화북 일대를 석권한 것도 진평이 호군중위에 제수돼 제장들의 무함을 철저히 봉쇄한 덕분으로 볼 수 있다.

주목할 것은 당시 진평이 유방 앞에서 행한 유세가 『후흑학』에서 '뻣뻣하게 군다'는 취지로 사용한 붕絣의 술책과 닮았다는 점이다. 자신이 거듭 주군을 바꾼 것을 큰 인물을 알아보지 못한 주군의 탓으로 돌리면서 사직을 하겠다고 으름장을 놓는 게 그렇다. 리쭝우는 『후흑학』에서 '붕'의 후흑술을 이같이 풀이해 놓았다.

"붕絣은 뻣뻣하게 군다는 뜻으로 겸손하게 군다는 뜻의 공恭과 대비되는 말이다. 이는 아랫사람과 백성들을 대하는 태도를 말한다. 크게 두 가지로 나눌 수 있다. 하나는 외관상 위엄을 갖춘 큰 인물이라는 인상을 풍겨 감히 범접하지 못하게 만드는 것을 뜻한다. 또 하나는 어투를 통해 흉중에 큰 뜻을 지닌 위대한 인물로 여기도록 만드는 것을 의미한다."

'붕'의 후흑은 전국시대 말기 소진과 장의가 구사한 합종연횡合縱連衡의 유세술과 맥이 닿는다. 원래 종횡가의 유세술은 춘추시대 말기 공자의 제자 중 가장 뛰어난 언변을 자랑한 자공子貢이 효시이다. 위衛나라 출신인 그의 원래 이름은 단목사端沐賜로 나이는 공자보다 31년이나 아래였다. 그는 공자의 제자 중 가장 머리가 명석한 인물로 특히 언변에 뛰어났다. 사서에는 그의 화려한 행보가 대거 실려 있다. 공자는 자공이 변설이 지나치게 능한 것을 우려해 늘 이를 억누르려고 했다. 하루는 공자가 자공에게 물었다.

"너와 안회顔回 가운데 누가 더 나으냐?"

안회는 공자의 제자 중 가장 어진 인물이었다. 그러자 자공이 이같이 대답했다.

"제가 어찌 감히 안회를 바라볼 수 있겠습니까? 안회는 하나를 들으면 열을 알고, 저는 하나를 알면 겨우 둘을 알 뿐입니다."

자신의 재능에 대해 겸양한 듯하면서도 한없는 자부심을 드러낸 자공의 대답이 참으로 절묘하기 그지없다. 공자는 자공의 지나친 자부심을 제어하기 위해 이러한 질문을 던진 것으로 짐작된다. 당시 자공은 안회를 극찬한 뒤 공자에게 되물었다.

"선생님, 저는 어떤 사람입니까?"

스승의 질문에 대한 반격의 성격이 짙은 당돌한 질문이었다. 공자가 태연히 대답했다.

"너는 그릇이다."

"어떤 그릇입니까?"

"호련瑚璉이다."

호련은 종묘제사에 쓰는 귀한 그릇을 말한다. 공자도 자공의 뛰어난 재능을 액면 그대로 인정한 것이다. 자공은 머리도 비상하고 언변이 뛰어났던 만큼 스승인 공자를 가장 잘 변호한 인물이기도 했다. 하루는 제나라의 권신인 진항陳恒이 자공에게 이같이 물은 적이 있었다.

"중니仲尼는 누구에게서 배웠소?"

중니는 공자의 이름이다. 자공이 대답했다.

"주문왕과 주무왕의 도가 아직 땅에 떨어지지 않고 사람에게 보존되어 있습니다. 현자들은 그중에서 큰 것을 기억하고 있고, 그렇지 못한 자라도 작은 것을 기억하고 있습니다. 이처럼 주문왕과 주무왕의 도를 사람마다 지니고 있으니 선생님이 누구에겐들 배우지 않았겠습니까? 그러니 또한 어찌 일정한 스승을 두었겠습니까?"

반론의 여지가 없는 명변明辯이다. 그러나 후세인들의 자공에 대한 평가는 그다지 높지 않았다. 이는 그가 이재理財에 밝았던 것과도 무관하지 않았다. 그러나 사마천은 『사기』「화식열전」에서 이같이 칭송해 놓았다.

"자공은 공자의 제자들 중에서 가장 부유했다. 그가 많은 수레에 국빈 방문 때 공경의 뜻으로 보내던 예물인 속백束帛을 들고 제후들을 방문하면 마당에 나와 대등한 예절인 항례抗禮를 하지 않은 자가 없었다. 무릇 공자가 천하에 명성을 떨친 건 자공이 앞뒤를 보살폈기 때문이다."

『사기』「중니제자열전」에는 두뇌가 명석하고 언변이 뛰어났던 자공이 공자의 명을 좇아 위기에 처한 노나라를 구한 일화가 자세히 실려 있다.

제나라 권신 진항이 노나라를 치려고 하자 공자가 황급히 제자들을 모아 놓고 대책을 논의했다. 자로와 자장 등이 제나라를 설득하는 작업에 나설 것을 자청했지만 공자가 받아 주지 않았다. 하지만 자공이 나서자 흔쾌히 허락했다. 자공의 유세는 대성공이었다. 「중니제자열전」의 절반 이상이 온통 그의 유세 내용으로 채워진 사실이 이를 반증한다. 종횡가들이 자공을 비조로 꼽은 게 결코 허언이 아니었음을 알 수 있다. 사마천은 「중니제자열전」에서 자공이 보여 준 뛰어난 유세술에 경탄을 금치 못하며 그 효과를 이른바 '일석오조一石五鳥'로 요약해 놓았다. 존로存魯, 난제亂齊, 파오破吳, 강진强晉, 패월霸越이 그것이다. 노나라를 존속케 만들고, 제나라를 어지럽게 만들고, 오나라를 깨뜨리고, 진나라를 강하게 만들고, 월나라를 패권국으로 만들었다는 뜻이다. 당시 자공은 열국 내부의 사정은 물론 제후들의 속마음까지 정확히 읽고 있었다. 이는 '봉'의 후흑에 해당하는 현란한 유세술을 동원한 덕분이었다.

반간계로 항우를 흔들다

기원전 204년 봄, 유방이 항우에게 형양을 기준으로 천하를 둘로 나눠 갖고 일시 싸움을 멈추자고 제의했다. 장차 한신의 군사를 끌어들여 항우를 격파하는 데 적극 활용하고자 한 것이다. 기만술로 이뤄진 홍구 강화가 이뤄지기 1년 전이다. 「진승상세가」에 따르면 당시 유방은 문득 진평을 불러 이같이 물었다.

"천하가 분분하니 언제나 안정되겠소?"

진평이 대답했다.

"항우의 강직한 신하는 범아부와 종리매鍾離昧, 사마용저司馬龍且, 주은周殷 등 몇 사람에 지나지 않습니다. 대왕은 실로 수만 근의 황금을 내어 반간계反間計를 구사하면 항우의 군신을 이간시켜 서로 그 마음을 의심토록 만들 수 있습니다. 항우는 시기가 많고 참소하는 말을 잘 믿는 인물입니다. 반드시 안에서 서로 죽이는 일이 빚어질 것입니다. 한나라가 이 틈에 거병하여 공격하면 초나라를 격파하는 것은 의심의 여지가 없습니다."

"참으로 좋은 계책이오."

그러고는 이내 진평에게 황금 4만 근을 내주며 마음대로 사용하게 했다. 지출 내역을 전혀 묻지 않은 것은 말할 것도 없다. 전국시대 말기에도 진나라가 천하통일의 걸림돌로 작용하고 있는 위나라의 신릉군信陵君을 낙마시키기 위해 반간계를 구사한 바 있다. 당시 진나라가 유세객들에게 사용한 황금이 1만 근이었다. 유방이 진평에게 내린 4만 근이 얼마나 큰 액수인지 쉽게 알 수 있다. 당시 진평은 황금을 이용해 초나라 군영 내에서 반간계를 구사하면서 공개적으로 이런 말을 퍼뜨렸다.

"종리매 등은 항우를 위해 많은 공을 세웠는데도 끝내 분봉의 포상을 받지 못했다. 장차 한나라와 연합해 항씨를 멸망시킨 뒤 그 땅을 나눠 가지려 할 것이다."

「진승상세가」는 이를 계기로 항우가 속으로 종리매 등을 의심하기 시작했다고 기록해 놓았다. 그러나 이는 액면 그대로 믿기 어렵다. 이해 4월에 항우가 직접 군사를 지휘해서 형양에서 유방을 더욱 급박하게 공격한 게 그렇다. 종리매 등이 형양에 대한 공격을 만류했을 리도 없다. 실제로 항우가 종리매를 의심한 나머지 공격의 고삐를 푼 적도 없다. 이는 종

146

리매 등을 구실로 한 반간계가 제대로 먹히지 않았음을 반증한다. 「고조본기」의 다음 기록이 이를 뒷받침한다.

"한왕이 강화를 청하면서 형양의 서쪽 지역을 베어 내 그곳만 갖겠다는 제안했다. 항왕이 받아들이지 않았다. 한왕이 이를 크게 우려해 이내 진평의 계책을 사용했다."

유방의 입장에서 볼 때 당시의 강화 방안은 1년여 뒤에 이뤄진 홍구강화 때보다 훨씬 서쪽으로 치우친 것이다. 경계선이 관중 쪽에 가까웠다. 유방이 비세에 처해 있었음을 반증한다. 범증이 항우에게 형양에 대한 맹공을 강력히 권한 배경이 여기에 있다. 당시 항우는 유방이 강화 방안을 제시한 속셈을 정확히 파악하기 위해 사자를 보냈다. 「고조본기」에서 "진평의 계책을 사용했다"는 것은 바로 이즈음의 상황을 언급한 것이다. 당시 진평이 구사한 반간계가 빛을 발하는 것은 항우가 유방의 속셈을 알아보기 위해 보낸 사자를 역이용한 데 있다. 일종의 장계취계將計就計에 해당한다. 장계취계는 상대편의 계교를 미리 알아채고 그것을 역이용하는 것으로 고단수의 속임수에 속한다. 「진승상세가」의 기록에 따르면 당시 진평은 항우의 사자가 도착할 즈음 좌우에 명해 이른바 태뢰太牢를 갖춰 놓게 했다. '태뢰'는 제사나 연회 때 소와 양, 돼지 등 세 가지 희생犧牲을 모두 갖추는 것을 말한다. 돼지와 양만을 갖춘 것은 소뢰小牢라고 한다. 음식을 올리던 중 진평이 나타나 초나라 사자를 보고 짐짓 놀라는 체했다.

"아부亞父의 사자인 줄 알았는데, 이 사람은 항우의 사자가 아닌가!"

그러고는 음식을 내간 뒤 조악한 음식을 초나라 사자에게 올리게 했다. 초나라 사자가 귀환해 이를 상세히 보고했다. 「고조본기」는 이때 항우가 범증을 크게 의심하기 시작했다고 기록해 놓았다. 이는 사실에 부합할 듯하다. 의견 충돌로 범증이 항우 곁을 떠난 게 그 증거다. 진평이 구사한 장계취계의 반간계가 그만큼 뛰어났음을 반증한다.

🌀 사항계와 고육계

객관적으로 볼 때 진평이 구사한 장계취계의 반간계는 이후 유방이 고립된 형양성에서 비상 탈출할 때 구사한 사항계詐降計와 비교할 때 급이 약간 떨어진다. 사서의 기록을 보면 그의 계략은 일시적인 효과밖에 없었다. 항우군의 포위가 전혀 풀릴 기미를 보이지 않는 가운데 유방군의 식량이 이내 바닥을 드러낸 사실이 이를 뒷받침한다. 항우의 공세가 그만큼 거셌음을 반증한다. 이런 상황에서는 관중의 소하로부터 병참 지원과 병력 증원을 기대하기도 어려웠고, 한신의 구원도 여의치 않았다. 특단의 대책을 내지 않으면 자칫 앉아서 굶어 죽을 판이었다. 『사기』에는 배경에 관한 자세한 기록이 나오지 않고 있으나 초나라 군사가 용도의 일부를 점령해 식량 운송을 중도에서 차단했을 가능성이 크다. 이때 진평이 다시 기발한 계책을 냈다. 거짓으로 항복하는 틈을 타 재빨리 도주하는 게 그것이다. 사항계는 성격상 고육계苦肉計를 동반한 것이었다. 당시 누구를 가짜 유방으로 삼을 것인지 여부가 문제가 됐다. 가짜 유방은 목숨을 내놓아야만 했다. 이해 5월, 유방이 거병했을 때부터 번쾌와 하후영 및 근강靳彊 등과 함께 유방의 곁을 지킨 기신紀信이 유방에게 비장한 어조로 자청했다.

"일이 급하게 되었습니다. 신이 잠시 초나라를 속일 터이니 청컨대 대왕은 그사이에 속히 샛길로 빠져나가도록 하십시오."

진평이 구사한 사항계는 범증을 내치게 만든 장계취계의 반간계보다 한 단계 위다. 이는 『사기』의 여러 대목에 두루 언급돼 있다. 「고조본기」의 해당 대목이다.

"한나라 군사의 식량이 다 떨어졌다. 어느 날 밤, 여인 2천여 명을 성의 동문으로 내보냈다. 그녀들은 갑옷을 걸쳐 입고 있었다. 한나라 군사의 최후 돌격으로 간주한 초나라 군사들이 사방에서 이들을 포위해 공격했다. 이때 한왕의 수레를 탄 장군 기신이 항복을 가장하며 동문 밖으로 나왔다. 초나라 군사가 일제히 만세를 부르며 성의 동쪽으로 몰려가 구경을 했다. 한왕이 혼란스런 틈을 타 수십 기騎를 이끌고 성의 서문으로 황급히 달아났다."

「항우본기」는 훨씬 생생하게 묘사해 놓았다. 이에 따르면 당시 기신은 유방의 수레에 올라타 황색 덮개와 대장기를 설치한 뒤 병사들로 하여금 초나라 군영을 향해 이같이 말하게 했다.

"성안의 양식이 다 떨어져 한왕이 투항코자 한다!"

초나라 군사가 모두 만세를 불렀다. 이들이 유방의 항복 장면을 보러 성의 동쪽으로 몰려가자 이 틈을 타 유방이 겨우 기병 수십 기를 이끌고 서문을 통해 재빨리 달아났다.

기신은 홍문의 연회 때 유방과 함께 호랑이 굴을 빠져나온 4명의 측근 가운데 한 사람이다. 나머지 3명은 번쾌와 하후영, 근강이었다. 당시 유방이 형양을 빠져나갔다는 보고를 접한 항우는 크게 화를 내며 유방으로 가장한 기신에게 다급하게 물었다.

"지금 한왕 유방은 어디에 있는가?"

"이미 탈주했소."

「항우본기」는 항우가 화를 참지 못해 이내 기신을 불태워 죽였다고 기록해 놓았다. 기신은 항우가 불태워 죽인 유일한 경우에 속한다. 그는 스스로 고육계의 주인공을 자처함으로써 진평의 사항계를 완성시키는데 결정적인 공헌을 한 셈이다. 그렇다면 사항계를 낸 진평은 당시 어디에 있었던 것일까? 「진승상세가」에 짧은 기록이 나온다.

"진평이 밤에 여인 2천 명을 성의 동문으로 내보냈다. 초나라 군사들이 이들을 공격했다. 진평이 한왕과 함께 성의 서문으로 달아났다."

진평은 수십 기의 일원으로 참여해 유방과 함께 사지를 빠져나온 셈이다. 그렇다면 진평과 함께 성을 탈출한 나머지 사람들은 누구일까? 기록을 토대로 보면 하후영과 번쾌 및 근강 등 3인은 틀림없이 포함돼 있었고, 장량을 위시해 역이기와 경포 및 주발 등도 수십 기의 일원으로 참여했을 것으로 짐작된다. 관중에 있던 소하를 제외한 유방의 핵심 측근 모두가 고육계를 겸한 사항계를 통해 간신히 목숨을 구한 셈이다.

진평의 후흑술

유방이 천하를 통일한 뒤 한 제국의 2대 황제에 오른 혜제가 기원전 188년, 미앙궁에서 숨을 거두자 여후는 혜제의 후궁 소생인 유공劉恭을 즉위시켰다. 그러고 나서 여후는 나이가 너무 어린 유공을 대신해 임조칭제臨朝稱制했다. 조정에 나아가 천자의 대권을 행사했다는 뜻으로 수렴청정과 같은 의미이다. 「여태후본기」에 따르면 혜제의 발상 기간 중 여후는 곡만 할 뿐 눈물을 흘리지 않았다. 장량의 아들 장벽강張辟彊이 당시 15세의 나이로 시중侍中으로 있었다. 그가 좌승상 진평에게 물었다.

"태후에게 아들로는 오직 혜제만 있었습니다. 지금 혜제가 붕어했는데도 태후는 곡만 할 뿐 슬퍼하지 않고 있습니다. 혹여 그 까닭을 아십니까?"

좌승상 진평이 반문했다.

"그게 무슨 까닭이라고 생각하오?"

장벽강이 대답했다.

"이는 황제에게 장성한 아들이 없어 태후가 승상 등을 두려워하기 때문입니다. 만일 승상이 지금 여태와 여산, 여록을 장군에 제수해 남군南軍과 북군北軍을 이끌게 하고, 나아가 여씨 일족을 모두 입궁시켜 조정의 일을 보게 하면 태후가 안심하여 군 등은 다행히 화를 면할 것입니다."

좌승상 진평이 이를 좇자 여후가 기뻐하며 비로소 애통하게 곡하기 시작했다. 사마광은 여씨 일족이 정권을 장악한 것은 이로부터 시작되었다고 평했다. 이해 겨울부터 여후가 여러 여씨를 왕으로 삼기 시작한 게 논거다. 당시 여후는 우승상 왕릉에게 이를 문의했으나 왕릉의 대답은 부정적이었다. 다시 좌승상 진평과 태위 주발에게 묻자 두 사람은 입을 모아 동의를 표했다.

"선제는 천하를 평정한 뒤 자제들을 왕으로 삼았습니다. 지금은 태후가 수렴청정하고 있으니 여씨를 왕으로 삼을지라도 불가할 게 없습니다."

조회가 끝난 후 왕릉은 진평과 주발을 나무랐다.

"당초 선제와 더불어 희생의 피를 입에 묻히며 맹약할 때 그대들은 그 자리에 없었단 말이오? 지금 선제가 붕어한 뒤 태후가 천하의 주인이 되어 여씨를 왕으로 삼으려 하는데 그대들은 아부하는 마음으로 선제와의 약속을 어기려 하니 훗날 지하에서 무슨 면목으로 선제를 보려는 것이오?"

진평과 주발이 대답했다.

"지금 얼굴을 붉히며 조정에서 간쟁하는 것은 우리가 그대만 못 하오. 그러나 사직을 온전히 하여 유씨의 후예를 안정시키는 데는 그대가 우리만 못 하오."

왕릉은 아무 대답도 하지 못했다. 진평과 주발은 우직하기만 할 뿐 앞날을 내다보며 일보 뒤로 물러나는 식의 계책이 없는 것을 나무란 것이다. 「진승상세가」에 따르면 여수는 늘 진평이 지난날 유방에게 남편 번쾌를 체포하는 계책을 건의한 일로 앙심을 품고 여러 차례에 걸쳐 여후 앞에서 그를 헐뜯었다.

"진평이 승상이 되어 정사는 처리하지 않고 매일 술이나 마시며 부녀자를 희롱합니다."

진평은 이 얘기를 전해 듣고 더욱더 그 도가 심하게 행동했다. 여후는 그 사실을 알고 오히려 내심 크게 기뻐했다. 하루는 여후가 여수의 면전에서 진평에게 이같이 말했다.

"속담에 이르기를, '어린아이와 부녀자의 말은 신용할 수 없다'고 했소. 나는 다만 그대가 나에게 어찌 하는지를 볼 따름이니 여수의 참언을 두려워할 것은 없소."

여후가 여러 여씨들을 왕으로 삼을 때 진평이 짐짓 동의하는 모습을 보인 이유가 여기에 있다. 때를 기다린 것이다. 당시 여후는 왕릉을 황제의 태부太傅로 삼았다. 태부는 3공三公의 하나로 지위는 승상보다 높았으나 실권은 없었다. 실제로는 재상의 권한을 빼앗은 것이다. 울화가 치민 왕릉은 마침내 병이 나 자리를 사직한 뒤 봉지로 돌아가 두문불출하며 지내다가 7년 만에 세상을 떠났다. 주목할 것은 당시 진평이 보여 준 일련의 행보가 『후흑학』에 나오는 '농聾'의 후흑술과 사뭇 닮아 있는 점이다. 리쭝우는 '농'의 후흑술을 이같이 풀이해 놓았다.

"농聾은 귀머거리와 벙어리처럼 처신하라는 뜻이다. '비웃고 욕하려거든 마음대로 하라. 그러나 좋은 자리는 모두 내 것이다'라는 태도가 필요하다. 여기에는 장님의 뜻도 포함되어 있으므로 남이 헐뜯고 비방하는 글을 쓰더라도 눈 감고 못 본 체하는 자세가 전제돼야 한다."

'농'의 후흑은 『삼십육계』의 제27계인 바보인 척하되 미친 척하지는 않는 가치부전假痴不癲 과 취지를 같이한다. 가치부전은 『설당연의說唐演義』 제62회의 '울지공칭풍마尉遲恭稱瘋魔'에서 나왔다. 여기서 '울지'는 당태종의 최측근 효장인 울지경덕尉遲敬德을 말한다. 짐짓 귀머거리나 벙어리로 가장하는 장롱작아裝聾作啞와 정신이 나갔거나 바보인 것처럼 가장하는 장풍매사裝瘋賣傻의 중국 속담도 같은 취지에서 나온 것이다. 가치부전은 상대방에게 나를 바보처럼 보이게 하되 정말 바보라서 그런 것은 아니라는 취지이다. 『삼국지연의』에 나오는 유비가 그 전형을 보여 준 바 있다. 그는 조조가 영웅론英雄論을 설파하며 자신을 영웅으로 지목하자 내심 크게 당황했으나 이내 천둥이 치자 일부러 젓가락을 떨어뜨리며 두려워하는 모습을 보였다. 어리석은 체한 것이다. 천하의 간웅은 조조가 아닌 유비였다. 조조는 이런 식의 가치부전 계책을 구사하지 못했다. 가치부전 계책의 요체는 상대방을 깜박 속이는 위장술에 있다. 상대의 경계심을 늦추기 위한 수법이다. 이후 조용히 때가 오기를 기다렸다가 상대가 빈틈을 보일 때 전광석화처럼 움직여 일거에 상황을 뒤집는 것이 핵심이다. 삼국시대 당시 가치부전을 행한 대표적인 인물이 위나라의 권신 사마의다. 정시 9년(248년) 겨울, 하남윤 이승李勝이 형주자사를 맡게 되자 태부로 있던 사마의를 찾아가 인사를 하게 되었다. 조상曹爽이 그로 하여금 사마의에게 가서 하직을 고하고 겸해서 소식을 알아오게 했다. 이승은 그 길로 곧 태부의 부중으로 갔다. 그러자 사마의가 두 아들에게 이같이 말했다.

"이는 바로 조상이 내 병의 허실을 알아보려고 보낸 것이다."

그러고는 두 시비에게 명하여 자신을 부축하게 했다. 이때 사마의는 한 손으로 옷을 잡고 있었으나 옷자락이 땅에 질질 끌렸다. 또 손가락으로 입을 가리켜 목마르다는 표시를 하자 시비가 죽을 올렸는데 사마의가 그릇을 손으로 잡지 못하고 입을 내밀어 마시는 모습을 보였다. 이때 죽이 모두 흘러내려 앞가슴을 적시게 되자 이승이 안타깝다는 표정으로 위로했다.

"모두들 명공에게 지병인 중풍이 도졌다고 말하고 있지만 어찌 존체가 이 지경에 이를 줄이야 생각이나 했겠습니까?"

사마의는 화를 가까스로 다스리는 모습을 보이면서 당부하는 어투로 말했다.

"늙고 병들어 죽음이 눈앞에 있소. 그대가 몸을 굽혀 병주幷州로 간다는 이야기를 들었소. 병주는 호인들과 가까이 있어 그들을 잘 막아야만 할 것이오. 내가 군을 다시는 못 볼까 두려우니 나의 두 아들 사마사司馬師와 사마소司馬昭 형제를 잘 부탁하오."

이승이 사마의의 말을 정정했다.

"저는 본주本州로 돌아가려는 것이지 병주로 가는 것이 아닙니다."

이승은 남양군 출신으로 남양군은 형주에 속해 있었기 때문에 본주로 돌아가는 것이라고 말한 것이다. 본주와 병주는 발음상 유사하다. 그러자 사마의는 더욱더 귀가 먹은 양 가장했다.

"군이 정말 병주로 가려는 것이오?"

이승이 답답한 듯 다시 크게 말했다.

"형주에 가는 것입니다!"

사마의가 그때야 비로소 제대로 알아들은 듯 미소를 지으며 이같이 말했다.

"나이를 먹어 머리가 혼란스러워 그런지 군의 말을 제대로 알아듣지도 못했소. 지금 본주로 간다 하니 융성한 덕행과 장렬한 기개로 큰 공훈을 세우도록 하시오."

이승은 인사를 하고 나와 이를 조상에게 고했다.

"사마공은 거의 시체와 다름없이 간신히 숨을 붙이고 있습니다. 몸과 정신이 완전히 분리되어 있으니 심려하지 않아도 좋을 듯합니다."

조상은 그 말을 듣고 크게 기뻐했다. 하루는 이승이 조상 등에게 눈물을 흘리며 이같이 말하기도 했다.

"태부는 이제 병을 다시는 고치기 어려워 보는 사람을 비통하게 만들고 있습니다."

이 일로 조상이 사마의에 대한 모든 경계를 풀어 버린 것은 두말할 나위 없다. 결국 이게 패망의 빌미로 작용했다. 당시 사마의가 구사한 계책은 가치부전의 전형에 해당한다. 중국인들은 자신의 능력을 감추고 바보인 척 살아가는 처세술을 좋아한다. 도가의 영향을 받은 탓이다. 큰 지혜는 어리석은 것처럼 보인다는 뜻의 대지약우大智若愚와 바보처럼 보이는 게 어렵다는 뜻의 난득호도難得糊塗가 그것이다. 자신의 능력을 남에게 돋보이게 하려는 것은 인지상정이다. 그러나 이를 그대로 좇았다가는 이내 사람들로부터 잘난 체한다는 손가락질을 받게 된다. 사람들은 모두 남으로부터 존중을 받고 싶어 하는 자존심이 있다. 이를 건드리면 안 된다. 그랬다가는 원망을 듣기 십상이다. 때로는 광채를 숨기고 어리석은 사람처럼 보이는 게 필요한 이유다. 그게 똑똑한 사람들로 넘쳐나는 현대 생활에서 성공의 지름길로 나아갈 수 있는 역발상의 처세술이기도 하다. 이런 대지약우 행보는 가치부전보다 한 수 위다.

혜제의 재위 기간 동안 실질적인 통치는 여후가 했다. 이후 그녀는 8년 동안 사실상의 여제女帝로 군림했다. 당나라 초기의 측천무후와 비견할 만한 일이다. 여씨 일족의 발호는 기원전 180년에 여후의 죽음을 계기로 종언을 고했다. 당시 태위로 있던 주발은 여씨 일족을 토벌하기에 앞서 군문에 들어가 이런 명을 내린 바 있다.

"여씨를 편들 자는 오른쪽 소매를 걷고, 유씨를 편들 자는 왼쪽 소매를 걷도록 하라!"

여기서 왼쪽 소매를 걷어 올려 팔뚝을 드러낸다는 뜻에서 훗날 한쪽을 지지한다는 의미의 좌단左袒이라는 성어가 나왔다. 당시 소하와 조참, 장량, 번쾌 등은 이미 혜제의 재위 중 세상을 떠난 까닭에 오직 진평과 주발 정도밖에 남아 있지 않았다. 당시 진평은 여후의 의심을 사지 않기 위해 짐짓 술만 마시는 등 교묘한 도회술韜晦術을 구사하다가 여후가 죽자마자 일거에 여씨 일족을 소탕했다.

진평을 주저 없이 한나라 건국 초기의 사직지신으로 꼽는 데는 그의 이후 행보도 크게 기여하고 있다. 당시 진평 등의 옹립에 의해 보위에 오른 한문제는 즉위 후 가장 큰 공을 세운 진평을 좌승상, 태위 주발을 우승상, 대장군 관영을 태위로 삼았다. 우승상이 좌승상보다 높다. 이는 진평이 양보한 데 따른 것이었다. 당시 한문제는 주발을 매우 정중하게 예우해 그가 물러날 때마다 늘 친히 전송하곤 했다. 논공행상을 위한 조회가 끝난 후 궐 밖으로 나오는 주발의 모습은 매우 의기양양했다. 여후의 섭정 때 여록의 가신으로 있다가 한문제가 즉위한 후 중랑中郎이 된 원앙袁盎이 한문제에게 은근히 물었다.

"폐하는 강후絳侯 주승상이 어떤 인물이라고 생각하십니까?"

"사직지신이라고 생각하오."

원앙이 말했다.

"강후는 공신일 뿐 사직지신은 아닙니다. 사직지신은 군주가 살아 있으면 그 군주와 함께하고, 군주가 망하면 함께 망합니다. 여태후 때 여씨 일족이 전횡하며 멋대로 왕의 자리를 차지한 까닭에 유씨는 비록 명맥이 끊어지지는 않았으나 매우 미약해졌습니다. 당시 강후는 태위로서 병권을 쥐고 있으면서도 이를 바로잡지 못했습니다. 여태후가 서거한 뒤 대신들이 서로 힘을 합쳐 여씨 일족을 칠 때 태위는 마침 병권을 잡고 있었기에 우연히 공을 거둔 것에 지나지 않습니다. 공신이라고 말할 수는 있으나 사직지신은 결코 될 수 없는 이유입니다. 지금 주승상이 폐하에게 교만한 기색을 띠고 있는데도 폐하는 오히려 겸양하는 모습을 보이니 신이 보건대 이는 군주와 신하 모두 예의를 잃은 것입니다. 결코 폐하가 취할 바가 아닙니다."

이후 한문제도 깨달은 바가 있어 조회 때마다 더욱 위엄을 갖췄다. 한문제의 급작스런 태도에 우승상 주발은 크게 놀랐다. 그 배경에 원앙이 있다는 얘기를 듣고는 이내 원앙을 원망했다.

"나는 그대의 형과 서로 친한 사이이다. 그런데 지금 그대가 어찌하여 조정에서 나를 헐뜯을 수 있단 말인가?"

「원앙열전」은 당시 원앙이 끝내 사과하지 않았다고 기록해 놓았다. 주발은 자신의 잘못이 어디에 있는지 제대로 헤아리지 못하고 있었던 셈이다. 시종 신중한 행보를 취한 진평과 대비된다. 「진승상세가」에 따르면 여씨 일족의 소탕과 한문제의 옹립을 실질적으로 주도한 사람은 주발이 아닌 진평이다. 그럼에도 한문제는 주발이 직접 군사를 이끌고 가 여씨 일족을 주살한 점에 주목해 그의 공로가 가장 많다고 생각했다. 여기에는 진평이 시종 겸양하는 모습을 보인 게 크게 기여했다.

사마천은 「진승상세가」에서 진평을 이같이 평했다.

"승상 진평은 젊었을 때 본래 노자의 학술을 좋아했다. 제사 음식을 공평히 나누기 위해 도마 위에서 제육을 자를 때부터 그의 꿈은 실로 원대했다. 그는 초나라와 위나라 사이에서 이리저리 어지럽게 오갔으나 결국 한고조에게 귀순했다. 늘 기계奇計를 내어 복잡하게 꼬인 난제를 해결했고, 나라의 환난을 제거했다. 여후 때 나라에 변고가 많았으나 그는 끝내 스스로 화를 면했고, 종묘사직을 안정시켰다. 이에 영광스러운 명성이 죽을 때까지 지속되고 현상賢相으로 칭송되었다. 이 어찌 시작과 끝이 다 좋은 경우가 아니겠는가? 뛰어난 지모가 없었다면 누가 능히 이와 같을 수 있었겠는가!"

'도마 위에서 제육을 자를 때부터' 운운하는 말은 진평이 제사 고기를 분배할 때의 일화를 말한다. 하루는 마을에서 토지신 제사인 사제社祭를 지낼 때 진평이 마침 사재社宰가 되어 제사 고기를 나누게 됐다. '사재'는 사제에 사용된 제사 고기를 분배하는 자를 말한다. 그가 제사 고기를 공평히 나누자 부로들이 입을 모아 칭송했다. 그러자 진평은 오히려 이같이 탄식했다.

"아, 나에게 천하의 부귀를 나눠 주도록 하면 이 고기를 나누듯 할 터인데."

'진평분육陳平分肉'이라는 성어가 나온 배경이다. 이 성어는 이후 사안을 공평하게 처리해 칭송을 받는 사람과 행위를 지칭하는 말로 전용되었다. 이 일화에서 주목할 것은 진평이 '천하의 부귀' 운운하며 탄식한 대목이다. 천하의 부귀를 나눌 수 있는 자는 황제밖에 없다. 그도 유방이나 항우처럼 황제가 되고자 한 것일까?

진평이 천수를 다하고 당대는 물론 후대에 이르기까지 현상으로 칭송을 받을 수 있었던 것은 위기 때마다 기책을 내 유방을 구해 내고, 의중을 깊숙이 감춘 채 시종일관 신중한 행보를 보인 덕분이다.

후흑학의 관점에서 볼 때 진평의 행보는 장량과 마찬가지로 면후심흑에 해당한다. 그가 형수와 사통하고 은밀히 금품을 받았다는 도수수금을 행했다는 비난을 받은 것은 그의 면후를 반증한다. 반간계를 구사해 항우와 범증을 갈라놓은 것은 심흑의 정수에 속한다. 훗날 여후의 눈을 속인 뒤 여후가 죽자마자 일거에 여씨 일족을 궤멸시킨 것도 같은 맥락이다. 사실 그가 구사한 일련의 심흑 책략은 장량을 뛰어넘는다. 초한지제 당시 심흑 측면에서 유방과 어깨를 나란히 할 수 있는 사람은 진평밖에 없었다.

呂后 유방의 부인 여후는 흔히 이름이 여치呂雉로 알려져 있으나 「고조본기」에는 이름이 나오지 않는다. 여치라는 이름은 민간에서 전해져 온 이름으로 짐작된다. 「외척세가」에는 그녀의 자가 아후娥姁로 나온다. 여후는 수천 년 동안 '만고의 독부毒婦'라는 악명을 들어야만 했다. 이런 평가를 받게 된 것은 유방 사후 경쟁자였던 척부인戚夫人을 인간 돼지인 이른바 인체人彘로 만든 게 결정적이었다. 그러나 당시의 정황을 감안할 필요가 있다. 고금을 막론하고 후계자를 둘러싼 세력 다툼에서 패한 쪽이 살아남은 적은 거의 없다. 황위는 지존의 자리이기 때문에 반기를 들 가능성이 조금이라도 남아 있는 한, 미리 제거하는 게 상책이다. 특히 창업 초기의 경우는 더욱 그렇다. 역대 왕조가 창업 때마다 막강한 위세를 떨친 창업 공신들을 토사구팽의 대상으로 삼은 이유도 여기에 있다. 후계 다툼에서 막다른 길에 몰렸다가 기사회생한 여후가 비록 지나치기는 했으나 척부인을 인체로 만든 것도 같은 맥락에서 이해할 수 있다. 여인

160

의 질투심으로 인해 해괴한 일을 빚어내기는 했지만 유방이 행한 토사구팽과 별반 차이가 없다는 말이다. 실제로 여후는 유방의 토사구팽 행각에 깊숙이 개입했다. 한신과 경포, 팽월이 모두 여씨의 손에 의해 제거된 것이나 다름없다. 겉모습만 보면 유방을 도와 천하를 거머쥔 장본인은 장량과 소하, 조참 등 여러 장수와 책사들이지만 여후 역시 나름 이들 못지않게 독특한 방식으로 유방을 보필했다. 후대의 사마천이 『사기』를 저술하면서 「여태후본기」를 따로 편제한 근본 배경이 여기에 있다. 유방 사후 16년 동안 수렴청정을 행하면서 천하를 평안하게 만들었다는 점을 논거로 들었으나 내심 여후를 항우와 유방 못지않은 기개와 포부를 지닌 여장부로 간주한 결과다. 사실 여후가 유방에게 시집을 간 것부터 심상치 않았다. 그녀가 부친의 권고를 받아들여 유방에게 시집을 갈 당시 유방은 이미 40대에 들어서 있었다. 게다가 비록 정식으로 혼인식을 올린 것은 아니나 유방은 조씨와 그들 사이에서 낳은 아들 유비까지 두고 있었다. 그럼에도 여후는 부친의 권고를 받아들여 선뜻 유방에게 일생을 맡기는 결단을 했다. 그 이유는 무엇일까? 이중톈은 세 가지 가능성을 언급했다.

첫째, 관상을 잘 보는 부친의 속뜻을 간파했을 가능성이다. 부친의 관상술을 전적으로 신뢰했기에 순순히 좇았을 공산이 크다는 것이다. 당시 관상법이 크게 유행했던 점에 비춰 나름 일리가 있다. 둘째, 유방의 기이한 행적을 익히 알고 있었을 가능성이다. 유방이 술에 취해 그 자리에서 누워 잘 때마다 등에 용무늬가 보였다는 식의 소문을 익히 들었을 것이라는 주장이다. 그러나 이는 약간 지나치다. 이런 소문은 유방이 새 왕조를 창업한 뒤에 만들어졌을 가능성이 높기 때문이다. 셋째, 사마천이 지적한 것처럼 애초부터 강인한 품성을 지니고 있었기에 스스로 결정했을 가능성이다. 객관적으로 볼 때 세 번째 가능성이 가장 그럴듯하다. 당시에도 이런 여인들이 결코 적지 않았다. 한무제 때 거부의 딸 탁문군卓文君이 당대의 문인 사마상여司馬相如와 함께 도피 결혼을 한 게 대표적인 사례다. 사서의 기록을 종합해 볼 때 여후 역시 탁문군 못지않은 기개와 포부를 지닌 여장부였을 공산이 크다. 아들 하나까지 딸린 남자에게 결혼한 것을 그리 이상하게 볼 것은 아니라는 얘기다.

객관적으로 볼 때 여후는 유방 사후 16년 동안 대권을 오롯이 한 까닭에 사실상 여제나 다름없었다. 공식적으로 보위에 오르지만 않았을 뿐 여러 면에서 중국 역사를 통틀어 유일무이한 여제로 군림한 측천무후의 선구자 격에 해당한다. 그녀의 부친인 여공이 유방을 사위로 삼을 때 자신의 딸이 장차 여제로 군림할 것이라는 것을 염두에 두었는지는 알길이 없다. 다만 자신의 딸이 새 왕조 건립 과정에서 나름 공을 세워 황후의 자리에 오를 가능성을 점쳤을 수는 있다.

주목할 것은 유방에 관한 많은 일화가 대부분 후대인이 만들어 냈을 가능성이다. 백제白帝와 적제赤帝에 관한 일화가 대표적이다. 「고조본기」에 나오는 다음 일화도 마찬가지다. 일찍이 진시황은 동남쪽에 천자의 기氣가 있다고 말하면서 동쪽으로 순수하여 그 기를 진압하고자 했다. 유방이 화를 당할까 우려해 망현芒縣과 탕현 사이에 있는 산택山澤의 바위 사이에 몸을 숨겼다. 여후가 사람들과 함께 유방을 찾을 때마다 그가 있는 곳을 쉽게 찾아냈다. 유방이 기이하게 생각해 묻자 여후가 이같이 대답했다.

"당신이 있는 곳은 그 위에 언제나 상서로운 구름의 기운이 있어 그것을 따라가면 항상 당신을 찾을 수 있었습니다."

이 또한 후대인이 만들어 낸 얘기로 보는 게 옳다. 이와 관련해 이중톈은 이런 일화를 만들어 낸 장본인으로 여후를 지목했다. 당시 유방은 동서인 번쾌를 통해 패현과 연락하고 있었고, 여후는 제부弟夫인 번쾌를 통해 유방이 있는 곳을 알았을 것이라는 게 논거이다. 남편의 야망을 부추기기 위해 이런 일화를 꾸며 냈을 가능성이 있다는 것이다. 그는 백제와 적제에 관한 일화도 여후가 번쾌 및 하후영 등과 짜고 만들어 낸 것으로 보았다. 나름 일리가 있는 추론이기는 하나 객관적으로 볼 때 후대인이 만들어 낸 항설巷說로 보는 게 합리적이다. 고금을 막론하고 천하를 거머쥐면 모든 게 미화된다. 찬탈이 혁명으로 둔갑하는 게 그렇다. 항간에서는 모든 얘기가 더욱 부풀려지기 마련이다. 전국시대 말기 맹자와 비슷한 시기를 살았던 장자는 이를 통찰했다. 『장자』 「거협」에서 유가에서 역설하는 역성혁명의 허구성을 질타한 게 그 증거다.

"됫박을 만들어 곡식의 양을 헤아리면 도둑은 됫박까지 훔치고, 저울을 만들어 무게를 재면 도둑은 저울까지 훔치고, 부절과 옥새를 만들어 신표로 삼으면 도둑은 부절과 옥새까지 훔치고, 인의를 만들어 바로잡으려 들면 인의까지 훔친다. 어떻게 그럴 줄 알 수 있는가? 혁대 고리를 훔친 자는 죽임을 당하나 나라를 훔친 자는 제후가 된다. 일단 제후가 되면 사람들은 그의 가문을 온통 인의로 포장한다. 이게 곧 도적놈이 인의와 성인의 지혜를 훔친 게 아니고 무엇인가?"

역대 왕조의 창업과 관련한 사서의 해당 대목을 읽을 때 반드시 행간을 읽어야 하는 이유다. 하나같이 미화돼 있기 때문에 이를 액면 그대로 해석했다가는 역사적 실체를 놓칠 우려가 크다.

⌢⌣ 여후와 심이기

　삼국시대 당시 유비는 위기에 처할 때마다 처자식을 버려둔 채 황급히 달아난 일로 인해 많은 비판을 받았다. 유방도 닮은 점이 많다. 물론 그는 몸을 의탁할 곳조차 없었던 유비와 달리 처음부터 반란군의 우두머리로 활약한 까닭에 유비처럼 수시로 처자식을 버려둔 채 황급히 사지를 빠져나올 일은 많지 않았다. 그러나 행동만큼은 결코 유비 못지않게 무정하기 짝이 없었다. 팽성전투의 참패 때 길에서 우연히 만난 혜제와 노원공주를 하후영이 모두 수레에 태웠다가 항우의 군사가 급히 추격해 오자 다급한 나머지 두 자녀를 수레 아래로 밀어 떨어뜨린 게 그렇다. 무게를 줄여 속도를 높이려는 속셈으로 이런 무자비한 모습을 보인 것이다. 유비보다 더하면 더했지 결코 덜하지 않았다.

　여후에 대한 태도도 크게 다르지 않았다. 여후가 항우의 군진 내에서 1년 동안 시아버지인 태공을 모시고 인질 생활을 해야만 했던 것도 이런 맥락에서 이해할 수 있다. 물론 유방도 적진 내에서 인질이 되어 자신의 부친을 지극정성으로 모시고 있는 여후의 고통을 모른 척한 것은 아니었다. 당초 유방은 항우와 입관 경쟁을 벌일 당시 장량 및 조참 등과 숙의한 뒤 무관 돌파의 전략을 마련하면서 조참 밑의 옥리로 있던 임오任敖 등에게 명해 풍읍의 가족을 보호토록 조치한 바 있다. 이는 임오가 이미 오래전부터 여후의 돈독한 신임을 받고 있는 점을 감안한 조치였다.「장승상열전」에 그 배경을 짐작하게 해 주는 일화가 나온다.

　"임오는 원래 패현의 옥리였다. 고조가 지명 수배된 뒤 도주해 출두하지 않자 패현의 옥리가 고조를 대신해 여후를 옥에 가두었다. 옥리가 여후를 정중하게 다루지 않은 것을 본 임오는 평소 고조와 친했으므로 화를 내며 담당 옥리를 칼로 쳐 상처를 입혔다."

임오는 여후의 오라비인 여택 등을 통해 유방과 만난 것으로 보인다. 그는 유방이 재위할 때는 그다지 출세하지 못했다. 그러나 여후의 시대에 들어와 문득 부승상에 해당하는 어사대부로 발탁됐다. 지금으로 치면 감사원장급에 해당한다. 여후는 유방이 무관을 향할 때를 기점으로 입관 후 항우의 본거지인 팽성을 함락시킬 때까지 대략 2년 동안 풍읍 일대를 지키며 자신을 포함해 유방 일족을 보호하는데 전념한 임오의 공을 잊지 않았다.

당시 유방 본가가 있던 풍읍에는 임오 이외에도 심이기審食其가 있었다. 그는 유방이 봉기할 때 사인舍人의 자격으로 참여했다. 임오가 풍읍으로 올 당시 심이기는 그에 앞서 이미 1년 10개월이 넘도록 여후와 그 아들 혜제를 모시고 있었다. 임오가 온 뒤에도 그는 변함없이 여후를 곁에서 모셨다. 유방이 각지를 전전하는 3년 10개월 동안 여후를 곁에서 모신 셈이다. 항우의 역습으로 유방의 일족이 뿔뿔이 흩어졌을 때 그는 태공과 여후를 모시고 샛길로 유방을 찾아다녔으나 만나지도 못하고 오히려 초나라 군사에게 잡히고 말았다. 초나라 군사들이 이들과 함께 군영으로 돌아오자 항우는 이들을 군중에 두고 인질로 삼았다. 이후 심이기는 다시 1년 동안 항우의 인질이 된 여후를 곁에서 모셨다. 여후가 가장 신임한 인물을 꼽으라면 단연 심이기를 들 수 있다. 그 역시 임오와 마찬가지로 유방 사후 여후에 의해 재상으로 발탁됐다. 이때 여러 추문이 나돌았다. 많은 사가들이 여후의 가장 큰 신임을 받았던 인물로 심이기를 꼽는 것도 이와 무관하지 않다. 일부 사가는 심이기를 여후의 남자 첩인

면수面首로 보기도 한다.

유방은 항우에 의해 한중왕에 봉해진 후 한신을 시켜 함양을 탈환할 당시 풍읍에 있는 가족을 모두 관중으로 데려오고자 했다. 휘하 장수 설구薛歐와 왕흡王吸에게 명하여 속히 무관을 빠져나가 풍읍에 있는 일족을 데려오도록 조치한 게 그 증거다. 이세황제 호해 원년(기원전 209년) 연말에 패현에서 봉기한 뒤 이미 4년의 시간이 지난 시점이다. 당시 그의 고향 풍읍에는 부친인 태공과 부인 여후를 비롯해 이후 혜제로 즉위한 아들 유영과 장이의 아들 장오에게 시집을 간 노원공주 등이 있었다. 풍읍은 항우의 영토 안에 있었다. 항우를 자극할 소지가 매우 컸다. 그러나 남양 일대를 본거지로 삼고 있는 왕릉의 도움을 얻을 경우 불가능한 것도 아니었다. 설구, 왕흡, 왕릉 모두 풍읍 출신이다.

유방은 왜 이때 일족을 데려오고자 한 것일까? 비록 항우의 분탕으로 폐허가 되기는 했으나 한때 천하를 호령하던 진 제국의 심장부인 관중을 손에 넣은 것을 자랑하고픈 것은 아니었을까? 관중 백성들의 전폭적인 지지를 감안할 때 관중의 장악은 사실 천하를 틀어쥐는 전 단계에 해당했다. 한중왕에서 명실상부한 관중왕으로 변신한 모습을 부친 태공과 부인 여후 등에게 보여 주고 싶어 했을 공산이 크다. 항우가 금의야행을 거부한 것과 같은 취지이다. 다만 항우는 천하 대신 초나라에 방점을 찍은데 반해 유방은 초나라 대신 천하에 초점을 맞춘 게 달랐다. 천하 통일 후 굳이 주변의 권고를 물리치고 폐허로 변한 함양의 맞은편에 새로운 천하의 수도인 장안을 건설한 게 그렇다. 유방은 겉만 초나라 출신이었을 뿐 뼛속까지 초나라 출신인 항우와 달랐다.

주목할 것은 당시 유방의 곁에는 정도定陶 출신 척희가 늘 함께하고 있었던 점이다. 함양에 입성한 뒤 진 제국의 궁실을 점령했을 때 만난 게 인연이 됐다. 호색한인 유방이 미모의 젊은 척희에게 빠진 것은 말할 것도 없다. 그렇다고 여후를 잊은 것은 아니다. 일족을 관중으로 데려오고자 한 조치가 그 증거다. 다만 여후가 관중으로 올 경우 척희와 갈등을 빚을 소지가 컸다. 어찌 보면 여후가 나중에 합류한 게 천하 통일 사업에 분주했던 유방에게는 도움이 됐다고 볼 수도 있다. 그러나 이는 여후에게 말할 수 없는 고통을 안겨 주었다. 자신은 적진 속에서 시아버지 태공을 모시고 죽을 고생을 하고 있는데 남편 유방은 젊은 척희를 끼고 살다시피 하며 자신을 구해 내지 않는 것에 속을 태웠다고 보는 게 합리적이다. 유방 사후 여후가 척희를 인간 돼지인 '인체'로 만드는 잔인한 보복을 가한 것도 이런 맥락에서 이해할 수 있다.

사마천이 「고조본기」를 저술하면서 여후를 데려오는 명을 받은 왕릉에게 많은 지면을 할애한 것도 훗날 빚어지는 '인체'의 비극을 미리 암시코자 하는 의도에서 비롯된 것으로 보인다. 『사기』는 다른 사서와 달리 소설 등에서 흔히 사용하는 이른바 복선 기법을 많이 구사한 것으로 유명하다. 『사기』를 문학적 사서로 부르는 이유다.

당시 유방을 수행해 입관했던 왕릉은 항우의 18왕 봉건을 계기로 원래 자신의 근거지인 남양으로 돌아가 있었다. 유방의 명을 받은 설구와 왕흡은 유방이 입관할 때의 길을 거슬러 내려가 무관에서 남양으로 나온 뒤 왕릉을 만나 동행을 청했다. 남양에서 한나라 땅을 거쳐 패현의 풍읍으로 가고자 한 것이다. 당초 왕릉은 유방이 처음으로 입관했을 때만 해도 하남성 남양에 머물며 유방을 따르려고 하지 않았다. 휘하에 수천 명의 무리가 있었을 뿐만 아니라 한때 자신의 부하처럼 부리던 유방을 수종하는 게 자존심이 상했는지도 모를 일이다. 그러나 상황이 바뀌었다. 한중에 이어 관중까지 손에 넣은 유방은 과거의 유방이 아니었다. 조만간 항우를 제압하고 새 왕조의 황제 자리에 오를지도 모를 일이었다. 왕릉이 이때에 이르러 처음으로 유방에게 귀의한 것도 이런 맥락에서 이해할 수 있다.

항우도 첩보를 통해 왕릉 일행이 유방의 일족을 데려가기 위해 자신의 영지로 들어왔다는 소식을 들었다. 곧바로 한나라 땅과 경계를 이룬 지금의 허난 성 태강현인 양하陽夏로 군대를 급파했다. 이로 인해 왕릉 일행은 오도 가도 못하는 처지에 놓이게 됐다. 이때 함곡관을 빠져나온 유방의 주력 부대가 하남왕 신양을 항복시켰다. 한나라 땅을 지키고 있던 항우의 군사가 물러나면서 이들 일행은 겨우 패현을 향해 떠날 수 있었다. 「진승상세가」에 따르면 당시 항우는 유사시를 대비해 왕릉의 모친을 군중에 잡아 두고 있었다. 왕릉의 사자가 항우의 군영에 이르자 항우는 왕릉의 모친을 동쪽으로 앉혀 놓고 크게 예우하면서 왕릉을 부르고자 했다. 왕릉의 모친이 사자를 배웅하는 와중에 울며 말했다.

"원컨대 나를 위해 왕릉에게 부디 '한왕 유방을 잘 섬겨라. 그는 장자長者이니 끝내 천하를 얻을 것이다. 나로 인해 두 마음을 품지 말라'고 전해 주시오. 나는 죽음으로써 사자를 송별할 생각이오."

그러고는 칼에 엎어져 죽었다. 앞뒤 내용이 『삼국지연의』에서 조조가 가짜 서신을 보내는 식의 술책을 부려 유비의 책사로 활약하던 서서徐庶를 불러오자 서서의 모친이 자진한 것과 사뭇 닮았다. 이것이 정사 『삼국지』의 내용과 다른 것임은 말할 것도 없다. 「진승상세가」는 당시 항우가 대로한 나머지 왕릉의 모친을 삶아 버렸다고 기록해 놓았다. 전후 과정이 너무 극적이어서 항간의 얘기를 그대로 전재했거나 후대인의 가필로 보는 게 옳다. 실제로 당시 항우는 제나라 전영의 반란을 진압하는데 전력을 쏟고 있었다. 왕릉의 모친을 잡아 둔 채 왕릉을 회유할 여유가 없었다. 당시 항우는 서초의 북쪽에 포진한 전영의 연합 세력을 상대로 분전하고 있다가 문득 유방이 관중을 손에 넣었다는 소식을 들었다. 그가 격노한 것은 말할 것도 없다. 태공과 여후는 항우와 유방이 홍구를 기준으로 천하를 반분하는 강화조약을 맺은 이후에 비로소 유방에게 돌아올 수 있었다.

꒰ꐕ꒱ 귀환과 토사구팽

기원전 205년 6월, 유방은 약양으로 돌아온 뒤 여후 소생의 아들 유영을 태자로 삼고, 죄인들을 사면했다. 그가 바로 유방의 뒤를 이어 보위에 오른 혜제이다. 「외척세가」에 따르면 유방 사후 여후의 치세 때 소제少帝 유공劉恭과 유홍劉弘이 각각 4년 만에 잇달아 죽임을 당했다. 여후가 손을 쓴 결과다. 그 뒤를 이어 즉위한 문제文帝의 생모는 원래 위표의 후궁 출신인 박씨薄氏로 위표가 죽은 뒤 유방이 그녀를 거둬 문제를 낳았다.

태공과 여후가 유방의 영채로 송환된 시점은 홍구강화 회담 타결 직후인 기원전 203년 9월이다. 여후의 입장에서 보면 기만적인 홍구강화 회담 덕분에 인질 생활을 끝내고 유방의 본진에 합류할 수 있었다. 사서는 당시 처음으로 대면했을 여후와 척희 사이에 어떤 일이 일어났는지 침묵하고 있다. 유방은 기왕에 해 왔던 대로 척희만 대동한 채 전장을 누볐을 것이다. 여후와 척희가 직접 대면할 시간은 그리 많지 않았을 것으로 보인다. 특별히 기록할 만한 일이 없었을 수도 있다. 그러나 여후는 내심 척희만 끼고 도는 유방에게 적잖은 불만을 품었을 공산이 크다. 아들 유영이 태자로 책립돼 있는 게 위안이라면 위안이었을 것이다. 유방이 두 여인의 충돌을 극력 피하게 만들었을지도 모를 일이다. 이를 두고 이중톈은 여후에 대한 유방의 깊은 신뢰에서 그 원인을 찾았다. 그가 논거로 든 것은 세 가지이다.

첫째, 유영을 태자로 세운 점이다. 여후에 대한 신뢰가 없었으면 불가능했다는 것이다. 그러나 이는 지나쳤다. 유방이 서둘러 유영을 태자에 봉한 가장 큰 이유는 승상 소하를 견제하기 위한 것이었다. 유방은 가장 충성스런 소하도 믿지 못했다. 팽성전투 참패 후 형양에 머물며 힘을 비축하는 와중에 시종 소하가 자신의 궁박한 틈을 이용해 관중을 통째로 들어먹을까 우려했다. 유방의 의심은 소하가 자신의 자손과 형제 등 일족을 병사로 내보낸 뒤에야 어느 정도 가라앉았다. 그렇다고 당시 유방이 의심의 눈초리를 완전히 거둔 것도 아니다. 유영을 서둘러 태자에 봉한 게 그 증거다. 이를 두고 사다케는 형양에서 주력군을 이끌고 있는 처남 여택을 묶어 두기 위한 방책으로 풀이했다. 여후가 항우에게 인질로 잡혀 있는 상황에서 처족인 여씨 일족과 맺어진 끈이 약화될까 우려한 결과라는 것이다. 일리 있는 해석이다.

하나 더 감안할 것은 유방이 유영을 태자로 봉할 당시 한나라 병사들이 황하의 물을 끌어다가 한 해 전인 8월에 포위한 폐구의 성안으로 흘려보내 승리를 거둔 점이다. 폐구는 항우에게 투항한 당대의 명장 장함이 굳게 지키던 곳이었다. 유방은 폐구의 함락으로 관중을 완전히 손에 틀어줄 수 있었다. 심복의 우환을 없앤 것이나 다름없다. 유방은 관중 전체를 3분하여 지금의 산시 성 서안시 동북쪽의 중지中地와 간쑤 성 영현의 북지北地, 간쑤 성 임조현 일대의 농서隴西 등 3개 군을 설치했다. 유영의 태자 책봉은 이런 맥락에서 이해할 수 있다. 새 왕조의 건립을 안팎에 널리 알리고자 한 것이다. 일종의 대세론을 선전 전략으로 펼친 셈이다. 이런 여러 정황을 감안할 때 여후에 대한 신뢰의 논거로 제시한 것은 지나쳤다.

둘째, 여후에게 대신을 임의로 죽일 수 있을 정도의 전결권專決權을 부여한 점을 들었다. 이는 있을 수 없는 일이다. 이중톈은 한신을 제거한 장본인이 여후였다고 주장했으나 이는 결과를 지나치게 확대한 데에 따른 억견臆見이다. 유방이 바보가 아닌 이상 황제만이 독점적으로 보유한 전결권을 부인에게 내려주었을 리가 없다. 여후가 한신을 제거한 것은 죽은 나무에 불을 붙여 재로 만든 것에 지나지 않는다. 한신은 회음후로 강등될 당시 이미 죽은 목숨이나 다름없었다. 진희의 반란에 가담한 것은 궁지에 몰린 나머지 물에 빠진 사람이 지푸라기라도 잡는 심경으로 택한 최후의 단말마에 불과했다. 전결권 운운은 상상의 소산에 지나지 않는다.

셋째, 부부간의 분업을 예로 들었다. 유방이 황제로 등극한 후 자주 친정에 나서면서 후방의 일을 겉으로는 소하에게 맡겼지만 실제로는 여후에게 맡겼다는 것이다. 여후가 유방에게 시집을 온 이후의 행보를 보면 이는 나름 일리가 있다. 유방도 거병한 이후 여후의 정치적 재능을 높이 평가하고 있었다. 의심이 많았던 유방이 안심하고 믿을 수 있는 사람은 여후와 조참 정도밖에 없었다. 공신들을 대거 도륙하는 토사구팽의 유혈 작업에서 여후의 머리와 손을 빌리고자 했을 가능성이 매우 높다. 「여태후본기」에 나오는 사마천의 평이 그 증거다.

"여후는 사람됨이 굳세고, 고조를 도와 천하를 평정했다. 유력한 공신을 제거하는 데는 그녀의 공이 컸다."

당시 유방은 한신을 토사구팽한 후 그를 유인하는데 공을 세운 소하를 승상에서 상국相國으로 높이고 5천 호를 더해 주었다. 소하를 끌어들인 장본인이 바로 여후이다. 여후의 후흑이 예사롭지 않았음을 방증하는 대목이다.

🌀 유씨의 천하에 칼날을 겨누다

유영이 혜제로 즉위하자 태후가 된 여후는 수렴청정에 들어갔다. 여후는 잠재적인 위협이 될 인물들을 모조리 제거할 생각이었다. 당초 유방에게는 모두 8명의 아들이 있었다. 첫째는 조씨 소생의 제도혜왕齊悼惠王 유비, 둘째는 여후 소생의 효혜제孝惠帝 유영, 셋째는 척부인 소생의 조은왕趙隱王 유여의, 넷째는 박씨 소생인 효문제孝文帝 유항이다. 다섯째는 양왕梁王 유회로 여후 집정 때 조공왕趙共王으로 옮겨졌다. 여섯째는 회양왕淮陽王 유우로 여후 집정 때 조유왕趙幽王으로 옮겨졌다. 일곱째는 회남여왕淮南厲王 유장, 여덟째는 연왕燕王 유건이다. 가장 눈에 거슬렸던 것은 조은왕 유여의였다. 여후는 궁정 감옥 담당 관원에게 명하여 척부인을 잡아 가둔 뒤 이내 머리를 깎고 붉은 죄수복을 입은 채 방아를 찧게 했다. 이어 사자를 조나라로 보내 유여의를 불렀다. 사자가 세 번이나 갔으나 조나라 상국 주창이 사자에게 이같이 말했다.

"선제가 신에게 조왕을 부탁했소. 왕은 아직 나이가 어리오. 내가 듣건대 태후가 척부인을 원망한 나머지 조왕도 불러 함께 주살하려 한다고 하니 감히 조왕을 보낼 수 없소. 게다가 지금 왕은 병이 들어 조서를 받들 수 없소."

태후가 노해 이내 사람을 시켜 먼저 주창을 소환했다. 주창이 장안에 이르자 사람을 시켜 다시 조왕을 불렀다. 조왕이 한단을 출발해 아직 장안에 도착하지 않았을 때 혜제는 태후가 노한 것을 알고 친히 조왕을 파상灞上에서 영접해 함께 입궁했다. 늘 같이 다니면서 기거하고 음식을 함께하는 바람에 여후는 조왕을 죽이려고 했지만 기회를 얻을 수가 없었다.

기원전 195년 12월, 혜제는 아침 일찍 사냥을 나갔는데 유여의는 아직 열두 살에 불과해 일찍 일어날 수가 없었다. 그 틈을 타 태후가 사람을 시켜 짐독을 갖고 가 조왕에게 먹이도록 했다. 혜제가 돌아와 보니 유여의는 이미 죽어 있었다. 여후는 이어 척부인에게 잔인한 짓을 서슴지 않았다. 손과 발을 자르고, 눈알을 빼내고, 뜨거운 쇠꼬챙이로 귀를 지져 귀머거리로 만들고, 약을 먹여 말을 못 하게 했다. 그런 다음 측간에 놓아두고 사람 돼지란 뜻의 인체라고 불렀다. 며칠 뒤 여후는 혜제를 불러 인체를 보게 했다. 혜제는 좌우에 물어 인체가 곧 척부인이라는 사실을 알고는 대성통곡했다. 이로 인해 이내 병이 나 1년여 동안 일어나지 못할 지경이었다. 혜제는 사람을 보내 여후에게 말했다.

"이는 사람이 할 바가 아닙니다. 신은 태후의 아들입니다. 그러나 저는 끝내 다스릴 수 없습니다."

이날 이후 혜제는 매일 술을 마시며 정사를 돌보지 않았다고 한다. 유여의에 이어 제도혜왕 유비도 지옥의 문턱까지 갔다 와야만 했다. 유비는 장안으로 와 혜제를 알현한 뒤 주연에 참석하게 됐는데 여후 앞에서 술을 마실 때 혜제가 유비를 집안의 형으로 대우해 상좌에 앉게 했다. 이를 본 여후는 노해서 제왕 유비 앞에 독이 든 술을 따라 놓고 이를 마시게 했다. 제왕 유비가 술을 마시러 일어나자 혜제가 같이 일어나 술잔을 빼앗았다. 여후는 황급히 혜제가 든 술잔을 엎어 버렸다. 그 모습을 본 유비는 더 이상 마시지 않고 거짓으로 취한 척해 자리를 피했다. 이때 제나라 내사內史가 유비에게 충고했다.

"태후의 마음속에는 오직 황상과 노원공주만 있습니다. 대왕은 70여 개의 성을 갖고 있지만 노원공주는 단지 몇 개의 식읍만 갖고 있습니다. 대왕이 성양군城陽郡을 노원공주의 탕목읍으로 바치면 태후는 분명 크게 기뻐할 것입니다."

그렇게 하자 과연 크게 기뻐한 여후는 이내 유비를 봉지로 돌아가게 했다. 이후에도 여후는 이런저런 구실을 만들어 회양왕 유우를 굶어 죽게 하고, 양왕 유회를 자진하게 했다. 조금이라도 반항의 기미를 보이면 가차 없이 제거한 것이다. 주목할 것은 여후가 척희를 인체로 만든 뒤 며칠 안 돼 혜제를 끌고 가 인체가 돼 있는 척희의 참혹한 모습을 보여 준 점이다. 왜 그랬을까? 여러 해석이 있으나 혜제를 허수아비 황제로 만들어 놓고 실질적으로 천하를 거머쥐고자 한 것으로 해석한 게 가장 그럴듯하다.

여후와 유방의 결합을 정략결혼으로 파악할 경우 유방과 합작해 만들어 낸 혜제는 어디까지나 권력을 장악하기 위한 소도구에 불과하다. 그가 보위에 올라 이미 목적을 달성한 만큼 혜제는 있어도 그만, 없어도 그만인 셈이다. 그가 자기 목소리를 내며 모후의 섭정에 이의를 제기할 경우에는 오히려 제거 대상이 될 소지가 컸다. 여후가 인체를 보여 주었을 때 심약한 혜제가 "이는 사람이 할 짓이 아니다" 운운한 것은 자포자기의 심정을 반영한 것으로 보인다. 그러나 사마광은 『자치통감』에서 이같이 질타했다.

"자식이 되어 부모에게 과오가 있으면 간하고, 간해도 듣지 않으면 울며 따라야 한다. 어찌 선제의 제업帝業을 지켜 천하의 주인이 된 몸으로 모친의 잔혹한 행위를 차마 볼 수 없다고 하여 끝내 나라를 버리고 백성을 돌보며 아끼지 않은 채 멋대로 주색에 빠져 몸을 손상시킬 수 있단 말인가? 혜제는 '작은 인혜仁惠에 얽매여 천하의 대의를 몰랐다'는 지적을 받을 만하다."

옳은 얘기이기는 하나 아무래도 지나쳤다. 혜제의 경우는 말만 태자였지 태어난 이후 차분히 후계자 수업을 받을 시간이 없었다. 팽성전투 당시 항우 군사의 내습을 피해 피난민과 함께 달아날 때 혼란 속에 여후와 헤어진 뒤 여동생인 노원공주와 함께 길을 헤매다가 요행히 부친을 만난 적이 있다. 그러나 부친의 발길질에 차여 여러 차례 수레 밖으로 굴러 떨어지는 충격적인 일을 당했다. 하후영 덕분에 간신히 목숨을 구했으나 이때의 충격은 그를 심약한 인간으로 만드는데 결정적인 배경이 됐다. 태자가 된 후에도 그는 부황인 유방의 눈 밖에 나 눈치를 살펴야만 했다. 제업 운운은 정식으로 태자 교육을 받은 경우에나 적용할 수 있는 얘기다.

꩜ 여씨 일족의 몰락

혜제가 재위 8년째 되는 기원전 188년에 자식도 없이 죽자 여후는 전에 황후 장씨張氏의 소생으로 둔갑시킨 혜제의 후궁 소생인 소제少帝 유공劉恭을 보위에 앉혔다. 명실상부한 섭정을 시작한 그녀는 오랫동안 가슴속 깊이 감춰 두었던 야심을 표면화했다. 유방이 토사구팽을 마무리한 후 유씨 이외의 다른 성씨는 제후왕에 봉해서는 안 된다고 못 박은 명을 어기고 여씨를 대거 제후왕에 봉한 것이다. 여후의 치세 때 소제 유공이 유폐돼 횡사한 것도 같은 맥락이다.

유공은 철이 들면서 자신의 생모가 비참하게 죽은 사실을 알고는 복수를 하겠다고 떠벌렸다. 여후가 이 소식을 듣고는 곧바로 사람을 시켜 소제를 깊숙한 곳에 유폐한 뒤 군신들을 불러 놓고 이같이 말했다.

"천하를 소유하고 만민을 다스리는 자는 하늘처럼 만물을 덮고 땅처럼 만물을 용납할 줄 알아야 하오. 황제가 자애로운 마음으로 백성을 다스려야 백성도 성심으로 황제를 모시는 법이오. 지금 폐하의 병이 깊어 정신이 온전치 못하니 천하를 맡기는 게 무리인 듯싶소."

그러자 군신들이 입을 모아 대답했다.

"태후께서 천하의 백성과 종묘사직을 안정시키기 위해 이같이 말씀하시니 신들은 오직 명을 따를 뿐입니다."

여후는 유공을 폐위한 지 얼마 안 돼 죽여 버린 뒤 후소제後少帝 유홍劉弘을 보위에 앉혔다. 유홍의 재위가 5년째 되던 기원전 180년 7월, 여후는 병이 심해지자 일족의 조카인 조왕 여록을 상장군으로 삼아 도성을 지키는 북군을 지휘하게 하고, 또 다른 조카 여왕 여산은 황궁을 지키는 남군을 장악토록 조치했다. 군사권을 장악해야 권력을 계속 유지할 수 있다는 사실을 통찰하고 있었던 것이다. 이어 여록과 여산에게 이같이 당부했다.

"여씨가 왕이 된 것을 놓고 대신들이 불평하고 있다. 내가 죽으면 황제의 나이가 어려 대신들이 변란을 일으킬까 걱정이다. 반드시 군사를 장악해 궁궐을 지키고, 결코 나로 인해 장례에 참석하는 바람에 다른 사람이 군사를 장악하는 일이 없도록 해야 한다."

원래 남군은 미앙궁을 비롯한 장안성 내의 궁궐에 대한 수비를 전담한 까닭에 정예병인 위사衛士들로 구성돼 있었다. 남군의 명칭은 위사들이 장안성의 남쪽에 위치한 미앙궁에 주둔한 데 따른 것이었다. 남군은 한무제 때 절반으로 감축되기는 했으나 초기만 하더라도 각 군국에서 번갈아 차출된 약 2만 명의 정예병으로 구성되어 있었다. 남군의 총책인 위위衛尉 휘하에는 남궁과 북궁의 경비를 책임진 남궁위사령南宮衛士令과 북궁위사령北宮衛士令이 있었고, 이들 위사령 휘하에는 궁정 순찰을 담당하는 좌우도후左右都候와 궁궐 및 궁문의 경비를 담당하는 사마司馬가 있었다. 이 밖에도 각종 문서와 공물을 수발하는 공거사마령公車司馬令도 위위의 휘하에 있었다. 특이한 경우로 궐내 전각의 수비를 책임지고 있는 낭위郎衛를 들 수 있다. 의랑議郎과 중랑中郎, 시랑侍郎, 외랑外郎 등으로 구성된 낭위는 남군에 속해 있으면서 황명을 직접 하달받는 낭중령郎中令의 지휘를 받았다. 이들은 숙위하며 황명을 수발하고 황제의 자문에 응하는 역할을 담당한 까닭에 문무를 겸비한 낭관郎官들로 구성되었다. 고관의 자제나 군공이 있는 양가의 자제 중에서 미래의 장상將相이 될 만한 자격을 갖춘 자를 엄선해 충원한 이유다. 낭위는 황제가 가장 신임하는 부대이기도 했다.

　북군은 경성인 장안성의 수비와 치안을 전담하고 있었다. 북군의 명칭은 장안성의 위수군衛戍軍이 장안성의 북쪽에 주둔한 데서 비롯된 것이다. 이들은 평소 북군의 총책인 중위中尉의 지휘를 받아 장안성의 수비를 맡고 있다가 전쟁과 같은 돌발 사건이 빚어지면 황제가 임명한 장수를 좇아 전원 전쟁에 참가해야만 했다. 중위는 휘하에 위수渭水 남쪽의 장안성을 포함해 위수 북쪽에 있는 진나라 때의 함영인 위성渭城과 그 서쪽 지역을 경비하는 3명의 도위都尉를 두고 있었다. 훗날 한무제는 장안성과 그 동쪽 지역을 경조京兆 및 장릉長陵, 위성 일대를 좌풍익左馮翊, 위성 서쪽 일대를 우부풍右扶風 등의 삼보三輔로 개편한 뒤 북군을 대폭 확충했다. 그 결과로 나온 것이 중루中壘와 월기越騎, 보병步兵, 장수長水, 사성射聲, 둔기屯騎, 호기胡騎, 호본虎賁 등의 8교위八校尉였다. 이들 교위는 각기 8백 명의 군사를 거느렸다. 이때 중위의 명칭도 집금오執金吾로 바뀌었다. 이는 주력군을 기병 순찰대로 바꾼 데 따른 것이다. 후한은 8교위를 둔기·월기·보병·장수·사성 등 5교위로 정리한 뒤 별도로 성문에 주둔하며 성문의 수비를 전담하는 성문교위城門校尉를 두었다. 이를 통해 알 수 있듯이 여씨 일족이 남군과 북군을 장악하고 있는 한 이들을 제거하는 것은 사실상 불가능한 일이었다.

　이해 7월 30일, 여후는 천하에 대사령을 내린 뒤 여왕 여산을 상국, 여록의 딸을 황후로 삼는다는 유조를 내렸다. 장례가 끝난 뒤 유조에 따라 좌승상 심이기가 후소제 유홍의 태부가 되었다. 여후는 8년 동안 사실상의 여제로 군림하면서 장차 여씨 천하를 만들기 위한 만반의 조치를 취한 뒤 숨을 거둔 셈이다. 여씨 천하를 만드는 것은 전적으로 조카 여록과 여산의 몫이었다. 여후가 죽기 전에 이미 조정을 비롯해 지방 장관에 이르기까지 모두 여씨 일당으로 채워져 있었다. 적당한 시기에 어린 황제 유홍으로부터 선양만 받으면 끝나는 일이었다. 이는 전한 말기 왕망이 써먹은 수법이기도 하다. 여록과 여산이 왕망처럼 지략이 있었으면 능히 여씨의 나라를 만들 수 있었다. 당시 여후가 죽자마자 주허후朱虛侯 유장劉章은 여씨 일족의 반란 음모를 미리 알아채고는 사람을 자신의 형인 제왕齊王 유양劉襄에게 보내 즉시 거병토록 했다. 여록의 딸을 처로 삼은 덕분이었다. 주허후 유장의 속셈은 제왕 유양이 거병해 서진하면 곧바로 내응해 여씨 일족을 제거한 뒤 새 황제로 옹립해 실권을 장악하는 데 있었다. 원래 제왕 유양의 장인 사균駟鈞은 매우 흉포한 인물이었다. 만일 제왕이 보위를 차지할 경우 또다시 척족세력의 대두가 불가피했다. 이런 급박한 상황에서 진평은 육가陸賈를 매개로 그간 소원한 관계에 있던 태위 주발과 손을 잡고 여씨 척족 제거를 위한 치밀한 공동 작전을 전개했다. 그는 여록과 가까운 역기酈寄를 끌어들여 마침내 여록이 상장군의 인수를 주발에게 넘기도록 만드는 데 성공했다. 주발은 역기의 감언이설에 넘어간 여록이 망설이는 틈을 이용해 제왕 유양의 서진을 저지한데 이어 곧바로 북군으로 들어가 군권을 장악했다. 그러나 아직도 여산이 장악한 남군이 남아 있었다. 여산은 황제가 머물고 있는 미앙궁에 주둔하며 2만 명에 이르는 남군을 장악하고 있었던 까닭에 아무리 북군을 장악했을지라도 남군과의 교전에서 승리를 장담하기가 어려웠다. 자칫 여산이 어린 황제의 이름으로 토역의 기치를 내세울 경우 명분에서 밀려 패배를 자초할 소지가 컸다.

이에 진평과 주발은 여록이 북군의 병권을 포기했다는 소문을 퍼뜨리면서 미앙궁을 지키는 위사령에게 여산의 미앙궁 입궁을 막도록 설득했다. 여록이 북군을 떠났다는 소식을 미처 듣지 못한 여산은 이내 미앙궁으로 들어가 난을 일으키고자 했으나 위사들의 제지로 입궁하지 못한 채 주위를 배회하는 우유부단한 모습을 보였다. 이때 주허후 유장이 이끄는 군사가 다가오자 여산은 여록이 자기를 구원하러 온 것으로 착각했다. 얼마 후 일이 틀어진 사실을 뒤늦게 눈치챈 여산은 급히 도주했으나 이내 낭중부郞中府의 측간에서 피살되고 말았다. 곧이어 일시 도주에 성공했던 여록이 살해되고, 여후의 여동생으로 개국공신 번쾌樊噲의 아내였던 여수呂嬃는 채찍을 무수히 맞고 죽었다. 이로써 한고조 유방 사후 여후가 사망할 때까지 총 15년간에 걸쳐 진행된 사상 최초의 척벌정치戚閥政治가 막을 내렸다.

최초의 여제, 여후

중국의 전 역사를 통틀어 여인의 몸으로 황제의 자리에 오르거나 태후의 자리에서 황제의 대권을 휘두른 인물은 크게 3명이다. 한고조 유방의 부인 여후와 당태종의 후궁 출신인 측천무후, 청나라 말기 함풍제의 부인 서태후가 그들이다. 여후와 서태후는 황제의 자리에만 오르지 않았을 뿐 사실상의 여제나 다름없었다. 효시가 바로 여후였다. 여후는 비록 수렴청정의 방식으로 천하를 다스렸지만 나름 볼만했다. 몇 가지 사례를 들면 우선 유방조차 곤욕을 치른 흉노를 설복한 점을 들 수 있다. 혜제 3년, 흉노의 선우單于 모돈冒頓이 여후를 희롱하는 내용의 서신을 보냈다. 그 내용이 극히 외설스럽고 오만했다.

"나는 적막한 군주이다. 북방의 황량한 초원지대에서 태어나고 말들이 무리를 이루고 있는 들판에서 자라 여러 차례 변경에 이르러 중국의 중심지로 깊숙이 들어가 한번 놀아 보기를 바랐다. 너의 남편이 죽었으니 빈방을 참기 어려울 것으로 생각한다. 우리 두 사람은 이미 그리 즐겁게 살지 못하고 있고, 자신을 즐겁게 할 방법이 없다. 네가 나에게 시집와 각자 자기가 있는 것을 가지고 자기에게 없는 것과 교환하는 게 어떠한가?"

여후가 대신들을 소집해 토벌 방안을 논의하게 했다. 그러자 번쾌가 말했다.

"원컨대 신이 10만의 병사를 이끌고 가 흉노 땅을 횡행하고자 합니다."

이 말을 듣고 중랑장中郎將 계포季布가 발끈했다.

"번쾌는 응당 참해야 합니다. 전에 평성平城에서 흉노에게 포위당했을 때 한나라의 군사는 32만 명이었고 번쾌는 상장군이었는데도 그 포위를 풀지 못했습니다. 아직 상처를 입은 병사들이 일어나지도 못하는 상황인데도 번쾌는 또다시 천하를 요동시킬 생각으로 망언을 하고 있습니다. 이는 황제의 면전에서 속이는 짓입니다. 이적夷狄은 마치 금수와 같은 까닭에 그들이 하는 듣기 좋은 말은 즐거워하기에 부족하고, 듣기 싫은 말 또한 화를 내기에 부족합니다."

"옳은 말이오."

여후 스스로 심히 겸손한 태도로 흉노선우 모돈에게 사의를 표하면서 수레 2대와 말 8필을 함께 보냈다. 이에 흉노선우 모돈이 다시 사자를 보내와 사례했다.

"일찍이 중국의 예의가 어떠한지 들어본 적이 없어 결례했으나 폐하가 다행히 이를 너그러이 용서해 주었습니다."

흉노선우 모돈은 이러한 서신과 더불어 말을 함께 바쳤다. 이로써 마침내 서로 화친하게 되었다. 이처럼 큰 틀에서 볼 때 여후의 치세는 나름 평가할 만했다. 그만큼 정치적 수완이 뛰어났다. 사마천이 바로 그런 입장에 서 있었다. 그는 「여태후본기」의 사평에서 이같이 말했다.

"여태후가 수렴청정을 행하는 동안 백성들은 전란의 고통에서 벗어났고, 군주와 신하 모두 무위지치無爲之治를 하며 편히 휴식했다. 혜제의 치세 때 그는 팔짱을 긴 채 태평한 세월을 즐겼고, 모후인 고후高后 여태후가 천자의 권한을 대행했다. 혜제 이후에도 그녀가 수렴청정을 하는 동안 천하가 평안했다. 형벌도 극히 적게 사용됐고, 죄인 또한 매우 드물었다. 백성들이 농사에 전념하자 자연히 입고 먹는 것이 절로 풍족해졌다."

이러한 평가는 권력 투쟁의 속성과 결과 등을 사관의 냉정한 눈으로 바라보았기에 가능한 일이다. 사마천이 「여태후본기」를 「고조본기」 바로 다음에 편제한 것도 바로 이 때문이다. 「진본기」와 「진시황본기」를 나눠 기술한 것과 닮았다. 천하를 호령하는 권력이 어디에서 비롯된 것인지를 기준으로 하여 「본기」를 편제한 결과다. 당시 여후는 여씨 일족을 제후왕에 봉해 자신의 권력 기반을 다지면서 무소불위의 대권을 행사했다. 여후가 진평보다 조금만 더 오래 살았다면 유씨 천하는 자연스럽게 여씨 천하로 바뀌었을 공산이 컸다. 실제로 전한 제국 말기 외척인 왕망은 무혈혁명을 통해 유씨 나라를 왕씨의 나라로 바꾸는 데 성공했다.

여후는 성품도 강했지만 탁월한 정치 감각을 지니고 있었다. 죽기 직전에 조카인 여록과 여산을 각각 상장군과 상국에 임명해 북군과 남군을 장악하게 한 것이 그렇다. 여록과 여산에게 자신의 장례식에도 참석하지 말고 황제가 머무는 궁궐과 도성인 장안성 일대를 굳게 지키며 군권을 확고히 장악할 것을 신신당부한 것도 같은 맥락이다. 남군과 북군이 각각 미앙궁과 장안성의 수비를 전담한 것을 최대한 활용하고자 한 것이다. 그러나 이들은 결코 모든 면에서 진평의 적수가 될 수 없었다. 당시 진평이 구사한 계책은 『귀곡자』에 나오는 모려술謀慮術의 압권에 해당한다. '모려'는 모략과 같은 말이다. 모략이 통상 나쁜 의미로 사용되고 있기는 하나 원래의 의미는 책략의 큰 줄거리인 대략大略을 도모한다는 뜻이다. 모략을 구사할 때 주의할 점은 상대의 심리 변화에 따라 계책도 수시로 바꿔야 한다는 것이다.

최고의 모략은 계책을 세우는 데서 한 발 더 나아가 상대를 꼼짝 못하게 제압하는 것이다. 병법에서 군사 동원을 하지 않은 채 상대방을 제압하는 부전승不戰勝과 취지를 같이한다. 진평이 구사한 모략이 바로 이와 같다. 그가 구사한 모략의 진면목은 여후의 눈초리를 피해 숨을 죽인 채 깊이 몸을 사리고 있다가 여후가 죽자마자 전광석화처럼 일어나 여씨 일족을 제압한 데 있다. 그토록 정치적 수완이 뛰어났던 여후는 왜 생전에 진평의 모략을 전혀 눈치채지 못한 것일까? 여후가 너무 방심했던 것일까, 아니면 진평의 모략이 너무 완벽했기 때문이었을까? 결과적으로 여후가 추구한 '여씨 천하'의 꿈은 진평으로 인해 물거품이 되고 말았다. 그럼에도 여후의 리더십은 여러 면에서 높이 평가할 만하다. 안팎으로 무위지치를 구사해 백성을 편히 쉬게 하면서 변경을 안정시켰고, 일련의 민생 안정 대책으로 백성들이 입고 먹는 일에 부족함이 없도록 만든 게 그렇다. 고금을 막론하고 통치는 백성들이 먹고사는 일에 부족함이 없도록 만드는 데서 시작한다. 정치적 야심이 컸던 여후가 여씨 천하를 만들고자 한 것도 크게 나무랄 일이 아니다. 천하강산이 반드시 유씨 천하여야 할 이유는 없기 때문이다.

후흑학의 관점에서 볼 때 여후가 보여 준 일련의 행보는 면후심흑의 정수에 해당한다. 내색을 전혀 하지 않은 채 꾹 참고 있다가 유방 사후 비록 잔인한 방법이기는 했으나 척희와 그의 소생을 일거에 제거한 게 그렇다. 면후의 대가가 아니면 구사할 수 없는 행동이었다. 수렴청정의 와중에 유씨의 나라를 사실상 여씨의 나라로 만든 것은 심흑의 진수가 어디에 있는지를 극명하게 보여 준다. 만일 여록과 여산이 사마의의 자식인 사마사와 사마소 정도의 지략을 지니고 있었다면 유씨의 한나라는 진즉 여씨의 나라로 바뀌었을 것이다. 면후심흑의 대가인 진평이 살아 있었던 게 불행이라면 불행이랄 수 있다.

오늘날 21세기 스마트 혁명 시대의 관점에서 보면 여후는 먼 앞날을 내다보고 온갖 굴욕과 어려움을 참아내면서 마침내 자신이 바라던 여씨 천하의 모든 기반을 확고히 닦는 데 성공한 인물이다. 비록 여인의 몸이기는 했으나 난세의 영웅에 해당한다. 그녀의 꿈이 무산된 것은 여씨 일족 가운데 그녀가 보여 준 수준의 포부와 기량을 지닌 자가 없었기 때문이지 그녀의 비전과 능력, 수완이 부족했기 때문은 아니다.

제4장

면후심백

面 厚 心 白

― 두꺼운 얼굴에 하얀 마음으로 천하에 나서다

면후심백面厚心白에 속하는 인물로는 한신과 소하, 조참을 들 수 있다.

한신은 전쟁의 신이라 불릴 만큼 뛰어난 무략을 자랑했다. 그는 젊었을 때 가랑이 사이를 지나갈 만큼
면후에 뛰어났으나 유방의 후흑을 간파하지 못하고 결국 토사구팽 당하고 말았다.

소하 역시 승상이라는 자신의 직책을 내던지고 도망가는 한신을 붙잡을 만큼 낯가죽이 두꺼웠으나
유방의 의심을 피하지 못할 만큼 심백한 인물이었다. 조참 역시 무위로 대변되는 그의 행보에서 보듯이
면후에 능했으나 필부의 용맹을 과시했다는 측면에서 심흑에 밝지 못했다.

한신편 상황에 맞춰
신속히 변신하다

韓信 초한지제는 3명의 걸출한 전략가가 동시에 출현해 사활을 건 일대 접전을 벌인 점에서 매우 특이하다. 한신과 항우, 진나라 장수 장함이 그들이다. 사서는 장함의 활약을 간략히 소개하는데 그쳤으나 그 역시 한신과 항우에 못지않은 당대 최고의 전략가였다. 욱일승천의 기세로 함양을 압박한 반진 세력의 우두머리인 진승과 항량을 차례로 패사하게 만든 게 그렇다. 진나라 조정이 어지럽지만 않았다면 항우를 당대 최고의 전략가로 각인시킨 거록전투의 향방이 어찌될지 알 수 없었다. 관중으로 진출할 당시 한신은 항우에 의해 옹왕에 봉해진 장함과 일전을 겨뤄 승리를 거뒀다. 사람들의 뇌리에 한신이 장함보다 한 수 위라는 인식을 각인시킨 사건이다. 이후 한신은 다시 최후의 결전에서 항우의 군사를 격파했다. 이로써 한신은 장함은 물론 항우보다도 더 뛰어난 전략가라는 인식이 널리 퍼지게 되었다. 실제로 오랫동안 많은 사람들이 그를 중국의 전 역사를 통틀어 가장 위대한 전략가로 꼽아 왔다. 21세기에는

이러한 평가가 더 심해진 느낌이다. 이중톈이 초한지제의 영웅들을 집중 조명한 백가강단 강의에서 한신을 유방에 앞서 다룬 게 그렇다.

당시의 정황에 비춰 한신과 항우, 장함 가운데 객관적으로 누가 더 뛰어난 전략가인지 여부를 가리는 것은 결코 쉬운 일이 아니다. 장함은 비록 외양상 항우와 한신에게 잇달아 패하기는 했으나 그 내막을 보면 정면으로 맞붙어 패한 게 아니었다. 그의 패배는 어지러운 정국 상황으로 인해 의기소침해진 상황에서 소극적으로 임한 데 따른 것이다.

항우 역시 최후의 결전에서 한신에게 패하기는 했으나 이 또한 정면으로 맞붙어 패한 게 아니다. 병력의 차이가 워낙 컸던 데다가 퇴로마저 봉쇄된 매우 불리한 상황에서 패한 까닭에 무략이 한신보다 떨어진다고 단정하기는 어렵다. 백전백승을 거둔 항우가 마지막 결전에서 패한 데에는 유방이 한신 등과 손잡고 사방에서 대군을 동원해 일시에 협공을 가한 게 결정적으로 작용했다. 아무리 뛰어난 전략을 자랑할지라도 정치 수완에서 밀리면 최후의 승리를 거두기 어렵다는 사실을 웅변적으로 보여 주는 사례이다.

한신이 당대 최고의 전략가인 장함과 항우를 잇달아 격파한 데에는 지는 해와 떠오르는 해가 자리를 뒤바꾸는 왕조 교체기의 도도한 흐름이 크게 작용했다. 초한지제의 전 기간을 총체적으로 개관하면 항우가 오히려 한신보다 더 뛰어났던 게 아닌가 하는 생각이 들게 하는 장면이 많다. 팽성을 점령한 56만 명의 유방 연합군을 항우가 겨우 3만 명의 기병을 이끌고 들이닥쳐 궤멸 직전까지 몰아간 팽성전투가 그렇다. 당시 한신은 비록 유방 연합군을 직접 지휘하지는 않았지만 주력군을 이끈 한나라 대장군으로서 패전의 책임을 면하기는 어렵다. 물론 유방이 안도의 한숨을 내쉬며 재차 반격할 시간을 벌게 된 것은 전적으로 한신이 항우군을 강력히 저지한 덕분이기는 하다. 그러나 이는 사후 수습일 뿐 사전예방은 아니다. 항우가 기습 공격을 가할 수도 있다는 점을 미리 내다보지 못한 책임은 한신이 지는 게 마땅하다. 전략 싸움에서 항우에게 패한 것이나 다름없다.

일각에서는 유방이 곤경에 처했을 때 한신이 적극 구원에 나서지 않은 배경을 두고 항우와 직접적으로 맞부딪치는 것을 두려워했기 때문으로 보고 있다. 약간 지나친 감이 있기는 하나 전혀 근거가 없는 것도 아니다. 그런 점에서 항우가 무략 면에서 한신보다 한 수 아래라고 단정하는 것은 적잖이 문제가 있다. 삼자 간의 우열은 그야말로 미세한 차이에 지나지 않는다. 다만 종합적으로 분석할 때 한신이 두 사람보다 약간 앞서는 느낌을 주는 것만은 분명하다. 항우나 장함이 패망한 쪽에 서 있는 점이 적잖이 작용하고 있기는 하나 그가 세운 전공이 그만큼 현란하다는 얘기다. 사서의 기록을 보면 한신은 그 누구에게도 패한 적이 없다. 토사구팽을 당한 후 그가 거둔 현란한 전공이 대거 휘하 장수 조참의 몫으로 둔갑한 점을 감안하면 그의 전공은 사서의 기록보다 더 높이 평가할 필요가 있다. 후대인이 그를 전신戰神으로 추앙한 것이 결코 근거 없는 일이 아님을 알 수 있다. 실제로 전승 사례를 보면 그가 『손자병법』을 비롯한 역대 병서에 나오는 모든 종류의 병법을 얼마나 훤히 꿰고 있었는지 단박에 알 수 있다. 더욱 놀라운 것은 상황에 따라 병법 원리를 거꾸로 응용해 승리를 거둔 점이다. 모든 병서를 관통하는 키워드인 임기응변臨機應變의 요체를 꿴 것이다. 이러한 임기응변에 도움이 될 수 있는 대표적인 용병 사례로 크게 네 가지를 들 수 있다. 관중을 점거할 때 사용한 암도진창暗渡陳倉, 위나라를 격파할 때 써먹은 의병도군疑兵渡軍, 조나라 공략 전술로 인구에 회자하는 배수지진背水之陣, 제나라 구원에 나선 초나라 군사를 수공으로 깨뜨린 유수지전濰水之戰이 그것이다.

꩜ 적의 배후를 노리다

『손자병법』은 첫 편인 「시계」에서 병법의 요체는 한마디로 적을 속이는 궤도詭道에 있다고 단언했다. 관중을 점거할 때 사용한 암도진창이 바로 궤도의 전형에 해당한다. 암도진창 일화는 너무나도 유명한 까닭에 『삼십육계』의 제8계로 채택돼 있다. 해당 대목이다.

"암도진창은 몰래 진창을 건넌다는 뜻으로 정면에서 공격하는 척하며 우회한 뒤 적의 배후를 치는 계책이다. 짐짓 아군의 의도를 모르는 척 내보이며 적으로 하여금 엉뚱한 곳을 지키게 만든 뒤 그 틈을 노려 은밀히 적의 배후로 다가가 습격한다."

이는 한신이 구사한 용병술의 진수를 요약해 놓은 것이나 다름없다. 당시 표면상 한중에서 관중으로 직행하는 길은 없었다. 항우를 안심시키기 위해 한중으로 들어올 때 함양에 가장 빨리 도달할 수 있는 이른바 자오도子午道의 잔도를 불태웠기 때문이다. 자오도의 잔도를 복구하려면 시간이 많이 걸렸다. 수비 책임을 맡고 있는 장함이 이를 방치할 리 없다. 그렇다면 한신은 어떻게 관중으로 진출한 것일까? 비록 우회로이기는 하나 한중에서 관중으로 들어가는 루트로 자오도 이외에 포사도褒斜道가 있었다. 이는 진령의 남쪽 경사면을 흐르는 포수褒水의 원류까지 더듬어 올라간 뒤 진령 북쪽 경사면을 흐르는 사수斜水를 따라 관중 분지로 내려가는 루트이다. 포사도를 이용해 진령을 넘어갈 경우 곧바로 옹왕 장함의 도읍인 폐구廢丘 근처로 나오게 된다. 폐구에서 함양까지는 마주 보며 손짓해 부를 만한 거리였다. 포사도를 이용할 경우 이웃한 사마흔 과 동예가 곧바로 장함과 합세할 우려가 컸다. 한신이 3진의 제후왕과 전 면전을 벌일 경우 승산은 희박했다.

마지막으로 하나 더 생각할 수 있는 길이 있었다. 일단 한중의 도읍인 남정에서 포사도로 들어간 뒤 서쪽으로 방향을 틀어 현재의 산시 성 봉 현 주변으로 들어갔다가 옛 길을 통해 대산관大散關에서 지금의 산시 성 보계시인 진창으로 빠져나오는 길이 그것이다. 이 노선은 이리저리 우회 하기는 하나 대산관까지 한중과 촉 땅의 북부를 거치는 까닭에 군사 이 동의 정보가 새어 나갈 우려가 없었다. 더 중요한 것은 파촉 일대에서 조 달되는 군수 물자를 넉넉히 활용할 수 있다는 점이었다. 소하는 남정에 들어오자마자 곧바로 파촉과 한중을 하나로 묶는 명령 체계를 정비하 면서 두 지역을 잇는 잔도를 보수한 바 있다. 덕분에 파촉의 풍부한 물자 가 잔도를 통해 남정으로 속속 옮겨졌다.

옹왕 장함의 입장에서 보면 진창은 봉지의 서쪽 가장자리에 있다. 지 금의 산시 성을 중심으로 한 관중 분지 전체의 관점에서 볼 때 가장 서 쪽에 위치한 협소한 지형에 해당한다. 유방의 군사가 이 루트를 타고 침 공하면 사마흔과 동예의 응원을 받기가 어렵게 된다. 실제로 한신의 군 사가 이 길을 통해 관중으로 진격했을 때 방어에 나선 것은 오직 옹왕 장함의 군사밖에 없었다. 삼국시대 당시 제갈량도 마지막 북벌에 나서 면서 관중으로 진격할 때 이 노선을 택했다. 당시 그는 분지 서쪽에 둔전을 마련하는 등 자급 체계를 갖췄다. 그때 진을 친 곳이 바로 오장원이다. 이는 진창에서 동쪽으로 50킬로미터 더 들어간 위수의 남쪽 강변에 있는데 포사도의 북쪽 출구에서 매우 가깝다. 오장원은 해발 650미터이기는 하나 산기슭으로부터의 높이는 겨우 120미터에 지나지 않는 까닭에 얼핏 소규모 언덕으로밖에 보이지 않는다.

당초 유방의 무리가 함양을 출발해 남정에 도착했을 때는 계절이 한여름을 지나 늦여름으로 접어들고 있었다. 한신의 계책이 받아들여진 것은 가을이 시작될 무렵이었다. 한중의 궁궐에서 전개된 일련의 전략 회의에서 주도적인 역할을 맡은 사람은 두말할 것도 없이 당대 최고의 병법가인 한신이었다. 「회음후열전」에 따르면 당시 유방은 그를 위해 특별히 궁전에 전각 하나를 따로 마련해 주었다. 유방은 옥으로 된 검을 차고, 옥으로 된 식탁에서 식사를 했는데 한신도 똑같은 대우를 받았다. 전각을 비롯해 의복과 수레, 음식 등 모든 것이 같았다. 유방의 휘하 장수들이 모두 크게 놀랄 만한 대우였다. 한신 자신도 마찬가지였다. 훗날 그가 제3세력으로 독립하는 결단을 내리지 못하고 우물쭈물하다가 토사구팽을 당한 것도 이때 입은 은덕에 너무 감격했기 때문이라는 분석이 그럴듯하다. 당시 무략에는 타의 추종을 불허했지만 정략政略에는 별다른 재주가 없었던 한신은 내심 유방을 위해 일생을 바치겠다고 결심했을지도 모를 일이다. 이해 8월 중추, 한신의 군사가 마침내 관중을 향해 출진했다. 급속한 야간행군을 위해 달이 가장 밝은 때를 택한 듯하다. 주목할 것은 이에 앞서 한신이 먼저 군사들을 시켜 자오도의 불타 버린 잔도를 수리하는 척한 점이다. 유방군의 움직임을 수시로 점검하며 나름 경계를 늦추지 않았던 장함이 이 계책에 그대로 말려들고 말았다. 유방이 조만간 관중 진출을 시도할 거라는 걸 예상했음에도 번지수를 잘못 짚은 것이다. 많은 사람들이 당대의 명장 장함과 최고의 전략가인 한신을 비교하며 한신이 장함보다 한 수 위였다고 평하는 이유도 이 때문이다.

장함은 왜 한신이 진창으로 빠져나올 것을 예상하지 못했던 것일까? 바로 한신의 역발상 때문이었다. 한신이 진창으로 들어간 루트는 그 누구도 상상하기 어려운 진군 루트였다. 마치 나폴레옹이 아무도 생각하지 못한 발상으로 알프스 산을 넘어가 기습 공격을 가한 것과 닮았다. 장함은 잔도의 수리 기간이 제법 오래 걸릴 것으로 착각해 군사들을 자오도의 잔도 주변으로 집결시켰다. 사실 아무리 병법에 밝을지라도 진창을 통해 관중으로 진격하는 방안은 상상하기가 어려웠던 까닭에 장함을 탓할 수만도 없다. 덕분에 한신은 대군을 이끌고 별다른 저항 없이 진창으로 들어갈 수 있었다. 척후로부터 이 사실을 보고 받은 장함이 아뿔싸를 외쳤으나 이미 늦은 일이었다. 황급히 군사를 돌려 지금의 산시 성 보계현 동쪽에 있는 진창 경계에서 영격했으나 별다른 준비 없이 대처한 까닭에 크게 패하고 말았다. 장함은 퇴각해서 지금의 산시 성 호치에서 전열을 정비한 뒤 다시 맞서 싸웠으나 또 패하고 말았다. 장함은 부득불 자신의 근거지인 폐구로 달아나 성문을 굳게 닫은 후 방어에 주력했다. 이사이 선봉대인 한신의 군사 뒤를 좇아온 유방의 본대가 옹 땅을 평정한 뒤 동진하여 함양에 이르렀다. 당시 함양은 항우의 분탕으로 인해 폐허나 다름없었다. 유방은 군사를 이끌고 폐구를 포위한 뒤 제장들을 각지로 파견해 여타 지역을 경략하게 했다. 새왕 사마흔과 적왕 동예는 결코 적수가 되지 못하고 모두 항복했다. 유방은 그곳에 위남渭南과 하상河上, 상군上郡 등을 두었다. 마침내 실력으로 관중을 탈환해 명실상부한 관중왕에 오른 것이다. 모두 한신을 과감히 군사로 발탁한 덕분이었다.

🌀 허허실실로 적을 속이다

유방이 항우의 기습 공격을 받고 참패를 당한 팽성전투 이후 그간 유방 쪽에 서 있던 제후들은 문득 관망하는 쪽으로 입장을 선회했다. 유방이 패할 경우 순식간에 항우 쪽에 설 가능성이 높았다. 속히 이들을 다시 우호세력으로 끌어들일 필요가 있었지만 그게 쉽지 않았다. 오히려 유방 쪽에 서 있었던 위왕 위표가 항우 쪽으로 돌아서는 일이 빚어졌다. 기원전 205년, 유방이 전방인 형양으로 떠나면서 소하에게 관중의 수비 임무를 맡기고 동시에 한신에게는 위나라 토벌의 명을 내렸다. 이때 그는 한신을 좌승상으로 삼은 뒤 관영 및 조참 등에게 명해 곁에서 보필하게 하면서 그에게 전결권을 부여했다. 장수에게 일단 맡겼으면 전폭적으로 믿어야 한다는 병법의 기본 원리를 충실히 좇은 셈이다.

「외척세가」는 한신의 이름을 생략한 채 "조참 등에게 명해 위왕 위표를 치게 했다"고 기록해 놓았다. 후대인의 가필이 확실하다. 당시 한신은 위표의 의표를 찔러 하양에서 도하를 감행해 위나라 군사의 배후를 쳤다. 병법에서 말하는 이른바 허허실실虛虛實實의 전형에 해당한다. 하지만 『한서』는 이를 유방의 공으로 돌려놓았다.

한신의 위나라 공략 작전은 암도진창 계책만큼이나 유명하다. 당시 위왕 위표는 한신의 군사가 몰려오자 지금의 산시 성 서남쪽 포판浦阪에 방어 진지를 구축하면서 지금의 산서와 섬서 임진관臨晉關 사이에 있는 황

194

하 나루터를 봉쇄했다. 포판은 남쪽으로 흘러 온 황하가 동쪽으로 흘러 온 위수와 합류하는 지점에 있었는데 합류한 물줄기가 동쪽으로 방향을 틀기 직전의 강가에 자리해 있었다. 위표가 다스리고 있던 곳은 남쪽으로 흐르는 황하의 동쪽 강가인 분수汾水 유역이었다. 남쪽으로 흐르는 황하는 강폭이 좁고, 경사진 협곡을 탁류가 소용돌이치면서 흐르는 까닭에 강을 건널 수 있는 도하 지점이 한정돼 있다. 한신의 입장에서 보면 임진관에서 포판으로 가는 뱃길이 거의 유일한 도하 노선이었다.

기원전 205년 9월, 한신이 임진관에 많은 군기를 세우고 배를 있는 대로 그러모았다. 대부대가 일거에 도강하려는 것처럼 위장한 것이다. 병법에서 말하는 이른바 의병계疑兵計를 구사한 셈이다. 그러고는 황하를 따라 대군을 북상시켰다. 이어 상류에 있는 지금의 산시 성 한청시 일대인 하양夏陽에서 병사들에게 명해 나무통이든 나무막대든 물에 뜨는 것을 가슴에 안고 강을 건너게 했다. 하양의 맞은편 강기슭에는 황하로 들어가는 분수가 흐르고 있었다. 분수를 따라 올라가면 위표의 서위국 도성인 평양平陽을 향해 곧장 진격할 수 있다. 평양은 지금의 산시 성 성도省都인 임분시이다.

도강을 마친 한신은 우선 위표의 군사가 주둔하고 있는 포판과 평양 사이의 요충지인 안읍安邑을 습격했다. 안읍은 하동군의 군도郡都로 이곳을 빼앗기면 평양이 위험해진다. 일종의 급소에 해당한다. 소식을 접한 위표는 황급히 군사를 이끌고 나와 한신의 군사와 맞섰다. 그러나 이는 한신이 친 그물망에 걸려든 물고기 신세를 자처한 것이나 다름없었다. 임진관 일대에서 도하를 준비 중이던 한신의 군사들이 곧바로 황하를 건너 위표 군대의 후미를 친 것이다. 협공을 받은 위표의 군사는 제대로 싸우지도 못한 채 자멸하고 말았다. 한신은 포로로 잡은 위표를 곧바로 형양으로 보내고 여세를 몰아 위나라 전역을 모두 평정했다. 위나라를 향해 출진한 지 한 달 만에 모든 평정을 끝낸 셈이다. 유방은 이곳에 하동河東과 상당上黨, 태원太原 등 3개 군을 두었다. 이해 윤9월, 한신은 위나라를 공략한 여세를 몰아 이웃한 대代나라까지 손에 넣었다. 승전보를 접한 유방은 곧 사람을 시켜 한신이 이끄는 정예병을 빼앗아 온 뒤 최전선인 형양에 배치했다. 당시 유방은 한신이 승리할 때마다 그의 정예병을 차출해 와 형양 전선에 투입했다. 얼핏 보면 항우가 이끄는 초나라 주력군과 맞서기 위한 조치처럼 보인다. 그러나 속셈은 딴 데 있었다. 한신이 휘하의 군사들과 『오자병법』에서 말하는 부자지병父子之兵의 관계를 맺을까 두려워 미리 손을 쓴 것이다. '부자지병'은 장수가 병사를 자식처럼 아끼는 군대를 말한다. 무적의 상승군常勝軍을 이끈 바 있는 오기는 휘하 장병들을 자식처럼 아꼈다. 『손자병법』의 백미가 '지피지기'와 '부전승'에 있다면, 『오자병법』은 '부자지병'과 '인화'에 있다고 해도 과언이 아니다. 이는 그가 공명을 추구하는 인간의 호명지심好名之心을 통찰한 결과로 볼 수 있다. 『손자병법』이 이익을 향해 무한 질주하는 인간의 호리지성好利之性에 대한 통찰 위에 서 있는 것과 대비된다. 그러나 역설적으로 오기가 비참한 최후를 맞이한 것은 그 자신이 그토록 역설한 호명지심의 덫에 걸린 후과로 볼 수 있다. 자신을 그토록 총애했던 초도왕이 죽었을 때 곧바로 초나라를 떠났어야만 했는데 그리하지 못한 게 그 증거다. 한신도 마찬가지이다. 항우를 제압한 대공을 세웠을 때 과감히 뒤로 물러서며 더 이상의 욕심이 없었음을 보여 주어야 했다. 그러나 그는 가장 넓은 영지를 보유한 채 유방 앞에서 당대 최고의 용병술을 자랑했다. 스스로 무덤을 판 꼴이다. 오기와 마찬가지로 호명지심의 덫에 걸렸다고 해석할 수밖에 없다.

유방이 수시로 한신의 정예병을 빼내 간 것은 유방의 입장에서 볼 때 부득이한 측면도 있었다. 이로 인해 한신은 매번 애써 육성한 정예병을 유방에게 상납한 뒤 다시 신참 병사를 간단히 훈련시켜 다음 전투에 대비해야만 했다. 용병에 관한 한 당대 최고를 자부한 한신은 오히려 이를 자랑스럽게 여겼는지도 모를 일이다. 어쨌든 그는 사냥이 끝나면 사냥개를 삶아 먹는다는 간단한 이치를 너무 무시했다고 평할 수밖에 없다.

☁ 배수지진의 눈부신 성과

한신이 위나라와 대나라를 공략할 때 구사한 용병술은 놀라운 바가 있다. 불과 두 달 사이에 지금의 산시 성 태항산맥과 그 남쪽으로 흐르는 황하 사이의 광대한 영토를 확보한 데 이어 이웃한 진여의 조나라 땅까지 손에 넣었기 때문이다. 조나라를 접수한 과정 또한 전쟁의 신이라는 명성이 결코 허언이 아니었음을 보여 준다.

기원전 204년 10월, 위나라와 대나라 땅을 모두 석권한 지 불과 한 달 뒤에 유방의 명을 받은 한신은 곧바로 남하해 지금의 산시 성 태원太原에 이른 뒤 동쪽으로 방향을 틀었다. 험하기로 유명한 정형井陘의 협곡을 지나 조나라의 심장부인 도성 한단으로 돌진하고자 한 것이다. 정형의 협곡 입구를 흔히 정형구井陘口라고 한다. 정형구의 '형陘'은 산맥이 끊긴 두 산 사이가 좁게 형성되어 '구口'의 형상을 이룬 곳을 말한다. 지키기는 쉽고 공격하기는 어려운 천혜의 험지로 일종의 관關에 해당한다. 정형구를 정형관井陘關으로 부르는 이유다. 태항산맥에는 이런 관문이 모두 여덟 곳이 있다. 정형관은 이중 다섯 번째 관문으로 정형구는 태항산맥 사이에서 현재의 산시 성 태원과 허베이 성 석가장石家莊을 잇는 기다란 지구대의 입구에 해당했다. 원래 지구대는 나란히 뻗어 있는 단층 사이의 지반이 푹 꺼져 만들어진 좁고 긴 계곡으로 천혜의 험준한 지역이다.

당시 한신은 자신의 군사를 20만 명이라고 내세웠다. 이에 맞서 진여도 20만 명의 대군을 정형구에 배치했다. 진여도 나름 병법에 일가견이 있는 인물이었다. 그러나 모든 것은 상대적이기 마련이다. 더 뛰어난 인물이 나타나면 자신이 아는 병법 지식은 무용지물에 가깝게 된다. 불행하게도 진여는 이 덫에 걸려 있었다. 참모로 있던 이좌거李左車의 건의를 무시한 게 그렇다. 당시 이좌거는 이같이 건의했다.

"한신과 장이가 승세에 올라타 싸움을 걸고 있습니다. 지금은 저들의 예기를 당하기 어렵습니다. 제가 듣건대 '양식을 운송하며 천 리 길을 가면 병사에게 주린 기색이 있고, 아무 준비 없이 급히 나무나 풀을 베어다가 밥을 해 먹으면 군사들이 계속 배부르지 못하다'고 했습니다. 지금 정형구는 길이 매우 좁아 수레 두 대가 병행하여 갈 수 없고, 말도 대오를 지어 갈 수 없습니다. 행군의 길이는 수백 리에 이를 것이고, 형세로 보아 양식 또한 반드시 후미에 있을 것입니다. 원컨대 제가 기병奇兵을 구사코자 하니 그대는 저에게 군사 3만 명을 빌려 주십시오. 그러면 샛길로 가서 그들의 치중을 끊어 버리겠습니다. 그대가 해자를 깊이 파고 보루를 높인 채 저들과 교전하지 않으면 저들은 앞으로 나아가 싸울 수도 없고, 뒤로 물러나 환군할 수도 없고, 들에서 노략할 것도 없게 됩니다. 열흘도 채 못 돼 한신과 장이의 머리를 가히 그대 앞에 갖다 놓겠습니다. 그리하지 않으면 우리는 반드시 저들의 포로가 되고 말 것입니다."

그러나 진여는 『사마법』에서 역설하는 의병義兵을 중시하며 속임수와 기병의 계책을 쓰지 않는 것을 자랑으로 삼았다. 그가 반박했다.

"내가 들은 바에 의하면 『손자병법』에서 적의 10배면 상대를 포위하고, 2배면 싸운다고 했소. 지금 한신의 군사는 수만이라고 하지만 실제로는 수천 명에 지나지 않소. 게다가 천 리 길을 달려와 우리 군사를 치는 까닭에 지금 크게 지쳐 있을 것이오. 이런 약한 군사를 피하고 정면으로 공격하지 않으면 장차 더 큰 대군이 공격해 올 때 어찌해야 한단 말이오? 제후들은 틀림없이 나를 겁쟁이로 업신여기며 가벼이 보고 곧장 공격해 올 것이오!"

한신이 사람을 보내 적진을 정탐했는데 이좌거의 계책을 쓰지 않은 것을 알고는 크게 기뻐했다. 그는 곧바로 군사를 이끌고 적진이 있는 정형구로 내려갔다. 당시 태항산의 완만한 경사면은 물론 우뚝 솟은 절벽에도 나무가 띄엄띄엄 있었다. 한신은 낮에도 어두운 협곡을 행군해 출구에 해당하는 정형구에서 불과 30리도 못 미치는 곳에서 멈추고는 영채를 차렸다. 한밤중에 한신은 출병의 전령을 내렸다. 날쌘 기병 2천 명을 뽑아 각기 한나라를 상징하는 붉은 깃발을 하나씩 가지고 샛길을 이용해 산속에 몸을 엄폐한 뒤 조나라 군사의 동정을 살펴보게 했다. 그러고는 1만 명의 군사들을 먼저 나아가게 했다. 그들이 출병하자 이내 배수진背水陣을 쳤다. 당시 한신이 배수진을 친 곳은 병주에서 시작해 북쪽으로 흐르다가 정형현의 경계 지역으로 들어가는 면만수綿蔓水였다. 조나라 군사들이 이를 바라보며 크게 웃었다. 새벽을 넘긴 시점에 한신은 대장군의 깃발을 세운 뒤 우렁찬 군악 소리와 함께 북을 치면서 정형구를 빠져나갔다. 조나라 군사들은 이내 영루의 문을 열고 공격했다. 진여는 한신을 사로잡을 기회가 왔다고 판단해 전군에 총공격을 명했다. 큰 전투가 제법 오래 지속되는 가운데 한신과 장이가 짐짓 깃발과 북을 버린 뒤 강가에 만들어 놓은 영채로 달아나자 한신의 병사들은 진여 군대의 추격을 힘겹게 방어하면서 더 이상 물러서지 않고 맹렬히 저항했다. 얼마 후 과연 조나라 군사들이 완승을 거둘 생각으로 영루를 비운 채 총출동하여 한나라의 깃발을 다퉈 빼앗으며 한신과 장의의 뒤를 쫓았다. 그러나 한신의 군사가 결사적으로 저항하자 조나라 군사는 이들을 이길 수가 없었다. 이사이 한신의 명을 좇아 산등성이에 매복하고 있던 2천여 기병이 조나라 영루로 급히 들이친 뒤 조나라 깃발을 모두 뽑아 버리고 한나라의 붉은 깃발 2천 개를 세웠다. 조나라 군사들은 한신을 잡는 것이 어렵게 되자 이내 영루로 귀환했다가 온통 한나라의 붉은 깃발로 둘러쳐져 있는 것을 보고 경악했다. 이들은 한나라 군사가 이미 영루에 있던 조왕의 장령들을 모두 포획한 것으로 생각했다. 조나라 병사들은 마침내 혼란에 빠져 달아나기 시작했다. 조나라 장수들이 달아나는 군사들의 목을 베며 저지하고자 했지만 이미 돌이킬 수 없는 상황이었다. 한나라 군사는 조나라 군사를 협격해 대파한 뒤 남쪽으로 몇 십 리 밖에 있는 저수泜水 가에서 진여의 목을 치고 조왕 조헐을 사로잡았다. 오늘날 한신이 구사한 이 배수진은 그의 여러 계책 가운데 가장 멋지고 기발한 계책으로 평가받고 있다.

🌀 가랑이 사이를 지나간 영웅

당시 항우는 한신이 조나라 공략의 여세를 몰아 제나라로 쳐들어오자 크게 놀라 휘하 장수 사마용저에게 20만 대군을 이끌고 가 제나라를 구하게 했다. 사마용저는 제나라 무장으로 있다가 항우군에 가담한 맹장이었다. 제나라를 구원해 한신의 남하를 막아내지 못할 경우 전황은 급격히 유방에게 기울어질 수밖에 없었다. 당시 일각에서는 지구전으로 나아가 한신의 군사를 고사시키자고 했다. 그러나 병법의 대가를 자처한 사마용저는 한신을 업신여기며 단박에 이를 물리쳤다.

"나는 줄곧 한신의 사람됨을 잘 알고 있어 그를 쉽게 상대할 수 있다. 그는 표모漂母에게 밥을 얻어먹을 정도로 몸 하나 건사할 대책조차 없는 사람이다. 또한 바짓가랑이 사이를 지나는 모욕을 받았으니 뛰어난 용기도 없다. 그러니 족히 두려워할 바가 못 된다. 게다가 제나라를 구원하러 왔다가 싸우지도 않고 그들을 항복시키면 내게 무슨 전공이 있겠는가? 지금 싸워 승리하면 가히 제나라 땅의 반쯤은 능히 얻을 수 있을 것이다!"

사마용저가 표모 운운한 것은 구체적으로 어떤 얘기일까? 한신은 젊었을 때 집안이 너무 가난한데다 본인 또한 크게 덕을 닦은 적이 없었던 까닭에 남의 천거를 받아 관원이 될 기회가 없었다. 그렇다고 생업에 종사하거나 장사를 하는 데도 능하지 못해 늘 다른 사람에게 의탁해 음식을 얻어먹었다. 한신이 자주 밥을 얻어먹으러 간 곳은 남창南昌의 정장亭長 집이었다. 당시에는 촌에 해당하는 사방 10리里를 1정亭, 10정을 1향鄉으로 규정했다. 한신이 매번 밥을 얻어먹으러 오자 남창 정장의 아내는 결국 화를 내고 말았다. 한번은 한밤중에 밥을 해서 날이 밝기 전에 밥을 모두 먹어치우기까지 했다. 아침 식사 시간이 되어 한신이 어슬렁거리며 남창 정장의 집으로 갔으나 밥통에는 밥이 한 알도 남아 있지 않았다. 내막을 짐작한 한신은 화를 내며 끝내 의절하고 말았다. 또 한 번은 이런 일도 있었다. 한신이 성 아래에서 낚시를 하고 있을 때 마침 빨래하던 여인이 그가 굶주린 것을 알고 밥을 내주었다. 「회음후열전」은 빨래하는 여인을 표모로 기록해 놓았다. 한신은 기뻐하며 표모에게 말했다.

"내가 반드시 당신에게 크게 보답하겠소."

그러자 표모는 화를 내며 그 말을 받아쳤다.

"지금 당당한 대장부가 스스로 밥벌이를 하지 못하고 있지 않소. 내가 왕손王孫을 가엾게 여겨 밥을 준 것이오. 어찌 보답을 바라겠소."

왕손은 원래 왕실의 자제를 뜻하는 말이다. 시간이 지나면서 귀족 자제의 뜻으로 사용되다가 이후 청년에 대한 존칭으로 전용되었다. 제후의 아들을 뜻하는 공자公子가 후대에 청년의 의미로 전용된 것과 같다. 사마용저가 한신을 얕잡아 보며 표모 운운한 것은 바로 이때의 일화를 언급한 것이다. 이를 통해 열국의 장수들 내에서 한신의 벼락출세에 관한 일화가 널리 퍼져 있었음을 알 수 있다. 한신의 이 일화와 관련한 성어가 걸식표모乞食漂母이다. 밥을 빌어먹고 사는 어려운 처지에서도 초지를 잃지 않고 정진하는 것을 말한다. 그렇다면 사마용저가 바짓가랑이 운운한 것은 어떤 일화를 말한 것일까? 한번은 한신이 회음의 백정들이 사는 이른바 도호屠戶의 거리를 지나다가 한 청년과 시비를 벌이게 됐다. 청년이 한신을 모욕한 것이다.

"자네는 비록 장대한 체구에 즐겨 칼을 차고는 있으나 사실은 겁쟁이일 뿐이다."

이어 많은 사람들 앞에서 큰 소리로 말했다.

"자네가 죽을 용기가 있다면 그 칼로 나를 찔러라. 그렇지 못하면 내 바짓가랑이 사이를 빠져나가라."

한신이 그를 오랫동안 주시하더니 이내 그의 바짓가랑이 사이에 몸을 구부려 집어넣고는 엎드려 기어갔다. 그러자 저자의 사람들이 모두 한신을 겁쟁이라며 비웃었다. 사마용저가 바짓가랑이 운운한 것은 바로 이 일화를 언급한 것이다. 여기서 나온 성어가 가랑이 밑을 기는 치욕이란 뜻의 과하지욕跨下之辱이다. 걸식표모와 같은 취지로 높은 뜻을 세운 까닭에 작은 모욕이나 치욕에 흔들리지 않는 것을 말한다. 백가강단에서 한신을 집중 부각시킨 이중톈은 한신이 젊었을 때 늘 집안 대대로 내려오는 칼을 옆에 차고 다닌 점 등을 근거로 몰락한 귀족 집안 출신으로 추정했다. 표모가 한신을 두고 왕손 운운한 점에 비춰 나름 일리 있는 추정이다.

하지만 한신의 명성을 들었다면 사마용저는 응당 신중한 자세로 작전 계획을 짜는 게 옳았다. 그게 장수의 기본 자세이다. 그러나 그는 자만하며 오히려 걸식표모와 과하지욕 등의 일화를 들먹이며 한신을 업신여겼다. 고금을 막론하고 적장을 얕보고도 이기는 경우는 없다. 더구나 한신은 자타가 공인하는 당대 최고의 전략가였다. 사마용저는 싸움도 하기전에 이미 지고 있었던 셈이다.

기원전 204년 11월, 제나라와 초나라 군사가 한나라 군사와 유수濰水를 사이를 두고 진세를 펼쳤다. 유수는 산둥 성 동부 소재 고밀현 서쪽을 흐르는 강이다. 한신은 밤에 사람을 시켜 1만여 개의 자루를 만든 뒤 그 속에 모래를 가득 채워 넣어 유수의 상류를 막게 했다. 이어 군사를 이끌고 유수를 반쯤 건너 사마용저를 공격하다가 짐짓 지는 척하며 돌아서서 도망쳤다. 사마용저는 이내 군사를 이끌고 한신의 뒤를 바삐 쫓았다. 한신은 유수를 건너자마자 신호를 보내 물막이 자루를 터뜨리게 했다. 일시에 흘러내려 온 물이 사마용저의 군사를 덮치자 태반이 물을 건너지 못한 상황에서 초나라 군사는 두 쪽으로 갈라지고 말았다. 한신은 이 순간을 놓치지 않고 즉시 맹공을 가했다. 사마용저가 맥없이 전사하자 유수의 동쪽에 있던 나머지 초나라와 제나라 연합군은 아연실색해 황급히 사방으로 달아났다. 이로써 제나라 땅도 이내 한신에 의해 완전히 평정됐다. 한신의 눈부신 용병술을 감안할 때 후대인들이 한신을 전쟁의 신으로 칭송한 것은 일리가 있다.

한신이 황하 이북을 석권하자 황하 이남의 동쪽 반은 제나라, 서쪽 반은 초나라가 장악해 마치 삼국이 정립하는 형국이 조성됐다. 항우는 한신이 화북 일대를 손에 넣으면서 서쪽의 유방과 북쪽의 한신을 동시에 상대해야만 하게 됐다. 객관적으로 볼 때 가장 막강한 무력을 지닌 사람은 한신 자신이었다. 그는 이런 중대한 시점에서 1인자의 길로 갈 것인지, 아니면 유방의 충실한 휘하 장수로서 2인자의 길로 갈 것인지 여부를 결단해야 했다. 그러나 그는 어정쩡한 입장을 취함으로써 결국 토사구팽의 희생양이 되고 말았다.

☁ 토사구팽을 피할 세 가지 방책

한신의 제나라 공략은 항우와 유방의 대결로 진행된 초한지제의 구도에 일대 전환점으로 작용했다. 가장 큰 변화는 시종 수세에 몰렸던 유방이 이내 공세로 전환할 수 있는 발판을 마련한 점이다. 위나라와 대나라, 조나라, 연나라에 이어 제나라까지 차례로 손에 넣은 한신 역시 독자 노선을 걷기 시작했다. 사람을 유방에게 보내 자신을 제나라 왕에 봉해 줄 것을 자청하고 나선 게 그렇다. 이를 듣고 유방은 격노했다. 어부지리를 노려 천하를 거저먹으려 든다고 생각한 것이다. 유방이 한신의 사자 앞에서 분노하자 장량과 진평은 황급히 유방의 귀에 대고 말했다.

"한나라는 지금 불리한 처지에 있는데 어떻게 한신이 자립해 왕이 되겠다는 것을 금할 수 있겠습니까? 차라리 그를 왕으로 세워 잘 대우하며 스스로 제나라 땅을 지키게 하느니만 못 합니다. 그렇지 않으면 변란이 일어나고야 말 것입니다."

유방도 깨달은 바가 있어 곧바로 안면을 바꿔 한신을 칭송했다.

"대장부가 제후왕을 평정하면 곧 자신이 진왕이 되는 것이다. 어찌하여 임시적인 가왕이 되겠다는 것인가!"

건달 출신의 놀라운 환면술換面術이 아닐 수 없다. 안면을 순식간에 바꾸는 환면술은 후흑의 일환이다. 낯가죽이 두꺼워야 가능한 일이다. 시정잡배로 잔뼈가 굵은 자들만이 이런 환면술을 자연스레 구사할 수가 있다. 귀족 출신인 항우와 한신 등은 체면을 생각하느라 이런 환면술과는 거리가 멀었다. 현명하게도 자신의 한계를 알고 철저히 2인자의 길을 걸은 장량과 달리 한신은 이런 환면술을 구사할 줄도 모르면서 어정쩡한 2인자의 길을 가고자 한 것이다.

기원전 203년 봄, 유방은 이내 장량을 시켜 인수를 들고 가도록 했다. 한신을 정식으로 제나라 왕에 봉한 뒤 그의 군사를 이용해 초나라를 칠 심산이었다. 겉으로는 한신을 가왕이 아닌 진왕으로 임명하면서 속으로는 이를 갈았다. 유방의 입장에서 볼 때 이는 부득이해 취한 고육책에 지나지 않았다. 항우를 제압하는 순간 칼끝은 한신을 겨눌 수밖에 없었다. 당시 항우는 한신이 사마용저를 유린했다는 소식을 듣고 경악했다. 당대의 명장 장함을 꺾은 이후 내심 최고의 전략가를 자부해 온 항우로서는 말로만 듣던 한신의 존재를 처음으로 크게 인식한 순간이었다. 항우는 대책 마련에 부심했다. 객관적으로 볼 때 한신이 유방과 힘을 합칠 경우 앞날을 예측하기 어려웠다. 최소한 중립을 지키도록 만들 필요가 있었다. 항우는 곧 당대의 유세객인 무섭武涉을 한신에게 보냈으나 설득에 실패하고 말았다. 뒤이어 한신의 책사인 괴철이 설득에 나섰으나 한신은 끝까지 망설이며 결단하지 못했다. 건달 출신인 유방이 어떤 인물인지를 제대로 파악하지 못한 채 계속 착각을 하고 있었던 셈이다.「회음후열전」은 "한신이 머뭇거리며 차마 유방을 등지지 못했다"고 기록해 놓았다. 리쭝우가 한신을 후흑과 정반대되는 박백의 대표적인 인물로 거론한 것은 나름 일리가 있다. 객관적으로 볼 때 당시 한신이 취할 수 있는 길은 모두 세 가지였다.

첫째, 무섭과 괴철이 충고한 것처럼 자립하여 정족지세를 이루는 경우다. 오랫동안 대치하며 서로 힘을 소진한 항우와 유방이 합세해 쳐들어오는 것을 막은 뒤 빈틈을 노려 각개격파를 꾀할 경우 능히 천하를 거머쥘 수도 있었다. 삼국시대 당시 하북 일대를 석권한 조조가 걸은 길이다. 한신은 원소와 같은 인물도 없었던 까닭에 오히려 조조보다 유리한 상황이었다. 괴철은 한신의 입장에 서서 가장 바람직한 방안을 제시한 셈이다. 한신이 이를 좇지 않은 것은 복을 차 버린 것이나 다름없었다.

둘째, 삼국시대 당시 사마의가 걸은 것처럼 몸을 낮추고 속셈을 철저히 숨기는 길이다. 항우를 제압한 뒤 곧바로 뒤로 물러나는 것이다. 한신이 이같이 했으면 결코 토사구팽을 당하는 참사는 벌어지지 않았을 공산이 크다. 사마의가 그랬던 것처럼 사병계詐病計를 구사하며 철저히 몸을 은신했으면 때가 올 수도 있었다. 그러나 이는 속마음이 검지 못한 한신에게 다소 무리한 길이기도 하다.

셋째, 한신이 취할 수 있는 마지막 길로 삼국시대 제갈량처럼 몸과 마음을 바쳐 충성하는 길이다. 한신은 나름 의리를 중시했던 만큼 정족지세를 취하지 않을 경우 이게 가장 바람직했다. 그의 자질이나 능력 등에 비춰 제갈량처럼 시종 2인자의 길로 나아가는 게 보신할 수 있는 유일한 길이었다. 한신은 유방이 병권을 회수한 뒤 자신을 초왕으로 이봉시킬 때 그 속셈을 읽었어야 했다. 경거망동했다가는 토사구팽의 제1차 표적이 될 수 있다는 경고나 다름없었기 때문이다. 그러나 한신은 이를 읽지 못한 채 초나라의 진왕 노릇을 하고자 했다. 유방의 경계심을 또다시 자극한 것이다. 장안으로 끌려온 뒤 회음후로 강봉된 배경이 여기에 있다. 이후에도 목숨을 구할 길은 있었다. 그러나 한신은 회음후로 강봉된 후 병을 핑계로 조회에 나가지 않는 등 또다시 유방을 자극하는 길로 나갔다. 후흑을 구사할 의향이나 재주도 없으면서 자신의 집을 찾아온 유방 앞에서 쓸데없이 자신의 용병술을 자랑한 것은 스스로 무덤을 판 것이나 다름없었다. 항우가 죽는 순간까지 자신의 잘못을 깨우치지 못한 채 부하들 앞에서 자신의 용병술이나 자랑하는 모습을 보인 것과 닮았다. 실제로 두 사람은 비록 죽음에 이르는 과정이 서로 다르기는 했으나 그 배경만큼은 놀라울 정도로 똑같았다. 바로 명문가 귀족 엘리트의 알량한 자존심과 혁혁한 전공을 세운 당대 최고의 병법가라는 지나친 자부심이 화근이었다. 배은망덕을 일삼는 건달 출신인 유방과 대비된다. 일면 의리를 중시한 의협으로 평할 수 있으나 엄밀히 말하면 작은 명분과 의리에 얽매여 대사를 그르친 샌님에 지나지 않는다. 당대 최고의 전략을 자랑한 항우와 한신이 공히 패망한 것은 결코 우연으로 볼 수 없다.

꩜ 사냥개를 삶다

리쭝우가 『후흑학』에서 유방의 후흑을 높이 평가한 것은 배신을 일삼는 무뢰배의 의리를 칭송하고자 한 게 아니다. 그보다는 천하를 거머쥐고자 하는 높은 이상과 참모들의 말을 경청하며 곧장 실행에 옮기는 임기응변의 결단력 등을 높이 평가한 결과다. 사실 유방의 도량은 그리 크지 않았다. 천하를 거머쥔 뒤 항우에게 쫓길 때 자신의 생명을 구해 준 은인 정고의 목을 베고, 간난을 함께 한 많은 공신들을 주살하는 토사구팽을 자행한 것 등이 이를 방증한다. 여기서 한신이 토사구팽 된 과정을 간략히 살펴보기로 하자.

기원전 201년 10월, 항우를 제압하고 천하를 통일한 지 3년째 되던 해였다. 어떤 사람이 유방에게 제나라 왕에서 초나라 왕으로 자리를 옮긴 한신이 모반을 꾀하고 있다는 내용의 상서를 올렸다. 유방이 대책을 묻자 진평이 계책을 냈다.

"예로부터 천자는 순수巡狩를 하면서 제후들을 불러 모았습니다. 폐하는 거짓으로 노닐면서 제후들을 초나라의 서쪽 경계에 있는 진현陳縣으로 불러 모으십시오. 한신은 별일이 없을 것으로 생각하고 마중을 나올 것입니다. 이때 그를 잡으십시오."

한신이 마중을 나오자 유방은 무사에게 명해 그를 포박한 뒤 황제의 뒤를 따르는 예비용 수레인 후거後車에 싣게 했다. 그러자 한신이 탄식했다.

"범리가 구천 곁을 떠나면서 '교활한 토끼의 사냥이 끝나면 사냥개를 삶아 먹고, 높이 나는 새의 사냥이 끝나면 좋은 활을 창고에 집어 넣고, 적국을 격파하면 모신謀臣을 죽인다'고 말한 게 사실이구나. 천하가 평정되자 나 또한 팽烹을 당하는구나."

사서에 기록된 최초의 토사구팽 사례는 춘추시대 말기 월왕 구천이 대부 문종을 제거한 일이다. 그러나 사실 이에 앞서 오왕 부차가 자신의 즉위에 공을 세운 오자서를 토사구팽한 게 그 효시에 해당한다. 단지 범리가 월왕 구천 곁을 떠날 때 대부 문종에게 함께 떠날 것을 권하면서 토사구팽 운운한 것으로 인해 월왕 구천이 최초의 토사구팽을 행한 인물로 거론됐을 뿐이다. 『춘추좌전』의 기록을 보면 그 이전에도 군주가 공신을 제거하는 토사구팽과 유사한 일이 비일비재했다. 왜 이런 일이 빚어지는 것일까? 바로 개국 초기에 필연적으로 등장할 수밖에 없는 강신強臣 때문이다. 강신은 군주를 떨게 만드는 위엄인 이른바 진주지위振主之威를 지닌 권신을 말한다. 창업주는 온갖 고난을 겪고 새 왕조를 창건한 까닭에 능히 강신을 제어할 수 있다. 그러나 궁중에서 자란 후사는 강신을 제어하는 일이 거의 불가능하다. 후사가 개국공신 등의 강신에게 제압을 당하고 뒤이어 이를 우려한 숙부 등의 야심 많은 종실이 들고 일어나 강신을 제어하고 제2의 창업을 하는 이유가 여기에 있다. 명나라 영락제와 조선조 세조가 대표적인 경우다. 이를 미연에 방지하기 위해 창업주들은 나름 자신의 손에 피를 묻히는 토사구팽의 악역을 맡곤 하지만 아무리 철저히 할지라도 이런 흐름을 막을 수는 없다.

크게 보면 유방의 경우도 예외가 아니다. 본인은 토사구팽의 악역을 자처했지만 그의 후손들은 정실인 여후의 소생을 빼고는 철저히 여후에게 탄압받는 신세로 전락하고 말았다. 진평이 주발과 합세해 여씨 일족을 몰아내지 않았다면 유씨의 천하는 이내 여씨의 천하로 바뀌었을 공산이 컸다. 진평이 제2의 창업을 도운 셈이다.

유방이 한신을 토사구팽의 희생양으로 삼을 때 진평의 조언을 구한 것은 그가 자신의 보위를 위협하지 않을 것이라는 확신이 들었기 때문이다. 유방의 이런 판단은 정확했다. 그런 면에서 한신은 진평과 대비된다. 한신은 후거에 실려 가면서 자신을 모신에 비유했지만 이는 틀린 비유이다. 그는 진평과 달리 유방의 라이벌이었다. 유방이 당시 한신의 목을 곧바로 치지 못한 것은 그의 공이 너무 현저한데다 명분이 약했기 때문이다. 건국 초기인 까닭에 아직 천하가 안정된 것도 아니고, 천하의 모든 백성들이 지켜보고 있는 상황에서 함부로 최고의 공신을 곧바로 토사구팽할 수는 없는 일이었다. 좀 더 시간이 필요했다. 그런 점에서 유방은 놀라운 인내력을 발휘한 셈이다.

당시 유방은 귀경하는 길에 천하에 대사령을 내렸다. 짐짓 황제의 관후한 인정을 널리 선전하고자 한 것이다. 이어 그간 한신이 세운 공을 감안해 목숨을 살려 주는 식으로 너그러움을 보여 주면서 회음후로 강등하는 조치를 내렸다. 이는 사실 한신의 수족을 자른 것이나 다름없었다. '후'는 회음 일대의 몇 개 현을 보유한 토후에 지나지 않았다. 휘하에 용병할 군사가 없어 죽은 목숨이나 다름없었다. 유방은 사냥개를 삶아 먹을 시기만을 저울질하고 있었던 셈이다. 당시 제후왕들 가운데 성씨가 다른 사람은 모두 8명이었다. 유방은 이들의 움직임에 촉각을 곤두세웠다. 이들 모두 탄탄한 무력을 바탕으로 천하평정에 핵심적인 역할을 수행한 까닭에 마음을 놓을 수 없었던 것이다. 한신은 비록 회음후로 강등됐지만 경계 대상 1호에 해당했다. 그만큼 두려운 존재였다. 불순한 움직임이 조금이라도 보일 경우 이를 구실로 그의 목을 치고자 한 것이다. 빌미는 한신 자신이 제공했다.

기원전 196년 휘하 장수로 있던 진희陳豨와 내통해 모반을 꾀했던 것이다. 결국 한신은 여후의 간계에 걸려 토사구팽 당하고 말았다.

꧁ 발톱과 어금니를 숨겨라

유방의 득천하는 시정잡배 내지 아전으로 삶을 마감할 인물이 잘만하면 난세의 시기時機에 올라타 천하를 거머쥐는 횡재를 할 수도 있음을 보여 준다. 당시에도 건달은 많았다. 그러나 유방 수준의 허풍과 배짱을 지닌 자는 없었다. 유방은 자신의 장기인 허풍과 배짱을 적극 활용해 항우와 한신이 실기하자마자 이를 재빨리 틈타 어부지리를 챙겼다. 사서에는 자세한 기록이 나오지 않고 있으나 머뭇거리는 한신에게 터무니없는 미끼를 내던져 우군으로 확실히 끌어들인 뒤 항우와 맞붙게 하여 항우가 궤멸하자마자 곧바로 토사구팽에 나선 게 그렇다. 『삼국지연의』는 이를 이호경식지계二虎競食之計로 표현해 놓았다. 두 호랑이를 서로 다투게 한 뒤 어부지리를 취하는 계략이다. 삼국시대에도 유사한 사례가 있다. 유비와 여포가 서로 다투자 순욱이 조조에게 이같이 건의한다.

"지금 유비가 비록 서주를 이끌고 있으나 아직 황제의 명을 받지 못한 터이니 명공이 주청해 유비를 서주목으로 삼은 뒤 밀서를 내려 여포를 죽이라고 하십시오. 일이 성사되면 유비는 자기를 도와줄 맹장을 잃게 되니 우리는 손쉽게 일을 도모할 수 있고, 성사되지 못하면 여포가 필시 유비를 죽일 것입니다. 이것이 바로 '이호경식지계'입니다."

한신은 유방이 구사한 이호경식지계에 걸려든 셈이다. 유방의 입장에서 볼 때 한신이 항우와 맞붙어 이기면 제1의 적인 항우를 편히 앉아 제거하는 셈이고, 한신이 패하면 제2의 적인 한신을 미리 제거하는 게 된다. 두 호랑이가 싸우면 한쪽이 이길지라도 힘을 모두 소진하게 된다. 그러면 힘을 소진한 호랑이의 숨통을 쉽게 끊을 수 있다. 이호경식지계는 두 마리 호랑이를 동시에 손에 넣는 최고 수준의 어부지리 계책에 해당한다.

한신도 자신이 토사구팽의 1차 표적이 되리라는 것을 알았다면 결코 사적인 의리에 얽매여 건달 유방의 이호경식지계에 걸리는 일을 저지르지 않았을 것이다. 그 역시 리쭝우가 지적한 것처럼 알량한 체면 때문에 대사를 그르친 셈이다. 낯가죽이 두껍고 속마음이 시꺼먼 자만이 천하를 거머쥘 수 있다고 주장한 게 틀린 말이 아니다. 한신은 뒤늦게 자신이 도마 위의 고깃덩이가 되었다는 사실을 깨닫고는 괴철의 충고를 듣지 않은 것을 후회했으나 모든 일이 이미 끝난 뒤였다.

한신은 무략에서는 타의 추종을 불허하는 당대 최고의 병법가였지만 정치적 결단에서는 한없이 우유부단했다. 유방 휘하에서 비록 군사적 재능 면에서는 한신만 못하지만 정치적 판단 면에서 매우 뛰어난 인물이 두 사람 있다. 장량과 진평이 바로 그들이다. 두 사람이 한신과 달리 토사구팽의 도마 위에 오르지 않고 나름 천수를 다할 수 있었던 이유다.

난세에는 군사적 재능도 필요하지만 정치적 재능이 더 위력을 발휘한다. 군사적 재능만 뛰어나면 오히려 토사구팽의 대상이 되고 만다. 이는 삼국시대의 여포가 걸은 길이다. 국공내전 당시에도 유사한 일이 빚어졌다. 뛰어난 군사적 재능을 자랑했던 허룽과 펑더화이, 린뱌오 모두 문화대혁명의 와중에 이슬처럼 사라지고 말았다. 이중톈은 유방이 한신을 초왕에서 회음후로 강봉한 것을 두고 한신이 회음후로 천수를 마치기를 바랐다고 풀이했으나 이는 잘못이다. 이호경식지계에 걸려든 한신은 항우를 제압하는 순간 승리를 거두기는 했으나 온몸이 만신창이가 된 상처투성이의 호랑이로 변해 있었다. 유방이 곧바로 군사지휘권을 빼앗은 게 그 증거다. 한비자는 이빨과 발톱을 모두 잃은 호랑이는 쥐새끼만도 못하다고 일갈한 바 있다. 『한비자』「팔설」의 해당 대목이다.

"호랑이나 표범처럼 사나운 짐승일지라도 발톱과 어금니를 잃어 쓰지 못하게 되면 그 위력은 작은 생쥐와 같게 된다. 억만금을 가진 부자라도 그 많은 재화를 쓰지 못하면 문지기의 재력과 다를 바가 없게 된다."

호랑이가 백수의 왕으로 군림할 수 있는 것은 발톱과 어금니가 있기 때문이다. 『한비자』는 이를 호표조아虎豹爪牙로 표현해 놓았다. '조아'는 공을 세운 신하에게 포상하고 잘못을 범한 신하에게 벌을 내리는 상벌권을 상징하는 것으로 인사대권까지 포함한다. 만일 생쥐가 호랑이의 조아를 갖게 되면 어찌되는 것일까? 백수의 왕 수준은 아닐지라도 나름 자신의 관할 영역에서 호랑이처럼 군림할 수 있다. 이른바 혜서조아鼷鼠爪牙가 그것이다. 토호와 조직 폭력배 등이 이에 해당한다.

인간은 만물의 영장이다. 본질적으로 호표와 혜서만큼의 차이가 있을 턱이 없다. 현자와 불초한 자의 차이 또한 백지 한 장 차이밖에 없다. 한 비자는 이를 직시했다. 군주가 조아를 잃는 순간 그 조아를 취득한 신하에게 이내 제압당할 수밖에 없다고 역설한 이유다. 한신은 당대 최고의 전략가이자 명장이고 한나라 건국의 최고 공신이었다. 그는 능히 유방을 배신하고 정족지세를 이뤄 장차 천하를 거머쥘 수도 있었다. 그러나 그는 건달 유방이 베푼 거래 관계의 은혜를 마치 선비의 의리로 착각하는 바람에 대사를 그르치고 9족이 멸하는 참사를 당했다. 천하를 거머쥐고자 하는 자에게 군사적 재능은 소재小才에 불과하다. 천하대세를 읽는 안목과 비상한 결단, 강고한 의지, 강력한 추진력, 인재를 거둬들여 부릴 줄 아는 용인술 등이 훨씬 중요하다. 물론 건달 출신인 유방이 이런 덕목을 모두 지닌 것은 아니다. 그의 득천하를 어부지리로 평가하는 이유다.

유방이 어부지리를 얻도록 만든 장본인은 한신 자신이다. 항우도 같은 경우다. 두 사람 모두 내심 유방을 우습게 여겼을 공산이 크다. 그러나 이는 커다란 착각이었다. 난세에 큰 꿈을 꾸는 건달 출신이 터득한 허풍과 배짱은 휘황한 빛을 발하게 돼 있다. 도덕의 잣대를 들이대서는 안 되는 이유다. 오히려 낯가죽이 두껍고 속마음이 시꺼먼 탓에 기존의 관행과 가치관에 얽매일 필요가 없어 난세의 임기응변에 유리하다.

알량한 샌님에 불과했던 한신은 자신의 군사적 재능만 믿고 유방의 경계심을 극도로 자극하다 비참한 최후를 맞이했다. 자업자득이라 할 수 있다. 초나라 명문가 출신 항우도 하등 다를 게 없다. 두 사람 모두 유가의 인의를 숭상하며 당대 최고의 명문가인 송씨와 공씨 집안 등을 배경으로 삼은 장제스가 시골뜨기 출신 마오쩌둥을 우습게 여겼다가 패퇴한 것과 닮았다. 후흑학의 관점에서 볼 때 한신은 얼굴만 두꺼웠을 뿐 마음은 시꺼멓지 못해 횡사한 경우에 속한다. 리쭝우가 그를 면후심백의 전형으로 구분한 이유다. 『후흑학』에 나오는 리쭝우의 평이다.

"한신은 젊었을 때 남의 가랑이 밑을 기어가는 모욕을 능히 참았다. 뻔뻔한 정도가 유방에 못지않았다. 그러나 속마음이 시꺼먼 점에서는 아직 훈련이 덜 되었음에 틀림없다. 그가 제나라의 왕이 됐을 때 만일 괴철의 말을 들었더라면 더할 나위 없이 존귀한 자리에 올랐을 것은 말할 것도 없다. 그러나 그는 옷을 벗어 입혀 주고 밥을 먹여 준 유방의 은혜가 못내 마음에 걸린 나머지 경솔하게도 '남의 도움으로 옷을 입은 자는 그 사람의 어려움을 걱정해야 하고, 남의 도움으로 먹고사는 자는 그 사람의 일을 위해 죽어야 한다'고 말했다. 그러나 그는 이후 여후의 손에 의해 장락궁長樂宮 종루에서 목이 잘리고 9족이 몰살당했다. 이는 진실로 그 스스로가 초래한 것이다."

그럼에도 당시 한신이 구사한 무략은 놀라운 바가 있다. 객관적으로 볼 때 『사기』에 수록된 초한지제의 영웅들 가운데 가장 왜곡된 인물을 꼽으라면 단연 항우와 한신을 들 수 있다. 한신과 어깨를 나란히 할 정도로 뛰어난 무략을 지녔던 항우는 사마천의 숨은 노력 덕분에 영웅의 면모를 후대에 전할 수 있었다. 그러나 한신의 경우는 혁혁한 무공이 거의 말소되다시피 했다. 다행히 최근 학자들의 연구 덕분에 한신은 중국의 전 역사를 통틀어 가장 뛰어난 전략가로 재평가받고 있다. 이중톈이 백가강단에서 한신을 유방 및 항우와 같은 반열에 올려놓고 집중 조명을 한 것도 학계의 이런 흐름과 무관치 않을 것이다.

蕭何 소하蕭何는 유방과 마찬가지로 패현 풍읍 출신이다. 패현의 총무와 인사를 주관하는 수령의 직속 속관인 공조연功曹掾으로 있었다. 아전의 우두머리였던 셈이다. 소하는 유방이 건달로 지낼 때 늘 도와주었다. 한번은 유방이 부역에 징집된 사람을 이끌고 함양으로 갈 때 다른 관리들은 노자로 그에게 3백 전을 주었으나 소하만은 5백 전을 주었다. 유방이 거병한 후 거의 모든 내정을 소하에게 맡긴 이유다. 형법과 율령에 밝았던 점을 높이 산 결과이기는 하나 건달로 지낼 때 통 큰 모습을 보인 점도 크게 작용했다. 한고조 유방이 즉위할 때에 소하가 논공행상에서 으뜸가는 공신으로 꼽힌 것도 이런 맥락에서 이해할 수 있다. 유방이 항우와 치열한 접전을 벌일 때 소하는 관중에 머물며 군량과 병력을 차질없이 제공했다. 덕분에 천하통일 후 제후에 봉해지고 식읍 7천 호를 하사받은 것은 물론 그의 일족 수십 명도 각각 식읍을 받았다. 파격적인 포상이었다. 이후에도 소하는 한신 등의 반란을 평정하는 공을 세웠다.

처음에 함양에 입성했을 당시 유방의 군사는 함양궁의 화려한 모습에 넋을 잃었다. 귀중한 보물과 궁녀 모두 약탈 대상이었다. 유방도 예외가 아니었다. 그는 함양궁에 눌러앉고자 했다. 「소상국세가」의 기록이 이를 뒷받침한다.

"패공이 함양에 이르자 제장들이 금백金帛과 부고府庫로 다투어 달려가 이를 무더기로 나눠 가졌다."

이게 당시 상황에 가장 가까운 기록이다. 「고조본기」의 해당 기록은 여타 세가 및 열전을 참조해 반드시 비교해 보아야 한다. 그래야 진실을 알 수 있다. 유방에 관한 기사 가운데 세가 및 열전에만 기록된 것이 부지기수이기 때문이다. 사마천이 고조의 일로 쓰기 어려운 기사를 「고조본기」에 싣지 않고 의도적으로 여타 세가와 기록했을 공산이 크다. 사마천이 「고조본기」에서 유방의 군사가 함양의 궁성에 난입했는지 여부를 놓고 두루뭉술하게 기술해 놓은 것은 부득이했던 셈이다. 궁형을 당한 사마천으로서는 달리 좋은 방법도 없었다.

주목할 것은 이때 소하가 보인 행보이다. 사마천은 「소상국세가」에서 오직 소하만이 먼저 진나라 승상부로 들어가 지도와 전적을 수습해 보관했다고 기록했다. 해당 기록이다.

"고조의 뒤를 이어 관중에 들어온 항우와 제후들은 함양을 불태우고 진나라 백성을 살육한 뒤 떠났다. 고조가 천하의 험한 요새지와 호구戶口의 다소多少, 병력의 강약이 어디에 있는지 소상히 알 수 있게 된 것은 소하가 진나라 도적圖籍을 손에 넣은 덕분이다."

훗날 유방이 천하를 거머쥔 뒤 논공행상을 할 때 소하의 공을 높이 평가한 것도 이때의 일이 영향을 준 것으로 보인다. 당시 소하는 진나라 승상과 어사의 율령, 도서 등을 거두어 보관했다. 덕분에 두 달 동안 진나라의 율령과 도서에 의거해 나름 새 왕조 건립의 예행 연습을 할 수 있었다. 약법삼장은 그 결과물이라 할 수 있다. 당시 유방의 무리는 항우와 달리 일찍부터 소하를 중심으로 한 관료체제가 가동되고 있었던 셈이다. 이를 조금만 확장 보강하면 이내 진 제국과 유사한 중앙집권적 관료체제를 구축할 수 있다. 실제로 유방이 세운 한 제국은 바로 그런 식으로 흘러갔다. 후대의 사가들이 소하의 공을 높이 평가한 이유다.

소하의 이런 행보는 21세기 스마트 혁명 시대의 관점에서 볼 때 멀리 앞날을 내다보는 준비 경영의 전형에 해당한다. 당시 진나라는 중앙집권 체제를 유지하기 위해 매우 정교한 법체계를 구축하고 있었다. 지난 1975년 후베이 성 운몽현 수호지睡虎地의 전국시대 말기 진나라 관원의 분묘에서 발견된 진간秦簡이 이를 뒷받침한다. 2002년 6월에도 후난 성 용산현에서 3만 매에 달하는 진간이 발굴된 바 있다. 진간은 문서와 서간을 뜻하는 간독簡牘의 일종이다. 원래 간독은 종이가 출현하기 전에 두루 사용된 문서로 죽간과 목간을 통칭한 말이다. 간혹 가격이 비싼 비단을 사용하기도 했다. 이를 백서帛書라고 한다. 간독의 실체가 일반에 널리 알려진 것은 20세기 이후이다. 1901년 3, 4세기 무렵에 만들어진 목간 50매가 최초로 발견된 후 1907년 돈황한간敦煌漢簡 900매, 1930년 거연한간居延漢簡, 1975년 운몽진간雲夢秦簡 1천여 매 등이 차례로 출토됐다.

진한지제 당시 가장 널리 사용된 것은 죽간이었다. 죽간은 대나무 마디를 끊어 1, 2척가량의 적당한 길이로 골라서 세로로 끊어 만들었다. 그런 다음 불에 가까이해서 푸른 색깔을 없애고 사용하였다. 현존하는 죽간으로 가장 오래된 것은 전국시대 초나라 사람 무덤에서 나온 초간楚簡

이나 가장 유명한 것은 후난 성 장사 마왕퇴 한묘와 산둥 성 임기현 은 작산에서 출토된 한간漢簡이다. 은작산 한묘에서는 『손자병법』과 『손빈병법』 등의 죽간이 대거 출토됐다. 내몽골 카라호트에서 발견된 목간은 2만 2천여 매에 달한다.

운몽진간에 포함돼 있는 전율田律에는 봄에 삼림에서 목재를 잘라 반출해서는 안 되고, 흐르는 물을 방죽 등으로 막아서는 안 된다는 등의 규정이 실려 있다. 문서 전달에 관한 행서율行書律은 중앙에서 하달된 서류나 속달로 명기된 서류는 즉시 전송해야 하고, 일반 서류도 당일 전송해야 한다고 규정해 놓았다. 이밖에도 현지 법정에서 행한 사례 또는 그것에 의거한 관행적 판단의 뜻을 지닌 정행사廷行事 등의 규정도 보인다. 소하가 함양의 궁전에서 압수한 각종 문서에는 대부분 이런 규정이 포함돼 있었을 것이다. 실제로 약법삼장 선언에도 불구하고 이후 한나라는 진나라 법제를 거의 그대로 원용했다. 약법삼장은 지금으로 치면 일종의 헌법 원리에 해당한다. 가혹한 법에 시달리던 진나라 백성들은 헌법 원리의 선언에도 쌍수를 들고 환호했다. 「고조본기」의 다음 기록이 이를 뒷받침한다.

"진나라 백성들이 소와 양, 술과 밥을 다투어 가져와 유방의 군사에게 바쳤다. 당시 유방은 이를 간절히 사양하며 받지 않았다. 유방이 사양하며 말하기를, '창고의 곡식이 많아 양식을 결할 일이 없소. 백성들로 하여금 양식을 소모케 하고 싶지 않소'라고 했다. 백성들이 더욱 기뻐하며 오직 유방이 관중에서 진나라 왕이 되지 못할까 걱정했다."

당시 유방은 사람을 시켜 진나라 관리들과 함께 여러 현縣, 향鄕, 읍邑 등을 돌아다니며 이를 선포하게 했다. '현'은 지방 행정의 중심 도시, '향'

은 그 밑의 행정 단위 마을, '읍'은 최말단의 자연 취락을 말한다. 「고조본기」의 기록처럼 진나라의 모든 백성이 새 세상이 왔다며 크게 기뻐했을 것이다.

◎ 천하를 천거하다

소하가 세운 공 가운데 빼놓을 수 없는 것이 천하의 병법가인 한신을 끌어들인 일이다. 항우를 집중 성토한 전영의 격문이 도착하자 유방은 곧 휘하 참모들을 모아 놓고 대책을 논의했다. 장함과 사마흔 및 동예에 의해 삼분된 관중, 즉 삼진三秦을 능히 접수할 수 있다는 전망이 중론을 이뤘다. 우선 감시자 자격으로 파견된 항백을 포섭할 필요가 있었다. 이 일은 생각보다 쉽게 끝났다. 관중을 탈환한 후 장함 대신 옹왕의 자리에 앉히겠다는 회유가 그대로 먹혔다. 이제 관중을 탈환하기 위해서 언제 어떻게 결행할 것인가 하는 결단의 문제만 남아 있었다. 그러나 남정에 도착했을 당시의 상황은 그리 녹록하지 않았다. 「고조본기」의 기록이다.

"남정에 이르렀을 때 여러 장수와 병사들 가운데 행군 도중 달아난 자가 매우 많았다. 이들 모두 고향 노래를 부르며 동쪽으로 돌아가고자 했다."

이런 상황에서 관중 탈환은 사실상 불가능했다. 더욱 놀라운 일은 승상 소하까지 어느 날 문득 사라진 것이다. 소하의 도주는 유방 집단의 궤멸을 의미했다. 어떤 사람이 이를 유방에게 보고했다.

"승상인 소하가 달아났습니다."

유방은 마치 양팔을 다 잃은 듯이 대로했다. 하루 이틀 지난 뒤 소하가 돌아와 유방을 알현했다. 유방은 화도 나고 기쁘기도 하여 소하에게 꾸짖듯 물었다.

"그대가 도망치다니 어찌된 일인가?"

"신이 감히 도망칠 리 있겠습니까? 신은 단지 도망치는 사람을 쫓아갔을 뿐입니다."

유방이 물었다.

"그대가 쫓아간 사람이 누구인가?"

소하가 대답했다.

"한신입니다."

유방이 다시 화를 냈다.

"제장들 가운데 도망친 자가 지금까지 십여 명에 달하나 그대는 한 번도 쫓아간 적이 없다. 한신 같은 자를 쫓아갔다는 것은 나를 속이려는 짓이다."

소하가 말했다.

"지금까지 도망친 장수들은 어디서나 쉽게 얻을 수 있는 자들뿐입니다. 그러나 한신 같은 자는 나라에 둘도 없는 인재입니다. 군왕이 한중에서만 오랫동안 왕을 칭하고자 한다면 한신을 쓸 일이 없습니다. 그러나 반드시 천하를 쟁취하고자 한다면 한신이 아니고는 함께 대계를 꾀할 사람이 없습니다. 신은 단지 군왕의 계책이 어떻게 결정되느냐를 보고자 할 따름입니다."

유방이 말했다.

"나 또한 동쪽으로 진출하고 싶은 생각뿐이오. 어찌 답답하게 여기에 오래 머물 수 있겠소?"

소하가 말했다.

"반드시 동쪽으로 진출할 생각을 갖고 한신을 중용하고자 하면 한신은 곧 이곳에 머물 것입니다. 그러나 한신을 중용하지 않으면 그는 끝내 도망치고 말 것입니다."

유방이 흔쾌히 말했다.

"과인이 공의 천거를 좇아 그를 장군으로 삼겠소."

"비록 장군으로 삼을지라도 한신은 머물지 않을 것입니다."

"그러면 그를 대장으로 삼겠소."

소하가 말했다.

"큰 다행입니다."

유방이 곧바로 한신을 불러 대장군에 임명하려고 하자 소하가 말했다.

"대왕은 종래 오만하고 무례하십니다. 지금 그를 대장에 임명코자 하면서 마치 어린애를 부르듯 합니다. 이것이 바로 그가 도망친 이유입니다. 대왕이 꼭 그를 부르고자 하면 길일을 택해 목욕 재계를 하고 단을 만들어 예를 갖추십시오. 그래야만 가능할 것입니다."

유방이 이를 허락하자 제장들이 모두 기뻐했다. 저마다 내심 자신이 대장이 될 것으로 생각했다. 그러나 막상 대장을 제수할 때에 이르러 당사자가 한신인 것을 알고는 전군이 크게 놀랐다.

한나라의 건국 과정에서 소하가 이룬 공적 가운데 가장 뛰어난 것은 역시 한신을 천거한 일이다. 소하는 유방의 군단에 귀의한 한신과 수차례 얘기를 나눠 보고는 그의 기재를 단박에 알아보았다. 그러나 누차에 걸친 소하의 천거에도 불구하고 유방은 들은 척도 하지 않았다. 한신도 유방이 자신을 중용하지 않는 것으로 생각해 달아났다. 소하는 한신이 도망쳤다는 말을 듣자 유방에게 보고하는 것도 생략한 채 곧바로 직접 그를 찾아 나섰던 것이다. 논리적으로 볼 때 한신이 없었다면 유방의 천하 통일도 없었고, 소하가 없었다면 한신도 신출귀몰한 용병술을 마음껏 발휘하지 못했을 것이다. 소하가 공신 가운데 으뜸을 차지한 배경을 대략 짐작할 수 있다.

아이러니하게도 여후가 한신을 장락궁으로 유인해 죽일 때 결정적인 역할을 한 사람도 소하이다. 한신의 입신과 패망을 두고 후대인들이 "성야소하成也蕭何, 패야소하敗也蕭何"라고 말하는 이유다. 성공하는 것도 소하에 달려 있고, 실패하는 것도 소하에 달려 있다는 뜻이다. 한 사람의 손에 성패가 모두 달려 있음을 비유할 때 사용한다. 그러나 엄밀한 의미에서 볼 때 한신의 죽음은 소하 때문이 아니다. 초왕에서 회음후로 작위가 깎였을 때 이미 도마 위의 고깃덩이로 전락해 있었다. 유방은 단지 무지막지한 토사구팽으로 후대인들로부터 커다란 비판을 받은 월왕 구천의 전철을 밟지 않기 위해 때가 오기를 기다리고 있었을 뿐이다. 한신을 발탁한 당사자는 어디까지나 소하가 아니라 유방이었다. 유방의 의심을 사지만 않았다면 두 사람의 만남은 춘추시대에 첫 패업을 이룬 관중과 제환공의 만남처럼 미담으로 남았을지도 모를 일이다. 그러나 역사는 정반대로 흘러갔다.

망아지를 풀어 수말을 얻다

여러모로 사람을 믿지 못했던 유방은 가장 가까운 소하조차 믿지 못하는 호의 행보를 보였다. 이는 팽성전투의 참패로 인해 유방이 크게 의기소침해 있을 때 일어났다. 당시 유방은 팽성전투의 패배 이후 심기일전의 자세로 일시 숨을 죽이며 힘을 기르는 일종의 도광양회의 계책을 구사했다. 늪지대에서 힘을 비축한 뒤 전략 요충지인 형양을 손에 넣고자 한 것이다. 이는 형양의 서북쪽에 위치한 거대한 곡물 저장소 오창敖倉을 겨냥한 것이었다. 원래 오敖는 성대하다는 의미이고, 창倉은 곡물 창고를 뜻한다. 오창의 확보는 승부를 가르는 관건에 해당했다.

기원전 204년 5월, 유방이 형양에 이르자 사방으로 궤주했던 패잔병이 하나 둘 모여들기 시작했다. 관중에 있던 소하는 그간 군역을 부과하지 않았던 23세 미만과 56세 이상의 남자를 모두 징발해 형양으로 보냈다. 소하가 파견한 관중의 병사는 대부분 노인과 소년이어서 전투에 직접 투입하기는 어려웠다. 그런데도 소하는 왜 이런 병사들을 형양으로 보낸 것일까? 여기에는 고도의 노림수가 있었다. 유방이 팽성을 공격할 때 동원한 병력은 대부분 관중의 장정 출신들이었다. 유방이 팽성전투에서 참패한 후 사방으로 달아난 이들이 선택할 수 있는 것은 떠돌이 유적이 되거나 다시 유방군에 참가하든가 둘 중 하나밖에 없었다. 소하가 노린게 바로 이것이었다. 실제로 사방으로 돌아다니던 패잔병들이 속속 가족을 찾아 형양으로 돌아왔다. 소년과 노인을 차출해 형양으로 보낸 의도가 적중한 셈이다. 망아지를 풀어 암말을 모으고, 암말을 풀어 수말을 모으는 식의 미마계美馬計와 닮았다. 「고조본기」는 당시 상황을 이같이 묘사해 놓았다.

"유방의 군사가 다시 크게 활기를 띠기 시작했다."

소하의 책략이 적중했음을 보여 주는 대목이다. 팽성전투 후 자진해서 유방군에 투신하려는 사람은 거의 없었던 상황에서 소하가 유방의 걱정을 덜어 준 것이다. 중원으로 진출하는 교두보이자 관중을 방어하는 최전선이 된 형양은 초한지제의 승패를 가르는 요충지에 해당했다. 유방이 형양을 확보한 가운데 나름 힘을 키운 데는 소하의 역할이 절대적이었다. 「소상국세가」의 다음 기록이 이를 뒷받침한다.

"한 3년, 한왕과 항우가 경과 색 땅 사이에서 대치했다. 주상主上이 자주 사자를 보내 승상을 수고롭게 했다."

유방은 왜 사자를 자주 보내는 식으로 승상 소하를 수고롭게 만든 것일까? 당시 곤경에 처해 있던 유방은 소하를 의심하고 있었다. 이를 뒷받침하는 대목이 「소상국세가」에서 나온다.

"포생鮑生이 하루는 소하에게 말하기를, 지금 한왕은 누더기를 걸친 채 야전을 치르느라 여념이 없는 와중에 일부러 여러 번 사자를 보내 승상을 수고롭게 하고 있습니다. 이는 한왕이 내심 승상을 마음속으로 믿지 못하기 때문입니다. 승상을 위한 계책으로 말하면 승상의 자손과 형제 가운데 무릇 병사가 될 만한 자를 모두 형양으로 보내는 것보다 나은 게 없습니다. 그러면 한왕은 필히 지금 이상으로 승상을 믿게 될 것입니다."

포생은 포씨 성을 가진 유생을 말한다. 소하가 총애한 선비로 짐작된다. 소하는 그의 건의를 좇아 그대로 시행했다. 「소상국세가」는 그 결과를 '한왕대열漢王大說'로 표현해 놓았다. 유방이 크게 기뻐했다는 것이다. 유방은 소하의 헌신적인 노력 덕분에 기사회생하게 되었음에도 이처럼 충성스런 자에게 의심을 거두지 않았던 것이다. 유방은 환난은 같이 나눌지라도 복록은 함께 누릴 만한 인물이 못 되었다. 토사구팽이 단순히 일어난 게 아님을 알 수 있다.

소하의 계책 덕분에 떠돌이 유적이 될 뻔한 패잔병들을 다시 그러모으는데 성공했지만 이들은 기본적으로 구사일생으로 살아남은데 따른 공포감을 지니고 있었다. 정예병의 충원이 필요했다. 이를 충족시킨 인물은 한신이었다. 팽성전투 당시 한신은 엄정한 군기를 유지한 덕분에 유방군의 참패에도 불구하고 자신의 부대를 거의 그대로 유지할 수 있었다. 팽성전투에서 대승을 거둔 후 승승장구로 북상하던 항우의 군사를 형양의 남쪽 경현京縣과 북쪽의 색현索縣에서 저지한 것도 바로 한신의 군사였다. 한신이 이를 저지하지 못했다면 유방이 형양을 거점으로 그토록 빠른 시간에 재차 기력을 회복하기는 어려웠을 것이다. 주목할 점은 누구의 공이 더 큰 것인가 하는 문제가 아니라 유방이 참패에도 불구하고 소하와 한신 등의 헌신적인 노력 덕분에 비교적 짧은 시간 안에 이전 수준에 육박하는 기력을 회복한 점이다. 크게 패했을 때는 앞날에 대한 낙관적인 생각이 도움이 될 수 있다. 매사가 그렇듯이 적과 생사를 건 접전을 벌일 때는 최후의 결전에서 승리하는 것이 중요하다. 결전에 이르는 과정에서 빚어지는 크고 작은 승부에 연연할 필요는 없다. 매사에 낙관적이었던 유방은 그같이 생각했을 공산이 크다. 사령관의 의지와 심기가 전쟁의 승패를 좌우한 대표적인 사례로 꼽을 만하다.

🌫 사냥개를 부리는 사람

소하는 천하통일 이후 승상에 임명되자마자 곧바로 법령과 규약을 공포한 뒤 한 제국의 기반을 튼튼히 하는 일련의 조치를 취했다. 종묘사직과 궁실의 건립이 그것이다. 여기서 나온 성어가 바로 그 유명한 공구공인功狗功人이다. 사냥개의 공도 크지만 사냥개를 부리는 사람의 공이 더 크다는 뜻이다. 「소상국세가」에 따르면 유방이 논공행상을 하면서 소하를 지금의 허난 성 영성현 서남쪽 찬후酇侯에 봉하면서 제1등으로 기록했다. 공신들이 입을 모아 항의했다.

"신들은 몸소 갑옷을 입고 무기를 잡았습니다. 많게는 100여 회, 적게는 10회를 출전해 적과 싸웠습니다. 소하는 전장에 나가 목숨을 걸고 싸운 적이 없고 단지 붓을 잡고 의논만 했을 뿐입니다. 그런데도 그 공이 오히려 신들보다 위에 있게 되었으니 이는 어찌된 일입니까?"

유방이 물었다.

"그대들은 수렵을 아는가?"

"압니다."

"사냥개가 무엇을 하는지 아는가?"

"압니다."

유방이 말했다.

"무릇 수렵할 때 짐승이나 토끼를 쫓아가 죽이는 것은 사냥개이고, 사냥개를 풀어 짐승이 있는 곳으로 내달리도록 지시하는 것은 사냥하는 사람이다. 지금 그대들은 한낱 달려가는 짐승을 잡을 수 있을 뿐이다. 이는 사냥개의 공이다. 그러나 소하는 사냥개를 풀어 짐승이 있는 곳으로 내달리도록 했으니 이는 사냥하는 사람의 공이라고 할 수 있다. 게다가 제군들은 홀로 짐을 좇았다. 많아 봐야 2, 3인에 불과했다. 그러나 소하는 수십 명을 천거해 짐을 좇게 했다. 짐은 그 공을 잊을 수 없다."

군신들은 더 이상 감히 말할 생각을 하지 못했다. 여기서 사냥개와 사냥하는 사람을 대비시킨 공구공인의 성어가 나왔다. 소하는 단순히 행정 수완만 뛰어났던 게 아니라 인재의 천거에도 남다른 공을 세웠던 것이다. 주목할 것은 소하가 공구공인의 대공을 세울 수 있었던 데에는 어느 정도 유방의 신임이 뒷받침됐기에 가능했다는 점이다. 대표적인 예가 있다. 기원전 205년 8월, 유방이 형양으로 가면서 소하에게 명하여 관중을 굳게 지키면서 태자 유영을 보필하게 했다. 이때 유방은 소하에게 상주하여 결재를 받을 여유가 없을 때는 정황을 좇아 편의대로 시행한 뒤 나중에 보고하는 전결권을 부여했다. 「소상국세가」의 해당 기록이다.

"한왕이 제후들과 함께 초나라를 칠 때 소하는 관중을 지키면서 태자를 시봉했다. 소하는 함양 대신 동쪽 약양櫟陽을 수도로 하고 법령과 규약을 만들었다. 또 종묘와 사직, 궁실, 현읍縣邑을 만들 계획을 세워 그때마다 상주했다. 그의 상주는 모두 그대로 받아들여졌다. 다급하여 상주할 겨를이 없을 때는 먼저 편의에 따라 임의로 조치한 뒤 나중에 상주하도록 했다."

소하가 뛰어난 행정 수완을 마음껏 발휘할 수 있었던 것은 바로 유방이 내린 이 전결권 덕분이었다. 당시 소하는 무략이나 유세 등에서는 큰 재주가 없었으나 행정 수완만큼은 단연 발군이었다. 천하를 거머쥐는 득천하에는 조참처럼 뛰어난 용장과 장량과 진평 등의 책사가 필요하지만, 천하를 다스리는 치천하에는 소하처럼 뛰어난 행정가가 필요한 법이다. 유방이 소하로 하여금 사방으로 정복한 영토를 진 제국의 법제를 본받아 군현체제로 편제하도록 한 것은 높이 평가할 만하다. 이는 새 왕조의 건립 기반을 닦는 일이기도 했다. 소하는 새왕 사마흔, 적왕 동예, 하남왕 신양, 은왕 사마앙이 항복하고 서위왕 위표가 자진해 합류할 당시 위표의 영지를 제외한 나머지 네 왕의 영지를 농서隴西, 북지北地, 상上, 위남渭南, 하상河上, 중지中地, 하남河南, 하내河內 등으로 편성했다. 새 왕조의 기반을 튼튼히 하기 위해 의도적으로 진 제국의 지방 행정 편제를 좇은 것이다. 항우를 제압한 순간 명실상부한 제국 체제가 곧바로 작동한 근본 배경이 여기에 있다.

사실 소하는 새 왕조가 본격 출범하기 전에 이미 제국 체제를 성공적으로 시험 가동한 바 있다. 「소상국세가」에 따르면 진나라 때 군의 감독관인 어사御史가 공무를 감독하기 위해 지방으로 와 소하와 함께 일을 한 적이 있다. 소하는 늘 일을 조리 있게 처리했다. 근무 평가는 군 단위로 행해졌다. 어사는 그에게 사수군泗水郡의 졸사卒史 가운데 최고의 평점을 내렸다. 졸사는 현의 아전을 포함해 해당 군의 군수 휘하 모든 실무 담당관인 아전을 뜻한다. 군의 졸사 가운데 최고의 평가를 받으면 현령이나 군수 등 고관으로 나아가는 길이 열린다. 어사는 소하를 입조시켜 등용하고자 했으나 소하는 극구 사양하며 가지 않았다. 당시 유방의 휘하 가운데 소하처럼 진 제국의 행정과 법제상의 장점을 잘 이해하고 있었던 인물은 없었다. 유방의 함양 입성 때 소하가 진나라의 율령과 도서를 입수한 것은 이미 먼 앞날을 내다본 신의 한 수였다. 여기에는 패현에서 아전의 우두머리인 공조연功曹掾으로 재직한 경력이 큰 도움이 됐다.

「소상국세가」에 따르면 소하는 유방이 항우와 접전을 벌일 때 한 번도 군량과 병력의 공급이 모자라거나 끊어지게 만든 적이 없었다. 소하의 행정 능력도 탁월했지만 유방이 전결권을 부여하지 않았다면 불가능한 일이었다. 유방 휘하의 수많은 장상들 가운데 소하만큼 유방의 핵심 복심으로 일한 인물도 드물다. 그는 유방의 또 다른 분신인 그림자에 해당했다.

☁ 가산을 헐어 의심을 피하다

소하는 제갈량과 더불어 역사상 최고 수준의 정사를 펼친 행정의 달인으로 칭송받았다. 나아가 막강한 실권을 가지고 있었으면서도 욕심이 없었고, 윗사람이나 아랫사람에게 신뢰와 존경을 받는 청렴한 관리의 표본으로 간주됐다. 유방이 소하에게 모든 것을 맡긴 것도 이와 무관하지 않다. 사적인 세력을 만들지 않고 사리사욕을 챙기지 않는 그의 성품을 믿었기 때문이다. 그러나 우리말 속담에 "열 길 물속은 알아도 한 길 사람 속은 모른다"는 말이 있다. 군주와 신하의 관계가 이와 같다. 특히 유방처럼 의심이 많은 인물의 경우는 더욱 그렇다. 고금을 막론하고 군신의 관계를 맺을 때는 맨 먼저 상대가 어떤 사람인지를 분명히 알아야 한다. 이를 잘 알았던 장량과 소하는 범리의 전례를 좇아 천수를 누렸고, 반대로 이를 몰랐던 한신은 문종의 전철을 그대로 밟아 토사구팽 당했다. 사가들이 문종과 한신의 사례를 두고 역사는 돌고 돈다고 말한 이유다. 오월 시대가 끝난 지 3백 년 뒤인 초한지제에 판박이 사례가 재연됐기 때문이다. 사실 소하도 한신의 전철을 밟을 뻔했다. 유방은 한신을 토사구팽한 직후 소하를 승상에서 상국相國으로 높이고 5천 호를 더해 준 바 있다. 당시 유방의 속셈을 모르는 문무관원들이 소하를 찾아와 크게 축하했다. 이때 식객 가운데 한 사람이 소하에게 이같이 충고했다.

"승상은 큰 재앙이 오리라는 것을 알고 있습니까?"

소하가 크게 놀라 물었다.

"그게 무슨 말이오?"

식객이 대답했다.

"친정親征에 나선 황상은 비바람과 추위를 무릅쓰고 있습니다. 그러나 승상은 조정에서 한가로운 나날을 보내고 있습니다. 그런데도 승상을 상국으로 높이고 식읍도 늘려 주었으니 이는 무슨 뜻입니까?"

'친정' 운운은 유방의 광란적인 토사구팽을 돌려 표현한 것이다. 소하가 물었다.

"그게 무슨 뜻이오?"

식객이 대답했다.

"회음후가 모반을 꾀했기에 승상에 대해서도 의심하는 것입니다. 속히 가산을 헐어 군비로 충당하십시오. 그래야 화를 복으로 바꿀 수 있습니다."

소하가 황급히 식객의 말을 좇았다. 유방이 크게 기뻐한 것은 말할 것도 없다. 당시 유방은 소하처럼 자신의 속마음을 제대로 읽지 못한 팽월과 경포 등을 차례로 제거했다. 소하가 광란의 토사구팽 사태에서 벗어날 수 있었던 것은 말할 것도 없이 식객의 말을 좇은 결과였다.

기원전 195년 10월, 유방은 경포를 제압하고 귀경하던 중 고향인 풍읍에 들러 옛 친구들을 모아 놓고 잔치를 벌였다. 「고조본기」는 그가 직접 거문고와 유사한 13현 악기인 축筑을 타며 가무를 행했다고 기록해 놓았다. 당시 그가 읊은 노래이다.

대풍이 일어나니 구름도 올라가네 　大風起兮雲飛揚

위세를 해내에 떨치고 귀향했다네 　威加海內兮歸故鄕

어디서 용사를 구해 사방을 지킬까 　安得猛士兮守四方

이른바 「대풍가大風歌」이다. 원래 '대풍'은 난세, '구름'은 군웅을 뜻한다. 그러나 대풍은 유방 자신, 구름은 항우를 비롯한 여타 군웅으로 해석하는 게 더 그럴듯하다. 마지막 구절은 천하란 홀로 다스릴 수 없다는 취지를 담고 있다. 소하를 위시한 여타 공신을 지칭한 게 분명하다. 유방은 풍읍에 들른 지 얼마 안 돼 숨을 거뒀다. 그의 죽음은 그 자신이 직접 나서 손에 피를 묻히며 강신을 제거하는 토사구팽 작업이 사실상 마무리되었음을 알리는 종곡終曲인 동시에 외척인 여씨 일족의 참람한 발호를 알리는 서곡이기도 했다. 물론 그렇다고 유방의 리더십에서 전혀 배울 게 없다는 얘기는 아니다. 잇단 패배에도 굴하지 않고 마침내 뜻을 이룬 초인적인 투지를 비롯해 도움이 된다고 판단되면 무명의 인사일지라도 과감히 발탁하는 파격적인 인사, 항우의 허점을 노려 뒤집기에 성공한 임기응변, 파격적인 조건을 제시해 한신을 끌어들이는 설득술 등은 21세기 경제 전쟁에 그대로 써먹을 만한 것이다. 그러나 이게 끝이다.

중국의 역대 문인들이 수천 년에 걸쳐 유방이 아닌 항우를 소재로 삼아 그의 패배를 애석히 여기는 시를 대거 남긴 것도 이런 맥락에서 이해할 수 있다. 실제로 21세기 현재에 이르기까지 중국인들이 가장 좋아하는 인물은 유방이 아닌 항우이다. 항우와 유방의 리더십에 대한 비교 연구는 21세기 경제 전쟁 시대를 살고 있는 현대인에게 많은 것을 시사하고 있다. 당시의 시대 상황에만 초점을 맞춰 유방의 광란적인 토사구팽을 그대로 용인할 수만도 없는 이유다. 중국의 역대 제왕 가운데 청조의 강희제와 더불어 최고의 성군으로 손꼽히고 있는 당태종도 같은 입장이다. 이를 뒷받침하는 일화가 『당리문대』에 나온다. 이에 따르면 하루는 태종이 이정에게 물었다.

"사람들은 모두 한고조 유방을 두고 장수를 잘 다뤘다고 말하고 있소. 그러나 이후 한신과 팽월은 사형을 당하고, 소하는 투옥되었소. 어찌하여 이런 지경에 이르게 된 것이오?"

이정이 대답했다.

"신이 한고조와 항우를 보건대 모두 장수를 잘 다룬 군주는 아닙니다. 진나라가 멸망할 당시 장량은 조상이 대를 이어 한나라를 섬긴 상황에서 진시황이 한나라를 멸한 까닭에 한나라를 위해 원수를 갚고자 했습니다. 진평과 한신은 항우가 크게 써 주지 않는 것을 원망했습니다. 이들 모두 한고조의 세력을 빌려 스스로 분발한 것에 지나지 않습니다. 소하와 조참, 번쾌, 관영 등은 당초 망명객에 지나지 않았으나 한고조는 이들의 도움으로 천하를 손에 넣었습니다. 설령 진시황에게 패망한 6국을 다시 세웠을지라도 이들은 각자 고국을 생각했을 것입니다. 그러니 한고조에게 장수를 잘 다루는 뛰어난 자질이 있다고 한들 어찌 그들이 한고조만을 위해 일할 리 있었겠습니까? 신이 생각건대 한고조가 천하를 손에 넣게 된 것은 장량이 젓가락을 빌려 그림을 그려 가면서까지 득천하의 계책을 일러 주며 역이기의 움직임을 저지하고, 소하가 배와 수레를 사용해 식량을 제때 운반한 덕분입니다. 이로써 말하면 한신과 팽월이 죽임을 당한 것은 범증이 항우에 의해 내침을 당한 것과 같습니다. 신이 한고조와 항우 모두 장수를 잘 다루는 군주가 아니라고 말하는 이유입니다."

태종이 물었다.

"후한을 세운 광무제 유수는 한나라를 중흥한 뒤 한고조의 실패를 거울삼아 능히 공신을 보전하면서 대신 그들이 나랏일에 관여하지 못하게 했소. 이는 장수를 잘 다룬 경우에 해당하지 않소?"

이정이 대답했다.

"흔히 광무제는 조상의 기업 덕분에 쉽게 성공했다고 말합니다. 그러나 당시 왕망의 흉포한 기세는 항우 못지않았고, 구순寇恂과 등우鄧禹의 재능은 소하나 조참만 못했습니다. 그럼에도 오직 광무제만이 지성으로 사람을 대했고, 부드러운 도道로 천하를 다스리며 공신들을 보전했습니다. 그런 점에서 고조보다 훨씬 뛰어나다고 할 수 있습니다. 이를 감안해 장수를 잘 다룬 방안을 평할 경우 신은 광무제만이 그 요체를 얻었다고 봅니다."

이정의 광무제 유수에 대한 극찬을 액면 그대로 동의하기는 어렵지만 유방과 항우를 비롯해 초한지제에 활약한 영웅들에 대한 평은 나름 그 핵심을 정확히 짚고 있다. 주목할 것은 그가 항우는 물론 유방의 리더십에 대해서도 비판의 날을 세운 점이다. 후대에서 유방을 제왕 리더십의 전범으로 간주한 점을 감안하면 이는 매우 독창적인 견해에 해당한다. 21세기 스마트 혁명 시대의 관점에서 볼지라도 매우 주목할 만한 감계이다. 사상 두 번째의 통일 제국이었던 한나라가 유방 사후 외척인 여씨 일족의 전횡으로 인해 어지러운 모습을 보인 사실이 이를 뒷받침한다. 광무제의 경우를 통해 알 수 있듯이 아무리 창업 초기라 할지라도 토사구팽만이 능사가 아니라는 얘기다.

⚘ 준비 경영과 지피지기

개인 차원의 인간 본성을 논하는 인성론人性論과 국가 공동체 속에서 삶을 영위하며 자아실현을 추구하는 인간들의 본성을 논하는 민성론民性論은 구별할 필요가 있다. 『대학』의 논리를 빌리면 인성론은 수신제가, 민성론은 치국평천하 차원의 접근에 해당한다. 아리스토텔레스가 "인간은 정치적 동물이다"라고 갈파한 것은 인성론이 아니라 민성론을 언급한 것이다. 동양에서 민성을 최초로 언급한 인물은 전국시대 중엽 진나라를 최강의 군사 대국으로 만든 상앙商鞅이다. 그의 저서 『상군서商君書』는 시종 민성만을 언급하고 있다. 이러한 민성을 가장 체계적으로 분석한 사람은 전국시대 말기의 한비자이다. 그는 사람에 따라서는 남의 칭송을 받고자 하는 명예심이 이익을 좇아 무한 질주하는 욕망보다 더 강렬하다는 사실을 통찰했다. 아래는 이를 뒷받침하는 『한비자』 「궤사」의 해당 구절이다.

"지금 세인들은 군주의 자리를 업신여기며 권력을 우습게 여기는 자를 두고 고상하다고 말하고, 군주를 낮춰 보며 벼슬을 마다하는 자를 현명하다고 말하고, 이익을 무시하며 위세를 가벼이 여기는 자를 진중하다고 말하고, 법령을 따르지 않고 하고 싶은 바대로 행하는 자를 충실하다고 말하고, 명예를 숭상하며 관직에 나가지 않는 자를 정절이 뛰어난 열

사라고 말하고, 법을 가벼이 여기고 형벌이나 사형의 중벌도 피하지 않는 자를 용사라고 말한다. 지금 백성들이 명성을 추구하는 것이 이익을 추구하는 것보다 그 정도가 훨씬 심하다. 상황이 이럴진대 선비 가운데 먹을 것이 없어 극도의 빈궁에 빠진 자가 어찌 도인을 흉내 내 깊은 산속으로 들어가 수행하는 방식으로 명성을 다투려 들지 않겠는가? 세상이 제대로 다스려지지 않는 것은 신하들로 인한 것이 아니다. 바로 군주가 다스리는 도를 잃었기 때문이다."

명예를 추구하는 속성이 얼마나 강한지를 날카롭게 지적하고 있다. 맹자는 수신제가가 완성되면 치국평천하도 자연스럽게 이뤄진다고 보았다. 그러나 한비자는 정반대로 치국평천하 차원의 법치가 확립돼야만 부부자자父父子子로 상징되는 수신제가 차원의 자애와 효행도 이뤄질 수 있다고 보았다. 접근 방법이 정반대이다. 법가를 위시해 손무 등의 병가, 귀곡자 등의 종횡가, 사마천에 의해 그 이론이 집대성된 상가商家 모두 한비자의 손을 들어 주었다.

흔히 성악설은 순자가 처음 주장한 것으로 알려져 있으나 이는 잘못이다. 순자는 기본적으로 성性과 정情은 엄격히 나눌 수 없는 것으로 간주한 까닭에 '인성이 악하다'는 식으로 말하지 않았다. 그는 사람이 맛난 음식과 미색 등에 미혹되는 것은 매우 자연스런 일로 결코 인성론의 논의 대상이 될 수 없다고 보았다. 다만 인간의 자연스런 성정을 방치할 경우 국가 공동체가 혼란에 빠질 수밖에 없는 까닭에 일정한 제한을 가해야 하고, 그 제한은 윗사람이 솔선수범하는 예치禮治여야 한다고 주장했을 따름이다. 예치가 완벽하게 이뤄지면 길을 가는 행인도 능히 성인이 될 수 있다고 주장한 점에서 수신제가만 제대로 하면 누구나 성인이 될 수 있다고 역설한 맹자의 주장과 별반 차이가 없다.

고금을 막론하고 예치에 강제성을 부여하면 법치가 되고, 법치에 자율성을 보장하면 예치가 된다. 종이 한 장 차이밖에 없다. 맹자의 성선설과 대비되는 성악설을 주창한 사람은 순자의 제자인 한비자이다. 그가 말한 선악 개념은 수신제가가 아닌 치국평천하 차원에서 나온 것이다. 인간을 원자처럼 쪼개 개별적으로 고찰하는 맹자의 인성론과 거리가 멀다. 인성론의 가장 큰 특징은 이익을 향해 무한 질주하는 호리지성好利之性과 명예를 향해 줄달음치는 호명지심好名之心을 동시에 고찰한 데 있다. '호리'와 '호명'을 합쳐 통상 명리지심名利之心이라고 한다. 법가와 병가, 종횡가, 상가 모두 민성의 두 가지 측면인 명리지심에 주목했다. 명리지심을 적극 자극해 부국강병을 조속히 실현할 것을 촉구한 이유다. 명리지심의 '명'과 '리'는 늘 붙어 다니기는 하나 상황과 사람에 따라 약간 다른 모습을 띤다. 경쟁이 치열해지고 난세의 정도가 심해질수록 먹고사는 문제가 화급한 과제로 부상한다. 호명지심보다는 호리지성이 두드러지게 나타나는 이유다. 먹고살기 위해 남의 것을 훔치거나 빼앗고, 심지어 사람을 죽이는 등의 강력 범죄가 기승을 부리는 것도 바로 이 때문이다. 한마디로 예의염치가 사라지는 것이다. 관중이 『관자』 「목민」에서 "창고가 가득 차야 예의염치를 안다"고 역설한 것도 이러한 맥락에서다. 그러나 아무리 그런 상황일지라도 호명지심을 추종하는 무리는 늘 존재하기 마련이다. 사마천은 『사기』에서 유방의 무리를 그같이 파악했다. 나관중이 『삼국지연의』의 도원결의 대목에서 유비 일당을 의리 집단으로 묘사해 놓은 것과 같다.

사마천은 협기俠氣를 좇아 움직이는 자를 임협任俠으로 규정했다. 임협은 호방하고 의리가 있다는 뜻의 의협義俠 내지 호협豪俠과 통한다. 약자를 돕고 강자를 물리치는 이른바 '의리의 사나이'가 바로 그들이다. 명예는 먹고사는 문제처럼 긴박한 게 아니지만 사람에 따라서는 다르게 나타날 수 있다. 임협이 바로 그런 자들이다. 임협은 남들로부터 존중을 받고 싶어 하는 호명지심이 강렬하다. 따지고 보면 일반인도 호명지심이 호리지성 못지않게 강하다. 인간적으로 무시당했다는 느낌을 받을 때 격분하는 게 그 증거다. 사마천은 「중니제자열전」에서 호명지심의 대표적인 사례로 공자의 제자인 자로子路를 들었다. 자로는 자신에게 녹봉을 주는 주군을 위해 갓끈을 고쳐 매며 분투하다 목숨을 잃는 의리를 보여주었다. 이런 의리를 이른바 유협儒俠이라고 한다. 배우면서 의협의 기개를 보이는 자를 말한다. 자공이 배우면서 부를 추구하는 유상儒商의 길을 걸은 것과 대비된다. 진수는 『삼국지』에서 관우를 두고 배우면서 용맹을 떨치는 유장儒將으로 거론했다. 나관중은 『삼국지연의』에서 제갈량을 유장의 표상으로 그려 놓았다.

　사마천은 초한지제를 풍미한 임협의 무리를 크게 두 부류로 나누었다. 자로처럼 유협의 길을 걸은 사람은 「자객열전」, 유방 휘하에서 활약한 번쾌와 주발처럼 유협遊俠의 길을 걸은 사람은 「유협열전」에 따로 편제한 게 그렇다. 사다케도 이를 좇아 유방의 무리를 크게 두 가지 유형으로 나눴다. 그의 주장에 따르면 첫째, 주창과 주가 등 패현의 하급 관원들이다. 나름 글을 배운 까닭에 유협遊俠보다 유협儒俠에 가깝다. 사다케는 이들을 임협의 무리에서 배제했다. 둘째, 번쾌와 주발, 관영 등 패현의 건달들이다. 사다케가 주목한 무리가 바로 이들이다. 원래 번쾌는 개고기를 팔아 생계를 유지한 인물이다. 선비 부류와 천양지차가 있다. 주발은 멍석과 깔개를 파는 행상인 출신으로 사람들의 장례를 거들며 입에 풀칠을 했다. 관영 역시 옷감 행상을 하던 자이다.

한마디로 임협이라고 할 것도 없는 허접한 사람들이라 할 수 있다. 그럼에도 사다케는 왜 이들을 임협으로 간주한 것일까? 주목할 것은 이들 모두 유방이 기치를 들 때 적극 가담한 덕분에 고귀한 신분으로 변신한 점이다. 이들의 행보가 호리지성에 따른 것인지 아니면 호명지심에 입각한 것인지 여부를 따지는 것 자체가 무의미하다는 얘기다. 명예가 있는 곳에 이익이 따르고, 이익이 있는 곳에 온갖 유형의 명예직이 덧붙여지는 현실이 이를 증언한다. 호명지심에 충실했던 것처럼 보이는 장량이나 소하도 호리지성에 입각한 시정잡배 출신인 번쾌와 주발 등과 별반 차이가 없다. 이것은 유방 주변의 허접한 무리를 「자객열전」 내지 「유협열전」에 나오는 임협으로 간주한 사다케의 분석이 정곡에서 벗어났음을 보여준다. 유방 주변의 인물들 대부분은 이익을 주는 자가 바로 덕이 있는 자라고 말하는 사람들이었다. 사마천은 이들을 대단한 인물인 양 미화해 놓았지만 실은 호리지성에 충실한 시정잡배에 불과했다는 얘기다.

고금을 막론하고 난세에 중원축록의 각축전에 뛰어든 자들은 모두 기본적으로는 호리지성에서 출발하고 있다. 천시와 지리 및 인화가 절묘하게 맞아떨어지면 득록의 행운을 거머쥘 수 있다. 유방이 그런 경우이다. 반면 도중에 아무리 백전백승을 거둘지라도 마지막 결전에서 패하면 다 잡은 고기를 놓치는 실록의 비운을 만나게 된다. 항우가 바로 그렇다. 유방이 임협 같지도 않은 이들을 이끌고 천하를 거머쥔 것 자체가 항우의 실책에 편승한 반사이익의 성격이 짙다. 유방이 누린 반사이익은 초한지제 당시 항우가 늘 우위에 있었던 사실과 무관하지 않다. 조그마한 몸짓 자체도 침소봉대돼 선전될 소지가 컸다는 얘기다. 반대로 유방의 경우는 이런 위험 부담이 상대적으로 적었다. 객관적으로 볼 때 사람을 보는 안목에서 유방이라고 해서 항우보다 특별히 더 뛰어났던 것은 아니었다. 항우 곁을 떠났던 한신이 유방에게 귀의했다가 이내 유방에게 실망해 또다시 그의 곁을 떠나려 했던 것을 보면 알 수 있다. 당시 소하가 황급히 뒤를 쫓아가 설득하지 않았다면 유방의 창업도 물거품이 됐을지 모른다. 하지만 확실히 유방은 복이 있었다. 소하와 같은 인물이 곁에 있었다는 것은 행운이다. 좋은 여인을 만나 헌신적인 내조를 받은 것에 비유할 만하다. 복을 타고난 셈이다.

후흑학의 관점에서 볼 때 소하는 면후심백에 해당한다. 한신이 유방에게 실망해 달아났을 때 승상의 자리에 있었음에도 불구하고 체면을 내팽개친 채 그의 뒤를 황급히 쫓아간 것은 그의 면후를 방증한다. 여후의 사주를 받고 태연하게 한신을 궁중으로 불러들인 것도 같은 맥락에서 볼 수 있다. 다만 그는 심흑에 밝지 못했다. 유방의 의심을 사 투옥된 게 이를 뒷받침한다. 하지만 그가 심흑까지 밝았다면 유방이 그를 곁에 두지 않았을지도 모를 일이다.

조참편 | 무위의 자세로
천하에 임하다

曹參 유방이 거병할 당시 그의 휘하에는 대부분 글을 모르는 사람들밖에 없었다. 가장 학식이 높았던 소하와 조참도 지방의 아전에 지나지 않았다. 그럼에도 두 사람은 유방의 집단 속에서 단연 발군의 모습을 보여 한나라가 건국된 후 차례로 상국이 되어 나라를 다스렸다. 식견과 수완이 만만치 않았음을 보여 준다. 두 사람은 유방이 거병할 때부터 가담해 헌신적으로 보필했다. 도중에 합류한 장량과 한신, 진평 등과 근본적인 차이가 있다. 유방은 장량과 한신, 진평 등의 머리를 적극 활용했지만 속마음을 주지는 않았다. 그러나 소하와 조참은 달랐다. 두 사람은 유방의 분신과 같은 존재였다. 특히 조참의 경우가 그러했다. 소하는 여러 차례 유방의 의심을 사 한때 모반설의 무함에 걸려 투옥되기도 했지만 조참은 한 번도 그런 무함에 걸린 적이 없다. 그런 식의 무함을 했다가는 이내 목이 달아날 것이라는 사실을 다른 사람들이 익히 알았기 때문이다. 조참에 대한 유방의 신임은 그토록 두터웠다. 난세에 등장하는 임협

의 의리가 유방과 조참을 하나로 묶은 결과로 해석할 수밖에 없다. 「고조본기」는 소하를 호리豪吏로 기록해 놓았다. 호리는 지방 호족 출신으로 아전의 우두머리 역할을 한 자를 지칭한다. 유방이 봉기할 때 소하가 일족 수십 명을 이끌고 가담한 것도 바로 그가 호리였기에 가능했다. 유방의 입장에서 보면 일종의 객客에 해당한다. 자신의 명을 좇는 휘하의 무리를 이끌고 가담했기에 가능한 일이었다.

크게 보면 조참도 호리의 일원에 속한다. 대대로 패현의 아전 자리를 세습한 게 그렇다. 그러나 조씨 집안은 소씨 집안에 미치지 못했다. 「조상국세가」에서 소하를 아전의 우두머리인 주리主吏로 써 놓으면서 조참을 옥을 관리하는 아전인 옥연獄掾으로 기록해 놓은 게 그 증거다. '연掾'은 아전의 간부를 뜻하는 말이다. 옥연 밑에 옥리獄吏가 있었다. 경찰로 치면 파출소에 파견된 순경 등이 옥리, 파출소장 정도의 직급이 옥연, 즉 옥관獄官에 해당한다. 조참의 상관인 소하는 호리이자 주리로서 아전을 총지휘하는 자리에 있었던 만큼 지금으로 치면 해당 지역의 경찰서장쯤 될 듯싶다. 지금의 지방 시장에 준하는 현령을 곁에서 보좌하는 최고위 아전에 해당한다. 그러나 아무리 주리 내지 호리일지라도 엄격한 서열관계로 이뤄졌던 진한시대의 관료체계에 비춰볼 때 아전은 아전이다. 이들이 한나라가 건국한 후 차례로 승상도 아닌 상국의 자리에 오른 것은 중국의 전 역사를 통틀어 볼지라도 파격 중의 파격이었다. 진시황의 치세 때 같은 아전 출신인 이사가 승상의 자리에 오른 적이 있기는 하나 이사는 한비자와 함께 당대 최고의 학자인 순자 밑에서 체계적으로 학문을 익힌 학자 출신이다. 소하 및 조참과는 차원이 다르다. 실제로 역대 왕조의 개국 초기에 소하와 조참과 같은 아전이 승상의 자리에 오른 적은 없다. 유방이 사상 최초의 평민 출신 황제로 등극했기에 가능했던 일이다. 유방에 이어 두 번째로 평민 출신 황제가 된 명태조 주원장조차도 아전 출신을 재상의 자리에 앉힌 적은 없었다. 유방이 거병 초기부터 소하 및 조참 등과 맺은 끈끈한 인간관계에 후대의 많은 사가들이 주목한 이유다. 사다케는 이를 임협 관계로 풀이했다.

임협은 의기義氣와 협기俠氣가 합친 말로 난세에 빛을 발한다. 항우와 유방이 천하를 놓고 다툰 초한지제는 난세의 전형에 해당한다. 임협이 횡행할 수밖에 없다.

「진승상세가」에서는 이와 관련해 다음과 같은 진평의 언급이 나온다.

"대왕은 오만하고 거의 예절이 없는 까닭에 청렴하고 기개와 절조가 있는 선비는 대왕 곁에 가까이 오지 않습니다. 다만 대왕은 성품이 시원시원해서 작위와 영지를 아낌없이 부하에게 내리는 까닭에 완고하고 우둔하며 이익을 밝히고 부끄러움을 모르는 자들이 대왕 밑으로 모여들고 있습니다."

시정市井에서 생장한 임협은 한마디로 시정잡배를 달리 표현한 것에 지나지 않는다. 유방과 번쾌, 주발, 관영은 모두 시정잡배에 지나지 않았다. 이들 시정잡배의 출현은 상공업의 발달에 따른 금융 제도의 비약적인 발달과 불가분의 관계를 맺고 있다. 시정잡배들이 바로 부호富豪 및 시리市利들이 시장의 이익을 거둬들이는데 적극 개입했다는 의미이다. 일종의 앞잡이 역할을 한 셈이다. 사다케가 유방 휘하에 이런 인물들만 득실거렸는데도 불구하고 끝내 천하를 거머쥔 배경을 임협에서 찾은 것은 나름 일리가 있으나 정곡을 찌른 것은 아니다. 「유협열전」의 다음 대목에 주의할 필요가 있다.

"어떤 자가 말하기를, '누가 인의를 알겠는가? 이익을 누릴 수 있게 해주면 그가 바로 덕이 있는 자이다'라고 했다."

살벌하게 전개되는 21세기 경제전쟁의 양상도 이와 하등 다를 게 없다. 그런 의미에서 리쭝우가 『후흑학』에서 유방을 후흑의 달인, 항우를 박백의 전형으로 거론한 것은 나름 타당하다. 다만 항우에 대한 평가만큼은 일정 부분 수정이 필요하다. 리쭝우가 지적했듯이 유방은 결코 「고조본기」에 기록된 것과 같은 대장부가 아니었다. 나아가 항우 역시 사마천이 「항우본기」에 기록한 것처럼 하늘이나 원망하는 졸장부도 아니었다.

난세에 천하를 거머쥐기 위해서는 유방이든 항우든 불가피하게 후흑을 구사할 수밖에 없다. 유방은 절묘한 후흑을 구사해 천하를 거머쥐었다. 그러나 그의 득천하得天下가 치천하治天下의 성공으로 이어진 것은 아니다. 그의 사후 척족인 여씨 일족에 의해 한나라의 사직이 붕괴 일보 직전으로 몰린 게 그렇다. 사다케는 전한의 건립 배경을 임협에서 찾았지만 리쭝우가 언급한 후흑과 연관시켜 총체적인 시각으로 바라보는 게 보다 타당할 듯싶다. 사실 소하와 조참이 건국 직후 차례로 상국의 자리에 오르고, 오직 조참만이 유방의 전폭적인 신임을 받게 된 것도 이런 맥락에서 접근해야만 제대로 된 해석이 가능하다. 아전 출신인 두 사람이 차례로 승상의 자리에 오른 것은 임협의 관계에서 해답을 찾고, 소하가 무함에 걸려 투옥된 것은 유방의 후흑에서 그 배경을 찾는 게 합당하다는 얘기다.

꩜ 조참과 유방의 만남

「고조본기」는 당초 유방이 거병할 당시 패현의 자제들 가운데 유방을 따르고자 한 자가 많았다고 기록해 놓았다. 이는 역사적 사실에 부합한다. 패현의 현령은 진승의 무리가 패현으로 몰려온다는 소식이 들려오자 반군에게 패현을 바치며 목숨을 부지하고자 했다. 이때 조참이 상관인 소하와 함께 현령을 찾아가 말했다.

"공은 조정에서 파견한 진나라 관원입니다. 지금 진나라를 배반하고 패현의 자제를 통솔하려고 하나 이들이 말을 듣지 않을까 우려됩니다. 원컨대 공은 밖에서 도망 온 자들을 불러 모으십시오. 수백 명을 얻은 뒤 그 세를 이용해 저들 무리를 겁주면 저들이 감히 따르지 않을 수 없을 것입니다."

이는 현령의 목을 취하기 위한 계책이었다. 전후 맥락에 비춰 유방과 미리 교신이 있었다고 보인다. 패현 현령은 소하와 조참의 제언을 좇아 곧 번쾌를 시켜 유방을 불러오게 했다. 번쾌는 유방과 함께 해현의 늪지대에 은둔하고 있었다. 유방의 무리는 이미 수십에서 수백 명으로 그 숫자가 불어나 있었다. 패현의 현령은 이내 자신이 속은 것을 알고 크게 후회하며 성문을 닫고 굳게 지키면서 소하와 조참을 죽이려고 했다. 소하와 조참은 곧바로 성을 넘어 유방을 찾아가 몸을 의탁했다. 유방이 곧 비단에 편지를 쓴 뒤 성 위로 쏘아 올렸다.

"천하가 진나라로 인해 고통을 받아 온 지 오래되었습니다. 지금 부로들이 비록 현령을 위해 수비하고 있으나 제후들이 일제히 일어섰으니 이제 곧 패현을 도륙하러 올 것입니다. 지금 힘을 합쳐 현령을 주살하고 자제들 중 우두머리로 세울 만한 사람을 선발해 세우고 제후들과 호응하면 집안을 온전히 할 수 있을 것입니다. 그리 하지 않으면 부자父子가 모두 도륙을 당할지라도 어찌할 수 없습니다!"

협박이나 다름없다. 현령과 교섭하는 대신 여론을 주도하는 부로들을 끌어들이는 쪽을 택한 것이다. 결국 패현 현성의 부로들이 이내 자제들을 이끌고 가 현령을 죽인 뒤 성문을 열고 유방을 맞이했다. 현성의 부로들이 유방을 현령으로 삼으려고 하자 유방은 짐짓 사양했다. 추천과 고사가 몇 차례 계속됐다. 부로들이 물러서지 않자 유방은 못 이기는 체하며 현령의 자리에 올랐다.

사다케는 『사기』 「고조공신후자연표」에 기록된 143명의 공신 명단을 토대로 유방이 봉기할 당시의 참여자들을 크게 세 부류로 나눈 바 있다. 첫 번째 집단은 독자적으로 일족 등의 직속 세력을 이끌고 참여한 무리이다. 유방의 처족인 여택과 여석지를 비롯해 토호 출신인 노관과 소하 등이 그들이다. 두 번째 집단은 유방의 직속 집단이다. 번쾌와 심이기, 동설, 패가, 선녕, 병천 등이 그들이다. 대부분 유방처럼 건달 내지 무뢰배로 놀던 자들이다. 세 번째 집단은 유방이 토패로 우뚝 선 뒤 공적인 업무를 담당한 자들이다. 이들은 업무 성격에 따라 다양한 역할을 담당했다. 예컨대 하후영은 영사令史, 주가는 내사內史, 기신은 장수, 주창은 군기를 관장하는 일종의 근위대장인 직지職志의 역할을 맡았다. 그 밖에도 접견과 보고 등을 책임지는 알자謁者 무유와 윤회, 방패 등의 수비용 무기를 책임지는 집순執盾 염택적, 쇠뇌 등의 공격용 무기를 맡은 노장弩將 공중, 빈객 등을 관장하는 객리客吏 유승, 비서관인 낭郞 척새 등이 있었다. 외견상 나름 토패에 부응하는 업무 분장이 이뤄졌음을 알 수 있다.

이들 공신들 가운데 유방이 패현의 현령 자리에 오를 때 가담해 이후 권력의 핵심부로 진출한 인물로는 조참을 위시해 주발과 조무상, 소구, 주정, 주설, 주진, 노후연, 손적, 임오, 팽조, 선보성, 냉이 등이 있었다. 이들 가운데 조참과 주발, 소구, 손적 등은 직함이 지방 관장의 곁에서 시중을 드는 중연中涓이었다. 중연은 나중에 합류한 조참 등의 중요 인물들에게 어울리는 적당한 타이틀을 찾다가 만들어 낸 새로운 직책이다. 집사인 사인舍人과 빈객 접대 및 보고 등을 전담한 알자와 유사한 역할이기는 했으나 사인보다는 신분이 높았다. 청와대 직제로 말하면 사인 및 알자는 3급 행정관, 중연은 2급 비서관에 비유할 수 있다. 안사고顔師古는 『한서』「조참전」에 나오는 "고조가 패공으로 있을 때 조참이 중연의 자격으로 참여했다"는 구절을 두고 이같이 주석해 놓았다. "중연은 곁에서 시종하는 신하를 말한다. 사인 및 알자와 같은 부류이다. 여기의 연涓은 깨끗할 결潔의 뜻이다. 안에서 여러 사안을 깨끗이 정리한다는 취지에서 나온 것이다."

이 말은 후대에 환관을 대신하는 용어로도 사용됐다. 사다케의 분류에 따르면 유방의 집단은 크게 고위 측근인 소하 등의 객客과 조참 등의 중연, 하위 측근인 사인, 공적 업무를 맡은 기타 집단 등 3개 부류로 대별할 수 있는 셈이다.

유방의 밀정, 조참

조참은 패현 현성의 재탈환과 사수 군수를 공격할 때 큰 무공을 세운

데 이어 유방이 무관을 돌파해 함양을 공격할 다시 두 번째 전공을 세웠다. 기원전 207년 초 유방은 장량 및 조참 등과 머리를 맞대고 무관 돌파를 위한 구체적인 전략을 마련했다. 무관 돌파는 유방에게 매우 중요한 사건이었다. 원래 중원에서 관중으로 들어갈 경우 북쪽 관문인 함곡관을 거치는 게 상식으로 통했다. 항우가 조나라 별장 사마앙을 파견하면서 함곡관 돌파를 명한 게 그렇다. 그는 유방이 남쪽 관문인 무관을 통해 입성하리라고는 생각하지 못했다. 당초 초회왕이 관중왕의 자리를 놓고 제장들과 약속할 때에는 입관 시점을 기준으로 삼는다고만 언급했을 뿐이다. 어느 관문을 통하든 상관이 없었다. 공교롭게도 항우를 포함한 제장들 모두 함곡관만 생각했다. 결과적으로 항우는 상식의 허를 찔린 셈이다. 안팎의 여러 조건이 맞아떨어진 결과 유방은 별다른 어려움 없이 무관을 쉽게 통과할 수 있었다. 문제가 된 것은 무관이 아니라 제2차 관문이라고 할 수 있는 요관曉關이었다. 무관은 한수의 한 지류인 단수丹水의 상류에 위치해 있다. 이 단수를 따라 진령산맥의 동쪽 가장자리인 종남산終南山에서 지금의 서안 일대를 가로지르는 화산華山으로 이어지는 산등성이를 북으로 넘는 파수灞水의 원류 주위에 요관이 있다. 함양 입성의 마지막 관문인 요관을 넘으면 진령산맥의 북쪽 산등성이를 따라 대략 100킬로미터만 내려가면 함양에 이르게 된다. 그러나 요관을 통과하지 못하면 자칫 무관과 요관 사이에서 말 그대로 진퇴유곡進退維谷의 함정에 빠질 수 있다. 최악의 경우에 해당한다. 공교롭게도 하늘이 유방을 도왔다. 그 시점에 진나라 내부에서 조고가 호해를 시해하는 사건이 빚어진 것이다. 항우가 투항한 진나라 장수 장함을 관중을 다스리는 옹왕으로 봉한 지 한 달이 지난 호해 3년, 기원전 207년 8월의 일이다.

「고조본기」는 유방이 군사를 이끌고 무관을 향해 서진하는 도중 함락시키지 못한 곳이 단 한 곳도 없었다고 기록해 놓았다. 지금의 호북과 호남, 섬서의 경내를 흐르는 한수의 지류인 단수에 이르는 동안 진나라의 고무후高武侯 새鰓와 양후襄侯 왕릉王陵 등이 잇달아 투항했다는 기록이 그렇다. 「고조본기」에는 구체적인 기록이 없으나 정황상 조참이 이때 나름 전공을 세운 것이 확실하다. 주목할 것은 「조상국세가」에 나온 조참의 전공은 모두 주도적으로 이뤄진 것이 하나도 없고, 유방을 좇아 종군하거나 이후 합류한 한신의 휘하로 들어가 전공을 세운 것뿐이라는 점이다. 이를 두고 일각에서는 조참을 결코 화려한 전공을 세운 적이 없는 그저 그런 장수에 지나지 않는다고 평하고 있다. 아전 출신인 조참이 항우나 한신처럼 체계적으로 병법을 공부했을 리 없다는 점에 주목할 경우 나름 일리 있는 추론이기는 하나 아무래도 지나쳤다. 「조상국세가」에 나오는 조참의 전공 기록이 이를 뒷받침한다.

"제후국 2곳, 현 120곳을 함락시켰다. 제후 2명, 제후국 승상 3명, 장군 6명, 대막오大莫敖, 군수郡守, 사마司馬, 군후軍候, 어사御史 각 1명씩을 생포했다."

뛰어나게 걸출한 것은 아닐지라도 결코 통상적인 전공으로 치부할 수는 없는 일이다. 물론 여기에는 한신의 휘하 장수로 참전한 게 결정적인 배경으로 작용했다. 「조상국세가」의 다음 대목이 그렇다.

"상국 조참의 공성야전攻城野戰의 공이 이처럼 뛰어났던 것은 회음후 한신과 함께했기 때문이다."

이는 조참이 한신을 감시하라는 유방의 밀명을 받고 한신의 휘하 장수로 들어갔음을 시사한다. 이중톈은 조참이 처음부터 유방의 밀정으로 파견됐다며 이같이 주장한 바 있다.

"한 3년, 유방은 항우를 공격했으나 성고에서 대패하고 전군을 잃고서 황급히 달아나 가까스로 한신의 군영에 도착했다. 한밤중이었지만 한신은 깨어 있었다. 한신 곁에 심어 놓았던 밀정 조참이 유방을 맞이했다. 유방은 조참의 안내를 받고, 한신의 침실로 가 병부를 들고 나왔다. 덕분에 유방은 재기할 수 있었다. 조참은 유방의 밀정이었다."

이는 「회음후열전」의 기록과 배치된다. 원문은 한신이 아직 잠에서 깨어나지 않았다는 의미인 한신미기韓信未起로 되어 있다. 조참이 유방을 맞이했다는 기록은 「조상국세가」에도 나오지 않는다. 무엇을 근거로 이같이 주장했는지는 알 길이 없다. 다만 여러 정황상 밀정으로 활약했을 공산이 큰 것만은 사실이다. 조참이 유방의 밀정 역할을 수행했다는 증거는 「조상국세가」의 다음 대목에서 찾는 게 옳다.

"한신이 패망한 후 열후 가운데 성공을 거둔 사람이 제법 있으나 유독 조참만이 명성을 떨칠 수 있었다."

사마천이 '유독 조참만이' 운운한 것은 한신이 토사구팽으로 비명횡사한 뒤 그가 세운 혁혁한 공적까지 조참의 공적으로 둔갑했음을 암시한 것이다. 이는 조참이 한신의 휘하 장수로 들어갈 때부터 밀정의 임무를 띠고 파견됐음을 시사한다. 조참에 대한 유방의 돈독한 신임이 있었기에 가능한 일이었다. 유방이 천하를 평정한 뒤 행한 논공행상에서 오직 소하와 조참만이 대공을 인정받아 여타 공신들의 불만을 산 게 그렇다. 「고조본기」에 따르면 기원전 201년 12월부터 이듬해 정월에 걸쳐 25명의 공신에 대한 포상을 마쳤으나 곳곳에서 불만이 터져 나왔다. 밤낮으로 공을 다퉈 결론이 나지 않은 탓에 봉지를 내릴 수가 없었다. 여러 장수들이 왕왕 서로 낙양 남궁 뜰의 모래 위에 앉아 수군거렸다. 이때 장량이 이같이 간했다.

"지금 폐하가 천자가 되어 분봉한 자는 모두 소하와 조참 등 늘 친애하던 오랜 친구뿐입니다."

조참이 유방으로부터 전폭적인 신임을 받았음을 보여 주는 대목 중 하나다. 원래 유방은 의심이 많아 핵심 측근인 소하조차도 전적으로 믿지 않았다. 오직 한 사람, 조참만이 예외였다. 이는 조참의 한없는 충성심이 뒷받침됐기에 가능했다. 조참은 일족인 조무상의 목이 잘려 나갈 때 나름 불만이 없지 않았을 터인데 입을 꾹 다물고 맡은 역할에만 충실했다. 신중한 행보이기는 했으나 일면 유방의 의심을 살 만했다. 그러나 이는 기우였다. 그는 한신이 관중으로 진출할 당시 가장 앞장서서 적진을 돌파함으로써 변함없는 충성심을 보였다. 유방의 의심을 완전히 해소시킨 셈이다. 실제로 이후 항우를 제압하고 천하를 평정할 때까지 그의 무공이 가장 뛰어났다. 항우의 군사와 벌인 일련의 전투에서 늘 '수훈 갑'의 공을 세운 사실이 이를 뒷받침한다. 훗날 논공행상을 할 때 소하를 1등으로 하자 제장들이 조참을 1등으로 삼아야 한다고 반발한 것도 이런 맥락에서 이해할 수 있다. 하지만 소하가 논공행상에서는 1등이었어도 유방의 신임 면에선 조참이 언제나 1등이었다. 「조상국세가」에서 보이는 다음의 일화 역시 이를 잘 말해 준다.

"한신이 제나라 왕의 신분으로 군사를 이끌고 가 항우군을 격파할 당시 조참은 제나라 땅에 머물며 아직 복속하지 않은 지역을 평정했다."

객관적으로 볼 때 항우의 군사와 싸울 때 늘 수훈 갑의 전공을 세운 조참을 최후의 결전에서 뺀 것은 상식에 어긋난다. 급선무는 우선 항우의 제압에 있었기 때문이다. 유방은 이미 항우를 제압한 이후의 일을 염두에 두고 조참을 제나라에 남겨 두었을 공산이 크다. 한신을 토사구팽하기 위한 수순에 들어갔다고 보는 게 합리적이다. 조참이 시종 유방으로부터 최고의 신임을 받았음을 뒷받침해 주는 대목이다.

🌀 천하를 쉬게 하다

논공행상 당시 장량은 유방이 제나라 땅 3만 호를 봉읍으로 내려 주려고 하자 이를 극구 사양했다. 가장 많은 봉읍을 받은 조참이 받은 1만 6백 호보다 거의 3배에 달했기 때문이다. 유방은 천하의 지낭인 장량의 반응을 알아보기 위해 이런 파격에 가까운 제스처를 취했을 공산이 크다. 장량이 이를 덜컥 받았다면 유방의 견제에 걸려 이내 한신처럼 토사구팽 당했을 것이다. 결국 장량은 유현 일대의 1만 호를 영지로 받는 것으로 유방의 견제에서 벗어났다. 공신들의 충성심을 가늠하는 바로미터가 바로 조참의 봉읍이었다. 조참의 기준을 넘어서면 반역, 그 밑이면 충성으로 간주한 셈이다. 당대의 지낭인 장량이 이를 몰랐을 리 없다. 한나라가 건국된 후 초대 승상에 소하, 후임 승상에 조참이 발탁된 것도 이런 맥락에서 이해할 수 있다. 유방은 생전에 유씨의 천하에 조금이라도 위협이 될 인물은 가차 없이 소탕했다. 오직 소하와 조참 두 사람만이 유방의 신임을 얻어 이런 화를 면할 수 있었다. 승상 소하조차 한때 의심의 눈초리에서 벗어나지 못해 투옥된 점을 감안하면 조참만큼 유방으로부터 전폭적인 신임을 받은 공신은 없었다고 해도 과언이 아니다.

조참의 진면목은 유방 사후 혜제 유영이 즉위한 이후에 드러났다. 조참은 소하의 뒤를 이어 상국이 된 뒤 이전의 것을 변경하지 않고 소하 때의 법령과 제도를 그대로 준수했다. 이유는 무엇일까? 「조상국세가」의 다음 대목에 해답이 있다.

"조참은 한나라의 상국이 된 후 도가에서 말하는 청정무위清靜無爲로 치도에 부합하고자 했다."

조참이 청정무위의 치도를 구사하게 된 것은 재상으로 승진할 때 개공蓋公이라는 도사를 만난 게 결정적인 배경으로 작용했다. 「조상국세가」에 따르면 기원전 194년 제후국이 상국을 두는 규정이 폐지됐다. 제후국 신하의 지위가 너무 높다는 이유에서였다. 대신 승상을 두게 했다. 이에 조참이 제나라의 승상으로 파견됐다. 원래 조참은 한신이 제나라 왕으로 있을 때 그 밑에서 상국으로 있었던 적이 있다. 한신이 초왕으로 옮겨가자 재상의 관인을 반납했지만 이후 유방은 서장자인 유비를 제왕에 봉하면서 다시 조참을 상국에 임명해 유비를 보필하게 했다. 혜제에 의해 또다시 제나라 승상에 임명된 조참은 제나라 72개 성을 관할했다. 이때 그는 제나라의 장로와 유생을 소집해 민생을 안정시키는 방안을 제출하게 했다. 몰려든 유생들은 다양한 계책을 제시했지만 상반되는 내용이 상당히 많았다. 조참은 크게 망설이며 선뜻 결론을 내지 못했다. 이때 황로학에 밝은 도인이 제나라 서쪽에 머물고 있다는 얘기를 듣고 조참은 예를 갖춰 그를 불러들였다. 개공이 오자 그는 곧바로 가르침을 청했다.

"지금 유생들이 민생을 안정시키는 여러 방안을 제시했으나 어느 쪽을 선택해야 할지 몰라 고민스러우니 가르침을 내려 주시기 바랍니다."

개공이 대답했다.

"천하를 다스릴 때 가장 귀하게 여기는 것은 청정淸靜이오. 청정한 자세로 임하면 민심과 민생이 절로 안정될 것이오."

청정은 『도덕경』에서 역설하는 허정虛靜을 달리 표현한 것이다. 욕심이 없어 마음이 텅 빈 듯 맑고 고요한 상태를 말한다. 조참은 이 말을 듣고 크게 깨달은 바가 있어 자신의 방을 개공에게 내주고 예를 다해 모시면서 시간이 날 때마다 가르침을 청했다. 조참이 9년 동안 제나라의 승상을 지내면서 백성들을 편히 다스린 배경이 여기에 있다. 혜제 2년, 기원전 193년에 소하가 죽자마자 후임 승상이 된 것도 바로 이 때문이다. 그는 제나라를 떠나 조정으로 돌아올 때 제나라의 후임 승상에게 이같이 당부했다.

"이제 제나라의 감옥과 시장을 그대에게 맡기게 됐소. 다만 지나치게 관여하려 들지는 마시오."

제나라의 후임 승상은 조참이 너무 소심한 게 아닌가 하는 생각에 이같이 물었다.

"나라를 다스리는 일이 이보다 크지 않습니까?"

조참이 고개를 저었다.

"그렇지 않소. 무릇 감옥과 시장은 세상에서 온갖 일을 벌인 자들을 받아들이는 곳이오. 악인뿐만 아니라 선인도 함께 머물고 있소. 가장 좋은 것은 물이 흘러가듯 그대로 놓아두는 것이오. 너무 많이 간섭해 엄격히 관리하면 평지풍파가 일어나게 되고, 사람들 모두 서로를 용납할 수 없는 지경에 이르게 되오. 그래서 특별히 부탁하는 것이오."

감옥과 시장은 온갖 종류의 사람들이 모인다는 뜻의 원문은 옥시병용옥시병용獄市幷容, 감옥과 시장을 너무 엄격히 관리해 시끄럽게 만들지 말라는 뜻의 원문은 무요옥시無擾獄市이다. 이는 나라를 다스리는 이치를 통찰한 결과다. 고금을 막론하고 조참이 지적한 것처럼 시장과 감옥만큼 온갖 종류의 사람들이 모이는 곳은 없다. 시장과 감옥에서는 오직 판매자와 구매자, 간수와 죄수로 양분돼 있을 뿐이다. 시장과 감옥에 빈부귀천의 구분이 있을 턱이 없다. 아무리 고관대작을 지냈을지라도 감옥에서는 그저 수형자에 불과하다. 최고 통치권자를 지낸 자도 예외가 될 수 없다. 왕조시대 역시 마찬가지였다. 보위에서 밀려나는 순간 일개 서민으로 전락할 수도 있었고, 심지어는 쥐도 새도 모르게 독살을 당하기도 했다. 감옥은 세상과 차단된 곳이다. 세상에서 아무리 높은 자리에 있었을지라도 감옥에 들어오는 순간 간수의 통제를 받는 신세가 될 수밖에 없다. 감옥에 갇혀 있는 동안 아무리 유죄무죄와 선악을 따져 봐야 공허한 메아리에 지나지 않는다. 세상이 받아들여 줘야 감옥에서 나올 수 있다.

시장은 감옥보다 훨씬 다양하면서도 복잡하다. 왈짜패와 껄렁패, 사기꾼, 모리배, 간상, 매춘부를 비롯해 선량한 백성들이 뒤엉켜 물건을 사고 파는 까닭에 매우 시끄럽기도 하지만 그만큼 활력이 넘치는 곳이기도 하다. 시리市吏가 권한을 남용해 너무 엄격히 단속하면 시장의 활기가 떨어질 수밖에 없다. 조참은 이를 통찰했다. 옥시병용과 무요옥시를 역설한 이유가 여기에 있다. 개공의 가르침이 간단치 않았음을 짐작하게 해 준다.

사서에 기록된 조참의 행보를 보면 그는 원래 뛰어난 재능은 없었지만 자신의 분수를 잘 알았고, 이를 잘 지켜 나간 것을 알 수 있다. 자신에게는 엄격하고 타인에게는 관대한 모습을 보인 게 그렇다. 그는 '일인지하, 만인지상'의 상징인 승상의 자리가 자신에게 과분하다고 생각했다. 그래서 늘 겸허한 자세를 견지했다. 「조승상세가」의 기록에 따르면 개공으로부터 무위지치의 가르침을 받은 후 그의 행보는 더욱 겸허하고 신중해졌다.

조참은 경대부 이하의 관원과 빈객들이 자신을 만나러 오면 승상의 업무를 전혀 보지 않은 채 그들과 술판을 벌였다. 찾아온 사람들은 모두 그에게 무슨 요청인가를 하고 싶어 했지만 그때마다 조참은 이들에게 술을 마시게 했다. 틈을 내 말을 하려고 하면 또다시 술을 먹였다. 결국 이들은 모두 크게 취해 비틀거리며 돌아갈 수밖에 없었다. 왜 그랬을까? 바로 무위지치의 가르침을 그대로 좇은 것이다. 소하가 이미 법령과 제도를 잘 만들어 놓은 만큼 관원들 모두 그에 맞춰 맡은 바 업무에 충실하면 승상으로서는 특별히 할 일이 없다고 본 것이다. 그렇다고 그가 손을 놓고 매일 술을 마신 것은 아니다. 다른 사람의 작은 과실을 보면 하나같이 이를 가리고 덮어 주면서 팀워크를 다지는데 총력을 기했다. 반면 자신에게는 매우 엄격했다. 그는 군국郡國의 관원을 선발할 때 글과 말에서 질박하고 어눌하면서도 중후한 장자長者를 뽑았다. 승상부의 관원 역시 이들 가운데서 선발했다. 언행과 일처리가 각박하고 좋은 소문을 얻는 데 애쓰는 자는 곧바로 쫓아냈다. 한마디로 개개인의 능력보다 협동과 조화를 중시한 것이다. 무위지치가 위력을 발휘하는 이유가 바로 여기에 있다. 조참이 상국이 된 지 3년이 지났을 때 백성들이 노래를 지어 그를 칭송한 사실이 이를 뒷받침한다.

소하가 입법하니 하나같이 정제돼 있지   蕭何爲法, 較若畫一
조참이 대신하니 잘 지키며 실수가 없지   曹參代之, 守而勿失
청정 정치로 백성은 안녕하고 하나 되었지   載其淸淨, 民以寧壹

『조상국세가』에 그의 무위지치가 어떤 모습으로 진행됐는지를 짐작하게 해 주는 일화가 나온다. 당시 상국부 화원 뒤에 하급 관원들의 숙사가 있었는데 길거리와 매우 가까웠다. 관원들은 종일 술을 마시고 노래하며 떠들어 댔다. 상국이 매일 술에 절어 있었던 탓에 휘하 관원들은 더 말할 것도 없었다. 조참을 수행하는 관원들은 이를 크게 싫어했으나 어찌할 도리가 없었다. 하루는 조참에게 후원으로 나와 놀 것을 권했다. 관리들이 취해서 떠들고 노래하는 것을 듣게 되면 상국이 그들을 불러 단속해 줄 것으로 기대했던 것이다. 과연 그날도 시끄럽기는 마찬가지였다. 휘하 관원이 은근히 권했다.

"상국, 저들에게 벌을 내려 주십시오."

그러나 조참의 반응은 뜻밖이었다. 그는 껄껄 웃으며 이같이 말했다.

"주안상을 이쪽으로 옮겨 오도록 해라!"

그러고는 술을 벌컥 들이켜더니 큰 소리로 노래를 불렀다. 이내 웃지 못할 일이 벌어졌다. 담장을 사이에 두고 조참과 하급 관원들의 노래 대결이 펼쳐졌다. 중국의 역대 승상 가운데 술판을 진탕하게 벌이면서 하급 관원들과 노래 대결을 펼친 것은 조참이 유일무이하다.

혜제 5년(기원전 190년) 8월, 조참이 세상을 떠났다. 그로부터 4년 뒤, 기원전 186년에 장량도 죽었다. 그리고 후임으로 왕량과 진평이 각각 승상이 됐다. 사마천은 「조상국세가」에서 조참을 이같이 총평해 놓았다.

"상국 조참은 많은 공을 세운 것이 회음후 한신과 같았다. 백성들 모두 진나라의 잔혹한 통치를 받은 직후인지라 조참이 그들에게 휴식을 주며 무위로 다스리자 천하가 입을 모아 그의 공덕을 칭송했다."

최상의 칭찬에 해당한다. 조참이 승상으로 재위할 당시 천하는 아직 새 왕조가 들어선 지 얼마 되지 않은 까닭에 여러모로 불안정했다. 민심도 마찬가지였다. 백성들을 편히 쉬게 하면서 느긋하게 생업에 종사하도록 만드는 조치가 필요했다. 그 해답이 바로 무위지치였다. 역대 왕조의 전 역사를 통틀어 이때만큼 무위지치가 위력을 발휘한 적이 없다. 후대 사가에게 조참의 무위지치가 큰 주목을 받는 이유다.

후흑학의 관점에서 볼 때 조참이 보여 준 일련의 행보는 면후심백으로 요약할 수 있다. 매일 술에 절어 살며 휘하 관원들과 함께 어울린 것은 면후의 진수를 보여 준다. 그가 구사한 무위지치도 이런 맥락에서 이해할 수 있다. 매사에 늘 차분히 대비함으로써 한나라 건국의 기틀을 닦은 소하와 닮았다. 그러나 그는 소하와 마찬가지로 심흑에 밝지 못했다. 적진에 뛰어들어 죽기 살기로 싸우며 칠십 군데의 창상을 입고 죽을 고비를 넘긴 게 그렇다. 이는 필부의 용맹이다. 소하와 조참 모두 아전 출신이어서 학문에 한계가 있었다. 심흑은 상대의 속셈을 훤히 꿰어야만 구사할 수 있는 것이다. 전쟁터에서조차 책을 손에서 놓지 않는 이른바 수불석권手不釋卷을 행한 자만이 가능하다. 조조와 마오쩌둥이 그러했다. 리쭝우가 유비를 면후의 대가로 평하면서도 심흑에서는 조조만 못했다고 평한 이유가 여기에 있다.

🌀 무위 경영의 운용

원래 천하를 무위에 입각해 다스리는 무위 경영은 엄한 법치를 주장한 한비자가 역설한 것이기도 하다. 이는 그가 사상 최초로 『도덕경』을

258

주석한 사실과 무관치 않다. 「해로解老」와 「유로喩老」가 그것이다. 사마천이 『사기』를 저술하면서 노자와 한비자를 하나로 묶어 「노자한비열전」으로 편제한 것도 바로 이 때문이다. 「유로」의 다음 대목은 한비자의 법치 사상이 노자의 도치道治에서 비롯됐음을 극명하게 보여 주고 있다.

"무릇 능히 나라를 보유하고 몸을 보전할 수 있는 자는 반드시 도를 터득해야 한다. 도를 터득하면 지혜가 깊어지고, 지혜가 깊어지면 계략이 원대해지고, 계략이 원대하면 사람들이 그 덕의 끝을 알아볼 수 없다. 사람들이 그 덕의 끝을 알아볼 수 없어야 몸을 보전하고 나라를 유지할 수 있다. 『도덕경』이 제59장에서 '그 덕의 끝을 알지 못해야 가히 나라를 보유할 수 있다'고 말한 이유다."

한비자는 여기서 노자가 『도덕경』에서 말하고 있는 '도'와 '덕'을 유가에서 말하는 치국평천하 논리와 연결시켜 해석하고 있다. 그는 기본적으로 도를 도치道治, 덕을 법치法治로 간주했다. 그렇다면 『도덕경』에 나오는 도와 덕은 구체적으로 무엇을 말하는 것일까? 『한비자』 「양각」에 나오는 그의 해석이다.

"무릇 도는 매우 넓고 커서 형상이 없고, 덕은 분명한 조리가 있어 모든 곳에 두루 미친다. 도는 모든 사물에 두루 미치는 까닭에 해당 사물의 구체적인 규율과 맞아떨어진다. 시간의 변화에 따라 생사의 변화를 일으키는 이유다. 명칭을 토대로 고찰하면 모든 사물은 하나도 같은 게 없으나 도의 관점에서 보면 모든 것은 하나로 통하는 까닭에 실로 같은 것이다."

도와 덕의 개념을 이처럼 간명하게 설명한 것도 찾아보기 힘들다. 원래 노자가 『도덕경』에서 말한 '도'는 천지가 있기 이전에 이미 '허虛'이자

'무無'인 까닭에 인식의 대상이 될 수 없다. 노자가 볼 때 인간의 본성을 속박하는 인위적인 덕목은 도와 덕이 상실된 뒤 나타난 편의적인 것에 불과하다. 인위적인 덕목은 오히려 명예나 이욕의 근원이 되어 백성들로 하여금 부귀와 재물, 권력, 명예 등에 집착하게 만든다고 본 것이다. 『도덕경』 제1장의 다음 구절이 이를 뒷받침한다.

"도는 천지의 시작이고, 천지는 만물의 어미이다. 늘 무욕無欲이면 그 현묘한 도를 보게 되고, 늘 유욕有欲이면 천지의 세속적인 것만 보게 된다. 이들 양자는 같은 곳에서 나와 이름을 달리 한 것이다. 모두 현묘하다고 부르니, 현묘하고 현묘해서 도가 드나드는 문이 되었다."

노자가 우주 만물의 근원인 도가 인간을 포함한 삼라만상에 내재해 있다고 주장한 이유다. 『도덕경』은 제2장에서 도의 효용을 이같이 설명해 놓았다.

"도는 텅 비어 있어 이를 아무리 쓸지라도 늘 가득 차지 않는다. 깊기도 하니 마치 만물의 본원인 듯하구나! 욕망의 날카로움을 꺾고 엉킨 것을 풀고, 번쩍거리는 지혜를 부드럽게 만들어 세속에 뒤섞이는구나!"

번쩍거리는 지혜를 부드럽게 만들어 세속에 뒤섞인다는 뜻의 원문은 화광동진和光同塵이다. 세속에서 무위지치로 최고의 통치를 이루는 것을 뜻한다. 조참이 행한 무위지치가 바로 화광동진이었다. 『도덕경』 제48장은 화광동진의 구체적인 방안을 이같이 제시해 놓았다.

"인위적인 덕목을 익히는 것은 날로 더하는 것이나, 도를 행하는 것은 날로 덜어 내는 것이다. 덜어 내고 덜어 내어 마침내 무위에 이르게 되면, 무위한데도 유위有爲하지 않는 게 없게 된다."

스스로 자신이 가진 것을 덜어 내는 게 관건이다. 한비자는 그대로 받아들여 도치와 법치를 하나로 묶었다. 『한비자』 「대체」의 해당 대목이다.

"지극히 태평한 세상에서 법은 아침 이슬처럼 만물을 촉촉이 적셔 준다. 백성은 순박함을 잃지 않고, 마음으로 남과 원한을 맺지 않고, 입에서는 번거로운 말을 하지 않는다. 전쟁 따위가 일어날 일이 없으므로 수레와 말이 먼 길을 달려 지치는 일이 없고, 군대의 깃발이 전쟁터에서 어지럽게 나부낄 일도 없다. 나아가 수많은 백성이 적의 침입으로 인해 목숨을 잃는 일도 없고, 뛰어난 용사들이 깃발 아래에서 싸우다가 목숨을 잃는 일도 없다. 그래서 말하기를, '다스림에서 간략簡略보다 더 큰 이익을 주는 것은 없고, 민생에서 안녕보다 더 오래 가는 복은 없다'고 하는 것이다."

이를 통해 조참이 행한 무위지치가 곧 화광동진으로 상징되는 노자의 도치와 한비자가 역설한 법치의 구체적인 실현 방안임을 알 수 있다. 위정자가 이를 실현하려면 스스로 사사로운 욕망을 버리는 무욕과 남과 다투지 않는 부쟁不爭의 미덕을 발휘해야 한다. 『도덕경』 제3장의 다음 구절이 이를 뒷받침한다.

"성인의 다스림은 마음을 비우며 배를 채우고 뜻을 약하게 하여 뼈를 강하게 하는 식으로 늘 백성을 순박하고 순수한 무욕으로 이끌어 지자智者들로 하여금 감히 망동치 못하게 한다. 무위를 행하면 다스려지지 않는 게 없다."

여기서 '지자'는 귀족과 관원 등의 위정자를 말한다. '망동' 운운은 귀족과 관원들의 횡포에서 백성들을 보호해야 한다는 취지를 담고 있다. 도치와 법치의 합일을 주장한 대표적인 인물로 북송 때 신법新法을 주장했던 왕안석王安石을 들 수 있다. 상앙의 변법과 한비자의 법치를 높이 평가했던 그는 자신이 지은 시인 「수렴收鹽」의 마지막 구절에서 이같이 읊은 바 있다.

> 한 백성의 삶은 천하보다 무겁다 했는데 　一民之生重天下
> 군자가 작은 이익을 두고 백성과 다투랴 　君子忍與爭秋毫

노자가 역설한 무욕과 부쟁의 정신을 그대로 수용했음을 알 수 있다. 한비자가 통치의 요체는 백성을 다스리는 치민治民이 아니라 관원을 다스리는 치리治吏에 있다고 역설한 것도 바로 이런 취지에서 나온 것이다. 『한비자』「외저설우하」의 해당 대목이다.

"명군은 관원을 다스리는데 애쓸 뿐 백성을 직접 다스리지 않는다. 나무 밑동을 흔들어 나무 전체의 잎을 흔들고, 그물의 벼리를 당겨 그물 전체를 펴는 것과 같다."

노자 사상의 정맥이 무정부주의에 가까운 무치無治를 주장한 장자가 아니라 '치리불치민治吏不治民'을 역설한 한비자에게 연결됐다고 보는 이유다. 제왕의 존재 의미를 백성을 살리고 안정시키는 생민生民과 안민安民에서 찾은 점에서 한비자와 공자 및 노자는 서로 일치하고 있다. 한나라 초기에는 제자백가사상을 하나로 녹이고자 하는 흐름이 존재했다. 그게 바로 조참의 무위지치로 나타났다고 해도 과언이 아니다. 🈯

제5장

면박심흑

面 薄 心 黑

― 얇은 얼굴에 검은 마음으로 천하를 품다

후흑학에서는 범증과 괴철을 면박심흑面薄心黑을 대표하는 인물로 보고 있다.
홍문의 연회에서 유방을 죽일 계책을 낼 만큼 범증은 심흑에 능한 책사였다.
그러나 그는 뻔뻔하지 못해 화를 참지 못했다. 진평이 항우와의 사이를 이간질시킬 때 참지 못하고 항우 곁을
떠남으로써 결국 유방에게 천하를 내주고 만 것이다. 괴철 역시 최초로 천하삼분지계를 낼 만큼 뛰어난
지낭이었으나 자신의 계책을 받아 주지 않은 한신에게 자존심이 상한 나머지 그의 곁을 떠나고 말았다.
모두 심흑에는 뛰어났으나 면후에는 약한 인물들이었다.

범증편 기발한 계책으로 판을 뒤흔들다

范增 항우는 유방과 달리 곁에 많은 참모를 두지 못했다. 그가 끝내 유방에게 패한 것도 이와 무관할 수 없다. 아무리 뛰어난 사람일지라도 한 사람의 용략勇略은 한계가 있을 수밖에 없기 때문이다. 범증范增은 초한지제에 활약한 책사 가운데 가장 나이가 많았을 뿐만 아니라 항우의 거의 유일한 책사로 활약했다. 일각에서는 항우가 패망하게 된 책임의 상당 부분을 범증에게 묻고 있으나 이는 지나쳤다. 범증은 나름 자신의 소임을 다했다. 그의 계책을 받아들이지 않은 항우에게 전적으로 책임을 묻는 게 옳다. 게다가 범증은 원래 항우의 책사도 아니었다. 그가 처음으로 모신 사람은 항량이다. 항량이 진가 및 경구의 무리를 제압하고 반진 연합의 총아로 부상할 때 두 사람의 만남이 이뤄졌다. 진승의 사망이 확실해졌을 때 항량은 천하를 거머쥘 수 있는 가장 유리한 위치에 서 있었다. 그가 휘하의 별장들을 불러 모은 이유다. 이는 별장들이 자신을 진승의 후계자로 추대해 주기를 은근히 기대한 것이다. 경구에게 몸을 의

탁했다가 이내 항량에게 귀부한 유방 역시 이 모임에 참석했다. 범증도 이때 처음으로 항량을 만났다. 별장은 원래 별동대 대장을 뜻하는 말이 나 여기서는 약간 뉘앙스가 다르다. 맹주가 된 자에게 기대 그 명을 받게 된 자로 해석하는 게 역사적 사실에 부합한다. 세력이 커지고 맹주가 죽게 되면 이내 그 뒤를 이어 맹주가 될 수도 있다. 범증도 내심 천하가 항량의 손에 들어갈 것으로 짐작하고 항량을 중심으로 한 반진 연합에 가담했을 것이다.

중국의 전 역사를 보면 이런 행태가 거듭되고 있음을 알 수 있다. 운 좋게 성공하면 천자가 되고, 그렇지 못하면 반란군의 두목으로 끝나게 된다. 한나라를 세운 유방을 위시해 명나라를 세운 주원장과 현대 중국을 세운 마오쩌둥이 전자의 경우다. 명대 말기의 농민반란군을 이끌고 일시 북경의 자금성까지 손에 넣었던 이자성과 청대 말기 남경에 도읍해 천하의 절반을 차지했던 태평천국의 홍수전 등이 후자의 경우에 속한다.

유방 역시 천하를 거머쥐기 전에 크게 두 번에 걸쳐 별장의 행보를 걸었다. 첫 번째는 기병 초기에 진가가 내세운 초와 경구 휘하로 들어가 별장으로 활약한 때이다. 두 번째는 경구가 패한 후 항량 밑으로 들어가 별장으로 활약한 때이다. 이 또한 항량이 패사할 때까지 지속되었다. 이런 행보는 비단 유방만이 보인 게 아니었다. 진시황 사후 각 지역에서 봉기한 토패들 모두 상황에 따라 이합집산을 거듭하며 한쪽의 맹주 세력에게 몸을 의탁하고 기회를 보아 세력을 확대하는 노선을 택했다. 유방이 항량의 휘하로 들어간 것도 같은 맥락으로 이해할 수 있다. 세력이 상대적으로 미약할 때 후일을 도모하기 위한 고육책에 해당한다. 일종의 도광양회 계책으로 풀이할 수 있다.

항량이 반진 연합의 우두머리로 부상했을 당시 별장 회의에 참석한 인물 가운데 범증은 가장 나이가 많은 축에 속했다. 이때 사서에 그의 이름이 처음으로 등장한다. 지금의 안후이 성 동성현 남쪽 거소居鄛 출신이 었던 그의 나이 70세 때 일이다. 그는 평소 집에 있을 때부터 기이한 계책을 좋아했다. 「항우열전」에 당시 범증이 항량에게 건의한 내용이 실려 있다.

"진승이 실패한 것은 실로 당연합니다. 무릇 진나라가 멸망시킨 6국 중 초나라가 가장 죄가 없었습니다. 전에 초나라 왕이 진나라로 들어갔다가 돌아오지 못하고 그곳에서 죽자 초나라 사람들이 이를 가엽게 여겼습니다. 이런 추모 열기는 지금까지 그대로 이어지고 있습니다. 초나라의 저명한 음양가인 남공南公이 이르기를, '초나라에 비록 3호戶만 남아 있을지라도 진나라를 멸망시키는 것은 반드시 초나라일 것이다'라고 했습니다. 그런데 지금 진승은 먼저 거사했음에도 초나라 후예를 세우지 않고 자립한 까닭에 그 세력이 오래가지 못한 것입니다. 이제 그대가 강동에서 일어나자 초나라에서 벌 떼처럼 일어난 장수가 모두 그대에게 다투어 귀부하고 있습니다. 이는 그대가 세세토록 초나라 장수를 배출한 집안 출신으로 초나라 후예를 다시 초왕으로 세울 수 있다고 판단했기 때문입니다."

항량이 이를 옳게 여겨 곧 사방으로 초왕의 후손을 찾았다. 이내 초회왕의 손자인 미심羋心이 백성들 틈에 끼어 양치기 머슴 노릇을 하고 있는 것을 발견했다. 여기서 미羋는 양이 우는 소리를 뜻한다. 초나라 건국 설화에 따르면 곰을 토템으로 삼는 족속이 양을 치다가 나라를 세운 것으로 되어 있다. 이로 인해 사서에는 초나라 왕족 모두 웅熊으로 기록되어 있으나 별칭으로 '미'를 사용하기도 했다. '미심'을 '웅심'으로도 부른 이유다.

기원전 208년 6월, 항량은 미심을 초왕으로 삼았다. 이로써 마침내 장초를 대신한 명실상부한 새로운 초나라가 등장했다. 장초의 도성이었던 진성 역시 옛날 명칭인 진현으로 환원됐다. 진승의 사후 진성을 탈환해 고수하고 있던 진승의 휘하 장수 여신呂臣으로서는 닭 쫓던 개가 지붕 쳐다보는 격이 되었다. 새로운 초나라가 들어선 마당에 여신도 자연히 미심을 정점으로 한 새로운 초나라 소속이 될 수밖에 없었다.

사기事機와 인기人機

유방이 둥지에 해당하는 풍읍을 탈환한 것은 전적으로 항량의 전폭적인 지원 덕분이다. 객관적으로 볼 때 당시 항량이 이끄는 군사는 천하무적이었다. 동아東阿에서 진나라 장수 장함을 깨뜨린 뒤 남쪽으로 내려가 거야鉅野 남서쪽의 성무成武를 함락시키고, 여세를 몰아 서쪽으로 진격하는 도중에 북쪽으로 올라가 정도定陶에서 진나라 군사를 깨뜨린 것 등이 그렇다. 삼천군수三川郡守로 있던 이사의 장남 이유李由가 대군을 이끌고 영격에 나섰으나 하남성 기현인 옹구雍丘에서 항우에게 대패했다. 그야말로 파죽지세였다.

당시 항우는 항량이 지휘하는 전군 내에서 최고의 용장으로 소문이 나 있었다. 회계군수 은통의 목을 과감히 벤 게 발단이었다. 이에 반해 유방은 항량의 별장을 자처하기 전까지 항량에게 궤멸된 가짜 초왕 경구 휘하의 일개 부대 장수인 부장部將에 지나지 않았다. 격이 달랐다. 그러나 항우는 다섯 살가량 연상인 유방을 예우했다. 유방 역시 연하의 항우를 깍듯이 모셨다. 두 사람이 의형제를 맺은 이유다. 이 일은「항우본기」에 나온다. 유방과 항우가 치열한 접전을 벌일 때 항우가 유방의 부친을 삶아 먹겠다고 위협하자 유방이 "우리는 형제결의를 맺은 사이이다. 나의 부친은 당신의 부친이기도 하다"고 지적한 대목이 나온다. 원문은 약위형제約爲兄弟이다. 이를 통해 두 사람이 일찍이 의형제를 맺었음을 짐작할 수 있다.

두 사람이 언제 의형제를 맺고, 누가 형이 되고 누가 아우가 되었는지 여부는 자세히 알 길이 없다. 다만 여러 정황을 감안할 때 항우가 형이 되고 유방이 아우가 되었을 가능성이 크다. 만일 항량이 계속 승승장구해 천하를 거머쥐었으면 항우와 유방은 천하를 놓고 혈전을 전개할 이유도 없고, 계속 좋은 관계를 유지했을 것이다. 그러나 세상사는 늘 일대 반전의 계기가 있는 법이다. 바로 사기事機와 인기人機 때문이다. 어떤 일이든 계속 잘 풀리거나, 계속 안 풀리는 경우란 없다. 잘 풀려나가는 듯 보이다가도 뜻하지 않은 곳에서 암초에 부딪치는가 하면 시종 일이 안 풀려 악전고투하다가도 어느 순간 역전의 계기가 생기곤 한다. 이게 사기이다. 인기도 마찬가지다. 아무 인연이 없는 듯이 보이던 사람의 천거로 문득 발탁되는가 하면 정반대로 결정적인 순간에 가장 믿었던 사람의 시기 내지 반대로 좌절을 겪는 경우 등이 그렇다.

흔히 말하는 "인사人事가 만사萬事이다"라는 구절에 나오는 인사는 바로 인기와 사기를 합친 말이다. 일견 급작스레 빚어지는 것처럼 보이는 일도 그 내막을 살펴보면 오랫동안 내부적으로 원인이 쌓인 결과일 뿐이다. 원인이 쌓이고 쌓이면 결국 최종 단계에서는 폭발하기 마련이다. 멀쩡해 보이던 사람이 급작스레 쓰러지고, 영원히 지속될 것처럼 보이던 기업이 어느 날 문득 파산에 이르는 것 등이 그 실례다. 동서고금의 역사가 보여 주듯 제국의 몰락 과정도 이와 꼭 같다. 항우 패망의 단초를 항량의 패사에서 찾아야 한다는 얘기다.

대개 승승장구를 거듭하면 이내 자만심에 빠지기 쉽다. 백전백승이 오히려 독이 되는 꼴이다. 항량이 바로 그런 덫에 걸렸다. 그는 연이은 승리에 고무된 나머지 진 제국을 너무 우습게 여겼다. "부자가 망해도 3대는 간다"는 우리말 속담처럼 5백여 년에 걸친 춘추전국시대의 난세를 평정하고 사상 최초로 천하를 통일한 진 제국은 결코 가볍게 여길 대상이 아니었다. 더구나 당시는 한창 전쟁이 진행되던 때였다. 그처럼 중차대한 시기에 진 제국을 우습게 여긴 것은 스스로 묘를 판 것이나 다름없다. 적을 업신여기는 것은 곧 교만이다. 남의 눈에 이런 모습이 보이는 것은 교만이 도를 넘었다는 징표다. 휘하 장수로 있던 송의의 간언이 이를 뒷받침한다.

"싸움에서 승리한 후 장수가 교만해지고 병사들이 해이해지면 결국 패하게 됩니다. 지금 병사들이 점차 나태한 모습을 보이고 있는데 진나라 군사는 날로 증원되고 있습니다. 저는 장군을 위해 장차 그런 일이 일어날까 우려됩니다."

이미 교만해진 항량이 들을 리 없었다. 이때 어떤 일로 송의를 제나라에 사자로 보내게 됐다. 송의가 제나라로 가던 도중 길에서 우연히 항량을 만나러 오던 제나라 사자 고릉군高陵君 전현田顯을 만나게 됐다. 송의가 물었다.

"공은 장차 무신군 항량을 만나려는 것입니까?"

"그렇소."

송의가 만류했다.

"나는 항량이 반드시 패하리라고 봅니다. 공은 천천히 가면 죽음을 면하고, 빨리 가면 화를 입을 것입니다."

과연 송의의 예언대로 얼마 후 호해가 관중의 장병을 대거 동원해 장함에게 보냈다. 크게 고무된 장함이 곧 항량의 군사를 집중 공격했다. 결과는 뻔했다. 항량의 군사가 정도에서 대패한 것이다. 항량 역시 이 싸움에서 진몰했다. 항우의 불행은 여기서부터 시작됐다고 해도 과언이 아니다. 기원전 208년 9월의 일이다. 진나라 음력으로는 이세황제 호해 2년의 세모歲暮에 해당한다.

항량의 패사를 계기로 진나라 관군과 반군의 저울추는 확실히 관군쪽으로 기울기 시작했다. 이때 7월부터 시작해 항량이 패사하는 9월까지 비가 계속해서 내렸다. 항우와 유방은 허난 성 기현 동쪽 외황을 공격했으나 함락시키지 못했다. 환군하다가 허난 성 개봉시 동남쪽에 있는 진류陳留를 공격했다. 이들은 이때 항량의 전사 소식을 들었다. 「항우본기」는 유방과 항우가 황급히 대책을 논의한 것으로 기록해 놓았다.

항우는 곧 진승의 장초를 마지막까지 붙들고 있다가 합류한 장수 여신과 이 문제를 상의했지만 철수할 수밖에 없다는 결론을 내렸다. 당시 여신이 이끄는 군대는 항우의 군대와 달랐다. 독자적인 지휘권을 갖고 있었다. 유방도 마찬가지였다. 다만 유방은 항우와 여신의 군사와 비교할 때 규모도 상대적으로 작고, 권한도 그리 크지 않았다. 퇴각의 결정은 항우와 여신 사이에서 이뤄졌다.

항우는 여신 및 유방과 함께 군사를 이끌고 동쪽으로 갔다. 초회왕도 우이盱眙에서 지금의 장쑤 성 서주인 팽성으로 옮겼다. 자연히 팽성이 새 도읍으로 정해졌다. 팽성은 중국의 여러 도시 가운데 가장 오랜 역사를 자랑하는 곳이다. 전설상의 삼황오제인 황제와 치우가 접전을 벌인 탁록涿鹿이 바로 팽성의 옛 지명이다. 이를 기준으로 보면 무려 6천 년의 역사를 지닌 셈이다. 그러나 팽성이라는 명칭이 사서에 최초로 기록된 것은 『춘추좌전』「노성공 18년」조이다. 여기에 기원전 573년 여름, 송나라 군사가 팽성으로 쳐들어 갔다는 기록이 나온다. 이를 기준으로 할지라도 매우 오래된 도시임은 분명하다.

당시 여신은 팽성의 동쪽, 항우는 팽성의 서쪽에 주둔했다. 유방은 팽성으로부터 서남쪽으로 약 70킬로미터가량 떨어진 탕현에 자리를 잡았다. 초회왕은 유방을 탕현의 상급 행정 단위인 탕군碭郡의 군장郡長으로 삼으면서 무안후武安侯에 봉했다. 군장은 군수와 같은 직책으로 군사적인 성격이 짙었다. 항우는 장안후長安侯에 봉하고 노공魯公에 제수했다. 노공은 노나라의 옛 땅을 관할하는 제후에 해당한다. 여신은 백관들을 지휘하는 사도司徒에 임명하고, 그의 부친 여청呂靑을 신하로서는 최고의 관직인 영윤슈尹으로 발탁했다. 이는 두 가지 사실을 암시하고 있다.

첫째, 항량의 패사를 계기로 초회왕이 자신의 목소리를 내며 항우를 견제하기 시작한 점이다. 이는 초회왕이 초나라 왕족의 일원으로서 마침내 명실상부한 제왕이 되고자 했음을 뜻한다. 「고조본기」의 다음 기록이 이를 뒷받침한다.

"호해 2년(기원전 208년) 윤9월, 초회왕이 항우와 여신의 군대를 합쳐 스스로 장군이 되었다."

272

이는 초회왕이 양치기를 할 때부터 초나라 부흥의 야심을 품고 있었음을 시사한다. 결과적으로 행운이 문득 다가오자 곧바로 낚아챈 셈이다. 자신에게 찾아온 천재일우의 기회를 놓치지 않고 과감한 조치를 취한 점에서 초회왕은 매우 노회한 인물이었다. 당시 그는 내심 자신의 즉위에 결정적인 공헌을 한 항량이 없는 마당에 항우에게 부채를 진 것은 거의 없다고 판단했을 공산이 크다. 비록 이로 인해 훗날 항우에 의해 차도살인借刀殺人의 횡사를 당하기는 했으나 당시 그가 항우를 적극 견제하며 명실상부한 제왕이 되고자 한 것 자체를 탓할 수는 없다. 의리를 거론하며 배은망덕 운운하는 것은 지나치다. 오히려 전래의 의리를 논하면 누대에 걸쳐 장수를 지낸 세세장가世世將家 집안 출신인 항우가 명실상부한 초나라 왕족 출신인 초회왕에게 충성을 다하는 게 옳다. 사실 난세에 이런 식의 논란을 벌이는 것 자체가 무의미하다. 진시황의 급서로 천하가 뒤집혀진 상황에서 실력과 민심을 얻는 자가 천하의 강산을 차지하는 새 주인이 되기 마련이다.

둘째, 항우가 고립된 상황에 처하게 된 점이다. 여신에게 초나라 조정을 맡기고, 유방에게 팽성의 수비 임무를 맡긴 게 그렇다. 항우를 팽성에서 멀리 떨어진 노나라 땅의 제후에 임명한 것과 대비된다. 명목만 높을 뿐 새 도읍지인 팽성에서 크게 힘쓸 일이 없다. 팽성의 서쪽을 수비하는 책임을 맡았으나 기본적으로 그는 노공에 제수된 까닭에 팽성의 서쪽 주둔은 일시적인 것에 지나지 않는다. 나아가 함부로 움직일 수도 없다. 동쪽에 여신의 세력이 견제하고 있고, 그 외곽으로는 유방의 군사가 주둔하고 있기 때문이다. 일종의 포위에 해당한다. 당시 초회왕이 항우를 견제하기 위해 꺼내 든 유방의 카드는 나름 절묘했다. 그러나 문제는 실력이다. 유방의 실력이 어느 정도였는지 자세히 알 길이 없다. 당시 초나라 군사는 이전에 2만 명의 병사를 이끌고 항량에 합류한 진영을 비롯해 뒤에 항우군 내에서 제일의 맹장으로 불린 경포, 경포와 어깨를 나란히 한 포蒲 장군 등이 속해 있었다. 포 장군을 두고 사다케는 마지막까지 항우군의 장수로 활약한 종리매鍾離昧로 보았다.

유방의 군사는 상대적으로 규모가 작았던 까닭에 당시 초나라 군사는 항량 직계의 항우와 여신이 이끄는 양대 군단이 주력군을 형성했다. 항우 휘하에 경포와 포 장군이 이끄는 부대를 포함해 몇 개의 중소 규모 부대가 배속돼 있었다. 유방의 무리는 비록 독자적인 지휘권을 지닌 별개의 군단으로 존재했으나 내용 면에서는 이들 중소 규모 군대 수준에 지나지 않았다.

당시 유방이 탕군의 군수에 임명된 것은 비록 실력 면에서 부족하기는 하나 명목상으로는 항우와 비등한 세력으로 올라섰음을 뜻한다. 탕군은 수도 팽성의 방위선을 형성한다. 탕군 일대에는 진나라 장수 장함의 통제 하에 있는 위나라 군대를 비롯해 장초의 패잔병 등이 일정한 세력을 유지하고 있었다. 초회왕이 유방에게 이 지역을 맡긴 것은 그만큼 신임이 컸음을 반증한다. 자신의 기반을 확고히 다지기 위해서라도 유방의 도움이 절대 필요했다. 이후 가장 먼저 함양에 입성한 자를 관중왕에 봉하겠다고 선언한 것도 그 내막을 보면 사실 유방을 돕기 위한 꼼수에 가까웠다. 『사기』를 비롯한 사서는 이를 마치 엄청난 선언처럼 묘사해 놓았으나 이는 역사적 사실과 다르다.

초회왕이 유방을 항우의 군단에 배속시키지 않고 탕군의 군장에 임명한 것은 항우를 견제하려는 속셈을 노골적으로 드러낸 것이나 다름없었다. 항량이 살아 있었다면 초회왕이 이런 식으로 노골적인 조치를 취하지는 못했을 것이다. 그러나 항량이 패사한 상황에서 명분상으로 초회왕을 견제할 수 있는 세력은 존재하지 않았다. 초회왕은 이런 절호의 기회를 최대한 활용해 자신의 입지를 나름 튼튼히 다진 셈이다. 항우도 바보가 아닌 이상 초회왕의 속셈을 전혀 몰랐다고 보기는 어렵다. 사서에는 이에 관한 기록이 전혀 나오지 않고 있다. 항우 역시 속으로 칼을 갈며 때가 오기를 기다렸을 공산이 크다.

당시 초회왕이 항우와 유방 등의 제장들을 불러 놓고 함양 진공의 명을 내린 것은 적극적인 공세를 통해 새 도읍지인 팽성의 안정을 확고히 다지는 이른바 이공위수以攻爲守의 계책에서 나온 것이다. 공격을 통해 수비를 다진다는 뜻이다. 이는 장함이 이끄는 진나라 군사의 반격이 그만큼 매서웠음을 반증한다. 장함이 최정예 부대를 이끌면서 상승군常勝軍의 명성을 이어 가고 있었다는 사서의 기록이 이를 뒷받침한다. 사서는 이때 범증이 처음으로 항우의 책사로 활약한 것으로 기록해 놓았다. 사서에는 자세한 기록이 나오지 않고 있으나 항량이 패사한 이후 이내 항우의 참모로 활약했을 공산이 크다.

함양 진공으로 표현된 초회왕의 이공위수 계책은 항우에게 일종의 덫에 가까웠다. 항우가 상승군을 이끄는 장함에게 이길지라도 커다란 손실을 입을 공산이 컸고, 패하면 장함의 손을 빌려 항우를 제거하는 차도살인을 실현하는 게 되기 때문이다. 그러나 역사는 초회왕의 의도와는 정반대로 흘러갔다. 항우가 파부침주의 결단으로 거록성의 포위를 푼 것은 물론 장함의 항복까지 받아냈기 때문이다. 초회왕의 입장에서 보면 잔꾀를 부리다가 화를 자초한 셈이다.

☁ 홍문의 연회와 '공恭'의 후흑술

「항우본기」는 함곡관을 돌파한 항우군이 희정에 이르자 유방의 군사가 이에 대응하기 위해 파상에 주둔하게 됐다고 기록해 놓았다. 당시 항우는 유방이 관중왕을 자처했다는 유방의 최측근 조무상의 고자질로 인해 분기탱천한 상황이었다. 그때의 긴박한 상황을 「항우본기」는 "항우가 희정의 서쪽에 이르자 패공이 파상에 주둔했으나 아직 항우와 만나지 않았다"고 기록해 놓았다. 일촉즉발의 위기 상황이었다. 이때 범증이 항우에게 이같이 건의했다.

"유방은 입관하기 전까지만 해도 재물을 탐하며 여색을 좋아했는데 지금 입관해서는 재물도 취하지 않고 부녀도 총애하지 않고 있습니다. 이는 그의 뜻이 결코 작은 데 있는 게 아님을 뜻하는 것입니다. 제가 사람을 시켜 그의 운기를 살펴보게 했더니 모두 유방이 용호龍虎의 형상을 갖춰 오색을 이뤘다고 합니다. 이는 천자의 운기입니다. 그를 급히 쳐야합니다. 절호의 기회를 잃어서는 안 됩니다."

'용호의 형상' 운운은 윤색으로 보이나 항우의 경각심을 높이기 위해 대략 이와 유사한 진언을 했을 공산이 크다. 산동은 효산 동쪽을 지칭하는 말로 곧 함곡관 동쪽의 관동關東 내지 함곡관 바깥의 관외關外와 같은 뜻이다.

초나라 좌윤左尹으로 있던 항백은 항우의 숙부로 평소 장량과 가까운 사이였다. 여기에는 사연이 있다. 장량은 일찍이 수배자로 있는 와중에 살인 사건을 일으켜 도주한 항백을 비호한 바 있다. 같은 수배자 신세의 동병상련이 크게 작용했을 것이다. 두 사람 역시 내심 초나라 장군 항연의 아들 항백과 한나라 재상 희평의 자손이 만났다는 점에서 각별히 생각했을 듯싶다. 결과적인 얘기지만 이것이 유방과 항우의 운명을 가르는 결정적인 계기로 작용했다. 항백이 항우의 군사가 유방을 친다는 얘기를 듣고 즉시 말에 올라 밤을 새워 유방의 진영으로 달려가 은밀히 장량을 만난 게 그렇다. 항백은 전말을 모두 얘기한 뒤 장량에게 함께 떠날 것을 호소했다. 하지만 장량은 이를 정중히 거절하고 안으로 들어가 유방에게 이 사실을 모두 말했다. 항우보다 군사력이 약했던 유방은 크게 놀라 장량에게 대책을 물었다. 그러자 장량은 유방에게 항우를 배반하지 않겠다는 뜻을 전하라고 건의했다. 유방이 이에 따르려 하자 장량은 밖으로 나가 항백에게 성심으로 청해 유방을 만나게 했다. 유방은 술잔에 가득 찬 술을 들어 축수한 뒤 자식들의 혼인을 약속하며 이같이 덧붙였다.

"나는 입관한 이후 추호도 사사로이 취한 바가 없습니다. 이민吏民을 장부에 기록하고, 부고를 봉인한 채 항 장군이 오기만을 기다렸습니다. 장수를 파견해 함곡관을 지키게 한 것은 다른 도적의 출입과 비상 상황을 대비한 것입니다. 밤낮으로 장군이 오기만을 기다렸는데 어찌 감히 배반할 수 있겠습니까. 원컨대 장군은 내가 감히 은덕을 배반하지 않을 것임을 소상히 말해 주시기 바랍니다."

당시 항우는 항백이 어떻게 해서든 유방을 항복시켜 보겠다고 제안한 까닭에 별 기대를 하지 않았으면서도 이를 수용했을 공산이 크다. 항백은 유방이 자신의 건의를 허락하자 다시 밤에 자신의 군영으로 돌아가 유방이 한 말을 항우에게 빠짐없이 보고했다. 항우는 유방이 항전을 계속해 온 까닭에 그가 투항하리라고는 생각하지 못했다. 그래서 내심 크게 놀랄 수밖에 없었다. 이때 항백이 이같이 덧붙였다.

"패공이 먼저 관중을 깨뜨리지 않았다면 공이 어찌 감히 입관할 수 있었겠소. 지금 대공을 세운 사람을 공격하는 것은 불의요. 그를 잘 대우하느니만 못 하오."

'대공'과 '불의'의 비유가 절묘하다. 조카인 항우를 우쭐하게 만들고자 한 것이다. 이게 주효했다. 항우가 곧바로 유방의 투항을 허락한 사실이 이를 뒷받침한다. 초한지제를 종합적으로 평가할 때 이는 항우의 커다란 실수였다. 유방이 범한 여러 실책을 거론하며 대의명분에 입각해 유방의 목을 치는 게 해답이었다. 항백의 칭송에 우쭐해진 게 화근이었다. 일각에서 항우가 패망하게 된 배경을 항백에게서 찾는 것이 결코 지나친 게 아니다. 예로부터 내부의 적이 가장 무섭다고 한 이유를 이 사례처럼 잘 보여 주는 것도 없다.

당시 유방이 파상에 주둔한 것도 나름 속셈이 있었다고 보아야 한다. 항우가 곧바로 함양으로 향할 때는 그대로 놓아두고, 만일 입성 전에 쳐들어오면 결사항전을 펼치고, 여의치 못할 때는 종남산을 넘어 패수를 따라 남하한 뒤 무관을 통해 남양으로 퇴각하고자 했을 공산이 크다. 그러나 병력에서 항우군의 4분의 1에 불과한 유방군이 항우군의 공격을 받을 경우 무관을 무사히 빠져나가 남양을 근거지로 삼는 일이 그리 만만한 게 아니었다. 게다가 항우의 책사 범증은 유방을 놓칠 경우 호랑이를 산에 풀어놓는 격이라는 사실을 통찰하고 있었다. 따라서 유방이 자칫 패주하는 상황이 되면 이후 걷잡을 수 없는 사태가 닥쳐올지도 모를 일이었다.

객관적으로 볼 때 확실히 유방은 궁지에 몰려 있었다. 속히 관중왕이 되겠다는 과도한 욕심과 상대의 힘을 과소평가한 오판 등이 화를 자초한 셈이다. 이때 장량이 곧바로 유방을 찾아가 항복을 권하고 나선 것이다. 항백의 말을 듣고 활로가 여기에 있다고 판단한 결과다. 원래 항복은 목숨을 상대에게 맡기는 것을 의미한다. 유방의 경우는 잠재적인 라이벌인 까닭에 이런저런 구실을 붙여 단박에 목을 칠지도 모를 일이었다. 장량도 이를 모를 리 없다. 그런데도 그는 왜 주군인 유방에게 항복을 권한 것일까? 전국시대 말기 월왕 구천의 책사 범리가 구사한 이른바 사항계를 구사하고자 했을 공산이 크다. 사항계는 최악의 상황에 처했을 때 철저히 몸을 굽혀 상대를 크게 띄워 주는 방식으로 활로를 찾는 고육책에 해당한다. 사항계는 취지 면에서 『후흑학』에 나오는 '공恭'의 후흑술과 같다. 리쭝우의 해석이다.

"공恭은 마치 관절이 없는 인간인양 비굴할 정도로 아첨하고 상관의 비위를 맞추기 위해 헤헤거리는 것을 말한다. 여기에는 직접과 간접의 두 가지 종류가 있다. 직접적인 방법은 상관에게 직접 하는 것을 말하고, 간접적인 방법은 상관의 친척과 친구 또는 고용인 및 첩 등과 같이 상관의 주위 사람들에게 하는 것을 말한다."

유방의 최측근이자 처남에 해당하는 조무상이 유방을 배신하고 항우에게 고자질한 것도 양측의 현격한 실력 차이를 절감한 결과로 볼 수 있다. 항백과 장량의 설득을 받아들인 유방은 다음 날 아침에 1백여 기를 이끌고 항우가 있는 홍문으로 찾아와 사죄했다. 이때 범증은 유방을 죽이기 위해 수차례 항우에게 눈짓을 보내며 차고 있는 옥결을 들어 세 번이나 보여 주었으나 항우는 이에 응하지 않았다. 그러자 범증이 일어나 밖으로 나간 뒤 항장項莊을 불러 말했다.

"군왕은 독한 결단을 내리지 못하는 위인이오. 그대가 우선 안으로 들어가 축수를 한 뒤 축수가 끝나면 곧 주흥을 돋우기 위해 검무를 추겠다고 청하시오. 검무를 추다가 기회를 보아 유방을 찔러 그 자리에서 죽여야만 하오. 그리 하지 못하면 그대들은 모두 그의 포로가 되고 말 것이오."

이에 항장이 곧 안으로 들어가 축수를 마친 뒤 검무를 청해 추기 시작했는데 이때 항백도 문득 검을 뽑아 같이 춤을 추기 시작했다. 항백은 계속 자기 몸을 날개처럼 펼쳐 유방을 가려 주었다. 이에 항장은 유방을 격살할 수 없었다. 그때 장량이 군문에 이르러 번쾌를 만나 유방을 지키라고 말했다. 그러자 번쾌가 즉시 칼을 차고 방패를 손에 쥔 채 안으로 들어갔다. 군문의 위사가 진입을 저지하려고 하자 번쾌가 방패를 들어 옆으로 휘둘렀다. 위사는 그대로 땅바닥에 쓰러졌다. 번쾌는 마침내 안으로 들어가 휘장을 젖히고 패왕 옆에 시립했다. 결국 유방은 몸을 일으켜 측간으로 가는 척하면서 번쾌를 밖으로 불러내 황급히 달아났다. 홍문에서 파상까지는 40리였다. 유방은 급히 몸을 빼어 홀로 말을 타고 번쾌와 하후영, 근강, 기신 등 4인은 칼과 방패를 든 채 유방의 뒤를 좇아 걸어서 도망쳤다. 이들은 모두 여산 아래쪽에서 지금의 산시 성 서안시 동쪽인 지양芷陽을 거쳐 샛길로 달아나 파상에 이르렀다. 항우의 우유부단함이 범증의 절묘한 계책을 무효로 만들어 버린 것이다.

🌀 후흑과 박백의 대결

당시 유방은 도주하기에 앞서 장량에게 홍문에 남아 있다가 항우에게 사과한 뒤 하얀 옥구슬인 백벽白璧을 바치고 옥두玉斗를 범아부范亞父에게 주라고 이르면서 이같이 덧붙였다.

"이 길로 가면 우리 군영까지는 20리에 불과하오. 내가 우리 군영에 이르렀다고 여겨질 즈음 공은 안으로 들어가도록 하시오."

'아부'는 당시 항우가 범증을 높여 부른 말이다. '부친에 버금하는 어른'이란 뜻이다. 이는 춘추시대 중엽 첫 패업을 이룬 제환공이 재상인 관중管仲을 '중부仲父'로 높여 부른 것을 흉내 낸 것이기도 하다. 중부는 관중의 자가 '중仲'인 점에 착안한 것이다. 통상 '부父'는 단순히 일반 남자의 미칭으로 쓰일 때는 '보甫'로 읽으나 부친에 준하는 존경스런 인물 내지 나이 많은 남자를 지칭할 때는 '부'로 읽는다. 중부를 비롯해 나이 많은 농부를 뜻하는 전부田父와 어옹漁翁과 같은 의미의 어부漁父 등이 그 실례이다. 주목할 것은 유방이 장량을 통해 항우에게 바친 백벽이다. 이는 원래 춘추시대 이래 항복 의식에서 항복하는 자가 수의를 입은 채 입에 물고 사죄할 때 사용하는 것이다. 「항우본기」에는 장량이 항우에게 단순히 아름다운 옥구슬인 미옥美玉을 바친 것처럼 묘사돼 있으나 이는 당시의 실정과 부합되지 않는다. 유방은 항우의 군막 안에서 옥구슬을 입에 물고 항복 의식을 치렀을 공산이 크다. 가의를 비롯한 후대의 사가들은 내심 미옥을 바친 것까지 삭제하고자 했으나 미옥이 항우의 손에 있는 이상 이마저 왜곡하기는 어려웠을 것으로 추정했다. 일리 있는 추론이다.

당시 유방은 홍문을 떠나 샛길로 황급히 달아나 자신의 군영에 이르렀다. 이즈음 장량이 장막 안으로 들어가 항우에게 사과했다.

"유방이 술을 이기지 못해 직접 인사를 올리지 못했습니다. 이에 삼가 저 장량으로 하여금 백벽 한 쌍을 받들어 재배한 뒤 장군에게 바치고, 옥두 한 쌍은 재배한 뒤 아부에게 올리게 했습니다."

지금 유방이 어디 있느냐는 항우의 물음에 장량이 답했다.

"장군이 패공을 책망하려는 뜻을 지니고 있다는 말을 듣고 몸을 빼내 홀로 떠났습니다. 이미 군영에 이르렀을 것입니다."

항우가 백벽을 받아 자리 위에 놓았다. 그러나 범증은 옥두를 받아 땅에 던져 놓고는 칼로 깨뜨리며 탄식했다.

"아, 어린아이와는 더불어 족히 계책을 꾀할 수 없구나! 장군의 천하를 빼앗는 자는 반드시 패공일 것이니, 우리는 이후 그의 포로가 되고 말 것이다."

'천하를 빼앗는 자는 패공' 운운은 가의 등의 사가들에 의해 윤색된 내용일 공산이 크다. 『초한춘추』와 『사기』 등의 사료에 보이는 하나의 특징은 유방의 적이 유방을 칭찬하는 발언을 늘어놓도록 한 점이다. 이를 감안하고 읽을 필요가 있다. 다만 범증이 화가 난 나머지 유방이 항복 의식 때 자신에게 바친 구슬 등을 내던지며 크게 탄식했을 가능성은 배제할 수 없다.

당시 유방은 군영에 이르자마자 즉각 조무상을 주살했다. 이는 두 영웅이 위험스런 유혈 사태에 이르게 된 배경을 모두 조무상에게 뒤집어씌운 셈이다. 홍문의 연회는 21세기 현재에 이르기까지 수천 년 동안 논란의 대상이 되고 있다. 20세기 초 『후흑학』을 쓴 리쭝우는 당시 항우가 범증의 계책을 받아들여 유방의 목을 쳤을 경우 이내 천하를 거머쥐었을 것이라며 아쉬움을 표한 바 있다. 필부지용匹夫之勇과 부인지인婦人之仁으로 인해 대사를 망쳤다는 주장이다. 후흑과 박백의 대결로 평가한 결과다. 그러나 이에 대한 반박도 만만치 않다. 대표적인 인물이 한자오치韓兆琦이다. 그는 『사기신독史記新讀』에서 여러 이유를 들어 후흑과 박백의 대결 논리를 조목조목 반박했다. 홍문의 연회가 호랑이 굴이었다면 천하의 건달 유방이 순순히 그리 들어갈 이유가 없었다는 게 골자이다. 당시 유방은 진나라의 각종 군사 시설을 장악하고 있었던데다 지형도 모두 꿰고 있었고, 지리적으로 볼지라도 항우보다 훨씬 유리했다는 점 등이 거론됐다. 한자오치의 반론은 나름 일리가 있으나 역시 왕리췬이 『항우강의』에서 지적했듯이 궁극적으로는 모두 당사자의 결단 문제이다. 홍문의 연회 자리에서 유방을 옭아맬 수 있는 구실은 매우 많았다. 그런데도 항우는 결단하지 못했다. 우유부단한 성격이 문제였다. 리쭝우의 지적이 역사적 사실에 좀 더 부합한다.

☁ 범증과 외황의 아이

한신이 화북 일대를 석권할 당시 유방이 가장 두려워한 것은 한신의 잠재적인 위협이 아니라 여전히 막강한 위세를 떨치고 있는 항우의 현실적인 위협이었다. 실제로 항우의 군사력은 막강했다. 유방이 계속 정예군을 보충받았음에도 불구하고 형양에서의 수세 국면을 벗어나지 못한 사실이 이를 뒷받침한다. 항우와 유방이 곡물 창고인 오창을 둘러싸고 혈전을 벌인 이유다. 「고조본기」의 다음 대목도 이를 뒷받침한다.

"한왕의 군사는 형양의 남쪽에 진을 치고, 용도를 만들어 황하에 연결시킨 뒤 오창의 곡식을 취했다."

오창은 진나라 때 식량을 대량으로 비축하기 위해 만든 곡물 창고였다. 수운을 통해 대량으로 운반된 식량을 비축하기 위해서는 건조한 상태를 유지해야 한다. 진나라가 강가의 약간 높은 구릉 위에 곡물 창고를 만든 이유다. 형양은 내륙의 수운과 육운의 교차점에 있었다. 황토고원과 화북평야의 물자가 교환되는 중개지이기도 했다. 형양을 손에 넣고 있는 한 언제든지 때가 되면 동쪽으로 쉽게 진출할 수 있었다. 반대로 형양을 잃을 경우 관중이 이내 위협을 받게 된다. 병법에서 말하는 일종의 쟁지爭地에 해당한다. 유방과 항우 모두 어떤 식으로든 형양을 손에 넣어야만 했다. 형양을 선점한 유방이 그런 점에서는 점수를 따고 있었다.

문제는 곡물 수송의 안전을 뜻하는 용도가 자주 끊긴 데 있다. 반년가량 공방전이 계속되는 와중에 용도가 항우군의 공격으로 자주 두절된 것은 불가피한 면이 있다. 길게 이어진 용도를 지키기 위해 많은 병력을 동원할 경우 득보다 실이 많다. 실효성도 의문이다. 수비해야 할 전선이 너무 길기 때문이다. 이는 적의 기습 공격을 자초하는 꼴이다. 유방으로서는 오창의 식량을 최대한 활용해 유리한 국면을 만들어야만 했다. 그러자면 용도의 안전 확보가 필수다. 항우도 마찬가지다. 오창을 손에 넣지 못할지라도 최소한 유방이 오창의 곡식을 최대한 활용하는 것을 막아야만 했다. 북쪽 제나라의 전횡과 일시 휴전한 뒤 형양 탈환에 전력을 기울인 이유다.

당시 전횡은 한신이 황하 이북을 제압하면서 가장 위협적인 세력으로 등장한 상황에서 항우가 공격을 멈추자 크게 환호했다. 그로서는 항우를 부추겨 유방과 혈전을 치르게 만든 뒤 어부지리를 챙기는 게 상책이었다. 공연히 유방과 손을 잡아 항우를 화나게 만들 이유가 없었다. 항우도 전횡이 중립을 취하는 한 손해 볼 게 없었다. 전력을 기울여 유방을 제압한 뒤 대처하는 게 이익이었다. 전횡이 중립의 위치로 돌아서는 것을 계기로 한신이 화북 일대를 석권한 효과도 반감될 수밖에 없었다. 용도가 자주 끊기게 된 배경이 바로 여기에 있다.

용도가 두절되면 유방의 병사들은 제때 식사를 할 수 없게 된다. 전력이 급격히 약화될 수밖에 없다. 병법에 밝은 항우가 이를 모를 리 없다. 그가 맹공을 퍼부으며 형양을 포위한 이유다. 당시 북쪽 조나라에 진주하고 있던 한신도 황하를 건너 형양을 돕는 일이 쉽지 않았다. 병사들이 화북 일대의 정벌 과정에서 힘을 크게 소진한 것도 그렇지만 형양을 도우러 나섰다가 자칫 전횡에게 허를 찔릴 위험 부담이 컸다.

형양을 잃게 되면 관중의 약양에서 군수 물자와 병력 자원을 공급하던 소하도 궁지에 몰릴 수 있었다. 유방이 항우에게 형양을 기준으로 천하를 둘로 나눠 그 동쪽을 갖고 일시 싸움을 멈추자고 제의한 것은 바로 이런 이유 때문이었다. 「고조본기」는 항우가 이를 받아들이지 않았다고 간략히 기술해 놓은 데 반해 「항우본기」는 항우가 이를 받아들이려고 하자 범증이 반대했다고 기록해 놓았다.

당시 범증도 유방이 궁지에 몰려 있다는 사실을 알고서 형양에 맹공을 가할 것을 권했다. 그러나 진평의 반간계에 넘어간 항우는 범증의 말을 듣지 않았다. 범증은 항우가 자신을 의심한다는 얘기를 듣고 이내 화를 냈다.

"천하대사가 대체로 정해졌으니 이제 대왕이 스스로 처리하십시오. 원컨대 저는 사직하여 물러나고자 합니다. 사직의 청을 받아 주십시오."

항우는 범증의 사직을 만류하지 않았다. 범증은 돌아가던 도중 팽성에 이르기도 전에 등에 악성 종양이 생겨 객사하고 말았다. 책사는 주군이 자신의 건의를 받아들이지 않으면 떠나는 게 원칙이다. 후대인들 중에는 범증이 계속 보필했으면 항우가 패망하지 않았을 것이라는 논지를 편 사람이 제법 많았다. 대표적인 인물이 「범증론」을 쓴 북송대의 대문호 소동파蘇東坡이다. 다음은 「범증론」의 전문이다.

한나라가 진평의 계책을 써 초나라의 군신 사이를 벌어지게 만드니 항우는 범증이 한나라와 개인적으로 통하고 있다고 의심하고는 그의 권리를 조금씩 빼앗았다. 범증이 크게 노하여 말하기를, '천하의 일은 대체로 결정되었으니 대왕이 스스로 처리하십시오. 저는 벼슬을 그만두고 고향으로 물러나 일반 병사의 신분으로 돌아가고 싶습니다'라고 했다. 그는 돌아가는 길에 팽성에 이르기도 전에 등창이 나서 죽고 말았다. 나 소동파는 이같이 말하고자 한다. 범증이 항우 곁을 떠난 것은 잘한 일이다. 떠나지 않았다면 항우는 반드시 범증을 죽였을 것이다. 오직 빨리 떠나지 않은 것이 안타까울 뿐이다. 그렇다면 언제 떠났어야만 했을까? 범증이 홍문의 연회 때 항우에게 유방을 죽이라고 권했으나 항우가 말을 듣지 않아 끝내 천하를 잃게 되었으니 마땅히 그때 떠났어야 했던 게 아닐까? 아니다. 범증이 유방을 죽이고자 했던 것은 신하된 자의 본분이고, 항우가 그를 죽이지 않은 것은 군주된 자의 도량 때문이다. 범증이 어찌 이 때문에 떠나야 했겠는가? 『주역』 「계사전」에서 공자가 말하기를, '기미를 아는 것은 신묘한 일이다'라고 했다. 또 『시경』 「소아」 '기변頍弁'에 이르기를, '큰 눈이 내리기 전에 먼저 싸락눈이 내리네!'라고 했다. 범증이 떠나야 했던 시기는 항우가 의제의 장수 송의를 죽였을 때였다. 진승이 백성들의 지지를 얻었던 것은 항연과 부소 덕분이다. 항씨가 흥기한 것은 초회왕의 손자 미심을 옹립한 덕분이다. 제후들이 항우를 배반한 것은 의제를 죽였기 때문이다. 또한 범증은 의제의 옹립을 주도한 당사자이다. 의제가 살고 죽는 것이 어찌 초나라의 성쇠만을 뜻하겠는가? 범증 또한 의제와 더불어 화복을 함께하고 있었던 것이다. 의제가 죽었는데도 범증만 오래도록 살 수 있는 상황이 아니었다. 항우가 송의를 죽인 것은 바로 의제를 죽이려는 전조였다. 의제를 죽인 것은 범증을 의심한 근원에 해당한다. 그러니 어찌 진평의 계책을 기다려야 했겠는가! 사물은 반드시 먼저 썩은 뒤에야 벌레가 생기고, 사람 또한 반드시 먼저 의심을 한 뒤에야 무함이 나오게 된다. 진평이 비록 지혜가 많다 하더라도 어찌 신하에 대해 아무 의심도 하지 않는 군주를 이간질할 수 있었겠는가? 나는 일찍이 의제를 논하면서 '의제는 천하의 현군이다'라고 했다. 그는 오직 유방만을 입관시키고, 항우는 들여보내지 않으려 했다. 또한 송의를 많은 사람들 가운데서 알아보고 상장군으로 발탁했다. 현명하지 않았다면 그럴 수 있었겠는가? 항우가 송의를 죽인 후에는 의제 또한 계속 참고만 있을 수도 없었을 것이다. 항우가 의제를 죽이지 않았다면 오히려 의제가 항우를 죽였으리라는 것은 지혜로운 사람이 아닐지라도 금방 알수 있는 일이다. 당초 범증이 항량에게 권해 의제를 보위에 앉히자 제후들 모두 그 때문에 복종하게 되었다. 중도에 의제를 죽인 것은 범증의 뜻이 아니다. 어찌 그의 뜻이 아닌 것에 그치겠는가? 반드시 힘써 다투며 막았는데도 항우가 말을 들어주지 않았을 것이다. 그의 말은 듣지 않고 그가 옹립한 군주를 죽였으니 항우의 범증에 대한 의심은 반드시 이로부터 시작되었을 것이다. 항우가 송의를 죽일 당시만 해도 범증은 항우와 어깨를 나란히 하며 의제를 섬기고 있었던 까닭에 군신의 신분이 확정된 게 아니었다. 당시 범증을 위한 계책으로 말하면, 항우를 죽일 능력이 있다면 곧 항우를 죽이고, 그럴 능력이 없다면 곧 떠나는 게 옳았다. 어찌 그것이 꿋꿋한 대장부의 길이 아니었겠는가? 당시 범증은 이미 나이가 70세에 달해 있었다. 뜻이 맞으면 남아 있고, 그렇지 않으면 떠나야 했다. 그때 거취의 한계를 분명히 하지 않은 채 항우에게 의지해 공명을 이루고자 했으니 비루한 일이었다. 비록 그렇기는 하나 범증은 한고조 또한 두려워한 인물이었다. 범증이 떠나지 않았다면 항우는 망하지 않았을 것이다. 아, 범증 또한 당대의 인걸이었다!

유가의 도덕론에 입각한 접근이기는 하나 범증이 항우 곁을 떠나지 않았다면 항우는 결코 패망하지 않았으리라는 게 골자이다. 소동파와 정반대의 견해를 피력하는 사람들도 많았다. 지모가 특출 나지 못했던 까닭에 곁을 떠난 게 항우의 패망에 아무런 영향을 미치지 못했다는 식이다. 대표적인 인물이 북송 말기에 사마광의 정적으로 활약했던 왕안석이다. 그는 「범증이수范增二首」의 두 번째 시에서 이같이 읊었다.

누가 그를 군중 아부라고 부르나   誰合軍中稱亞父
외황의 아이만도 훨씬 못한 것을   直須推讓外黃兒

'외황의 아이'는 팽월이 점거했던 외황을 항우가 어렵사리 탈환했을 때의 일화에서 나온 것이다. 당시 대로한 항우가 마을의 15세 이상 남자를 파묻으려 하자 13세의 소년이 '팽월의 위세에 눌려 반항도 못하고 오직 대왕이 오기만 기다렸다'는 논지를 펴 외황의 남자들을 모두 구할 수 있었다. 이 시는 범증의 지모가 평소 항우를 위해 특별히 좋은 건의를 하지 못했으니 결국 외황의 아이만도 못한 게 아니냐는 풍자의 뜻이 담겨 있다. 범증을 그다지 높게 평가할 이유가 없다는 취지를 드러내는 셈이다. 왕리췬도 유사한 입장을 피력했다. 『항우강의』에 나오는 그의 주장이다.

"범증은 모사라고는 하나 솔직히 항우를 잘 계도하고 권면하는 임무를 다하지 못했다. 바로 그런 이유 때문에 왕안석이 그를 두고 13세의 외황의 아이만도 못했다는 시로 풍자한 것이다."

그러나 이는 항우를 미화하기 위해 범증을 폄하했다는 지적을 면하기 어렵다. 사다케는 『유방』에서 진평의 반간계 일화에 강한 의구심을 보냈다. 항우를 너무 유치하고 단순한 인물로 희화해 놓았다는 게 이유다. 그의 이런 분석은 사서의 기록이 뒷받침한다. 항우가 범증을 내친 뒤에도 계속 포위 작전을 통해 유방군을 압박한 게 그렇다. 항우가 구사한 포위 작전은 비록 지구전으로 치달을 위험은 있었으나 군량 보급로인 용도를 계속 끊어 놓을 수만 있다면 매우 훌륭한 계책에 속한다. 실제로도 그렇게 진행됐다.

후흑학의 관점에서 볼 때 범증은 마음은 시꺼멓지만 얼굴은 두껍지 못한 면박심흑의 전형에 속한다. 『후흑학』에 나오는 리쭝우의 평이 이를 뒷받침한다.

"당초 유방이 함양에 입성한 뒤 장량의 계책을 좇아 파상에 군사를 주둔시켜 놓았을 때 범증은 온갖 꾀를 내어 유방을 사지에 몰아넣으려고 생각했다. 그의 속마음이 시꺼먼 것이 유방과 닮았다. 그러나 그는 뻔뻔하지 못해 화를 참지 못했다. 유방은 진평의 계책을 이용해 항우와 범증을 이간질시켰다. 항우의 의심을 받은 범증은 벌컥 화를 내며 물러나겠다고 청했다. 결국 그는 고향인 팽성으로 돌아가는 도중에 화를 참지 못해 등창이 나 죽고 말았다. 무릇 큰일을 하고자 하는 사람이 이처럼 걸핏하면 화를 내는 것이 도리이겠는가? 나는 범증이 항우 곁을 떠나지 않았다면 항우는 결코 망하지 않았으리라 생각한다. 그가 만약 조금만 참았다면 유방은 허점이 많았기 때문에 얼마든지 쉽게 공격해 들어갈 수 있었다. 그러나 그는 작은 일로 분개하는 바람에 자신의 남은 목숨은 물론 항우가 차지한 강산까지 한꺼번에 날리고 만 것이다. 그는 결국 작은 것을 참지 못해 대사를 그르친 셈이다. 소동파는 「범증론」에서 그를 호걸이라고 불렀으나 아무래도 좀 지나친 찬사인 듯하다.”

일리 있는 지적이다. 그럼에도 범증은 뛰어난 책사였음에 틀림없다. 객관적으로 볼 때 범증은 주군의 패망으로 인해 제대로 된 평가를 받지 못한 인물 가운데 하나이다. 마치 당대 최고의 지략을 자랑했던 괴철이 사서에서 크게 주목받지 못한 것과 닮았다. 비상한 시기에는 비상한 계책이 필요하다. 홍문의 연회 때 유방의 목을 칠 것을 건의한 범증의 계책이 그렇다. 항복 의식을 거행하는 자의 목을 치는 것은 비상식적이기는 하나 21세기 스마트 혁명 시대의 관점에서 볼 때 나름 시사하는 바가 크다. 리쭝우가 『후흑학』에서 언급한 것처럼 당시 항우가 범증의 건의를 좇았다면 손에 넣은 천하를 유방에게 헌납하는 일은 빚어지지 않았을 것이다.

괴철편 천하를 셋으로 쪼개 호령하다

蒯徹 전국시대 말기 조혜문왕趙惠文王 때의 명신 인상여藺相如와 장수 염파廉頗는 서로 힘을 합쳐 막강한 무력을 자랑하는 진나라의 위협으로부터 조나라를 구해 낸 것으로 유명하다. 한때 인상여의 출세를 시기한 염파로 인하여 불화했으나 인상여의 넓은 도량에 감격한 염파가 깨끗이 사과함으로써 서로 변하지 않는 친교를 맺게 되었다. 여기서 문경지교刎頸之交의 성어가 나왔다. 목이 달아날지라도 변치 않을 만큼 가까운 친교를 뜻한다. 초한지제 때도 유사한 사례가 등장했다. 위나라 출신 장이張耳와 진여陳餘가 당사자이다. 두 사람 모두 같은 대량 출신으로 어렸을 때부터 함께 생장해 오면서 의기투합한 까닭에 인상여와 염파 못지않은 우정을 과시했다. 많은 사람들이 두 사람의 연배가 비슷한 것으로 생각하고 있으나 「장이진여열전」은 나이가 젊은 진여가 장이를 "부친처럼 섬겼다"고 기록해 놓았다. 원문은 '부사父事'이다. 섬긴다는 뜻의 동사 사事 앞에 나온 부父는 '부친처럼'의 뜻을 지닌 부사어로 사용된 경우다. 사마천

은 『사기』 전체를 통틀어 '부사'라는 용어를 3번 사용했다. 「장이진여열전」의 장이와 진여의 경우를 포함해 「장승상열전」에 나오는 장창張蒼과 왕릉王陵, 「유협열전」에 나오는 전중田仲과 주가朱家의 경우가 그렇다. 모두 의리의 표상에 해당한다. 장이와 진여는 나이 차이가 대략 20세 안팎이었을 것으로 추정된다. 나이 차이를 잊고 친교를 맺는 것을 흔히 망년지교忘年之交라고 한다. 그러나 장이와 진여가 맺은 문경지교는 인상여와 염파가 맺은 원본 문경지교와 달리 참사로 끝나고 말았다. 거록전투 때 항우와 연합한 진여의 군사가 거록성에서 농성하던 장이의 구원 요청을 거부한 게 발단이었다. 그 배경을 간략히 살펴보자.

당초 진승이 오광과 함께 진 제국에 반기를 든 호해 원년, 기원전 209년 7월은 양력으로는 8월이다. 폭염이 기승을 부리는 한여름에 해당한다. 초나라 땅은 고온다습한 지역으로 이런 곳에서는 축축하고 더운 땅에서 생기는 독한 기운인 이른바 장독瘴毒이 유행했다. 반란의 열기는 장독의 전염을 방불케 했다. 쉽게 끓는 초나라 사람들의 기질도 한몫했다. 진승은 진현을 함락시키자마자 진성으로 개칭해 장초의 수도로 삼은 뒤 가장 신뢰하는 휘하 장수 주장에게 명해 장초의 주력군을 이끌고 가 함곡관을 돌파하게 했다. 진승은 이와 동시에 옛 친구인 무신武臣에게 명해 옛 조나라 땅을 공략하게 했다. 무신은 지금의 허난 성 활현 경계인 백마진白馬津에서 황하를 건너 여러 현으로 진격했다. 참모의 일원으로 참여한 장이와 진여 등은 지역의 호걸들에게 유세했다. 두 사람의 유세가 조나라 땅의 호걸들을 격동시킨 것은 말할 것도 없다. 이들 모두 길을 떠나 무신의 행군에 참여했다. 졸지에 수만 명의 군사를 얻게 된 무신은 여세를 몰아 조나라의 성 10여 개를 함락시켰다. 이에 크게 고무된 무신은 스스로 무신군

武信君을 칭했다. 원래 무신군은 전국시대 말기에 활약한 종횡가 장의張儀의 군호君號이다. 이후 항량도 무신군을 칭했다. 이들 모두 장의를 흠모했을 공산이 크다.

무신은 옛 조나라 땅의 10여 개 성을 함락시켰으나 나머지 성들은 모두 굳게 지키는 바람에 공략하지 못했다. 이내 동북쪽으로 방향을 틀어 지금의 허베이 성 정흥현 서남쪽의 범양范陽을 공격했다. 범양에는 당대의 책사 괴철蒯徹이 살고 있었다. 훗날 사가들은 괴철의 이름이 한무제 유철劉徹과 같다는 이유로 괴통蒯通으로 기록했다. 괴철은 무신 휘하에 천하의 재사 장이와 진여가 있다는 사실을 알고 이내 함께 일할 생각을 했다. 무신이 범양으로 쳐들어올 당시 곧바로 현령을 찾아가 유세한 사실이 이를 뒷받침한다.

"가만히 들으니 공이 장차 돌아가실 것 같아 이렇게 조문하러 왔습니다. 그러나 공이 저를 얻으시어 목숨을 구할 수 있게 됐으니 동시에 경하를 드립니다."

현령이 물었다.

"어찌하여 내가 죽는다고 말하는 것이오?"

괴철이 대답했다.

"진나라의 법은 매우 엄중합니다. 공이 현령이 된 이래 10여 년 동안 다른 사람의 부모를 죽이고 다른 사람의 아들을 고아로 만들고, 다른 사람의 발을 자르고, 다른 사람의 이마에 묵형을 가한 일이 수를 헤아릴 수 없을 정도로 많습니다. 자식을 사랑하는 부로父老와 부모의 원수를 갚으려는 효자들이 가슴에 비수를 품고도 감히 공의 배를 찌르지 않은 것은 진나라의 법을 두려워하기 때문입니다. 지금 천하대란이 일어나 진나라의 법은 통하지 않게 되었으니 부로와 효자들 모두 가슴에 품은 비수로 공의 배를 찔러 그들의 명성을 드러내려 합니다. 이것이 제가 조문을 드리려는 이유입니다. 지금 제후들 모두 진나라에 반기를 든 상황에서 무신군의 군사가 이미 이곳에 당도했습니다. 공이 굳게 범양을 지키고 있는 사이 젊은이들이 앞다퉈 공의 목을 베어 무신군에게 바치려 합니다. 공은 속히 저를 무신군에게 보내어 화를 복으로 돌리십시오. 공의 생사가 지금 결단에 달려 있습니다."

현령이 크게 놀라 즉시 괴철을 무신에게 보냈다. 괴철은 무신을 만나 이같이 말했다.

"장군은 한사코 싸움에서 이긴 연후에 땅을 공략하려고 합니다. 이는 유혈전을 치르며 성을 공격해 함락시키는 것과 같습니다. 제가 가만히 생각해 보건대 이는 잘못된 것입니다. 장군이 저의 계책을 좇으면 성을 공격하지 않고도 항복시킬 수 있습니다. 격문을 돌려 싸우지 않고도 사방 천 리의 땅을 평정하는 게 가하지 않겠습니까?"

무신이 물었다.

"그게 무슨 말이오?"

괴철이 설명했다.

"지금 범양의 현령이 군사를 정비해 성을 지키려고 하는 것은 겁이 많아 죽음을 두려워하면서 동시에 욕심이 많고 부귀를 중히 여기기 때문입니다. 그는 천하에 가장 앞서 항복하려는 생각이 간절하지만 혹여 장군이 조나라의 10여 개 성을 공략하면서 진나라 조정이 임명한 관원을 주살한 것처럼 자신도 살해하지나 않을까 걱정하고 있습니다. 지금 범양의 젊은이들은 범양 현령을 죽인 뒤 농성하며 장군에게 저항하려 합니다.

장군은 어찌하여 저를 시켜 현령의 인장을 범양 현령에게 전하려 하지 않는 것입니까? 그리하면 범양 현령은 곧바로 성을 들어 장군에게 바치고, 범양의 젊은이들 역시 감히 범양 현령을 살해하지 못할 것입니다. 이후 범양 현령에게 명하여 주륜화곡朱輪華轂을 타고 연나라와 조나라 교외의 땅을 내달리게 하십시오. 연과 조 두 나라 관원들 모두 이를 보고 말하기를, '이는 범양 현령이 아닌가? 서둘러 항복하도록 하자!'며 크게 기뻐할 것입니다. 그러면 연과 조의 모든 성을 싸우지 않고도 항복 받을 수 있습니다. 이것이 바로 격문을 전해 천 리의 땅을 평정하는 계책입니다."

'주륜화곡'은 왕후 등의 귀족이 타고 다니던 붉은색의 화려한 수레를 지칭한다. 당시 무신은 괴철의 말을 그럴듯하게 여겨 곧바로 괴철에게 현령의 인장을 내주며 속히 범양 현령에게 전해 주도록 했다. 과연 소문이 퍼지자 조나라 땅의 현령과 군수가 앞다투어 투항했다. 순식간에 싸우지 않고도 접수한 성이 30개가 넘었다. 이어 무신은 별다른 어려움 없이 조나라의 옛 수도인 한단을 손에 넣었다. 괴철의 계책이 얼마나 뛰어났는지를 방증하는 대목이다.

책사의 지략 싸움

사서에는 괴철의 활약이 간헐적으로 나타나 있다. 무신에게 유세한 이후의 행적에 관해 아무 기록이 없다가 문득 한신이 제나라를 공략할 때 책사로 등장하고 있다. 두 사람이 어떤 인연으로 주군과 책사의 인연을 맺게 되었는지는 자세히 알 길이 없다. 다만 무신에게 유세하게 된 과정을 감안할 때 당대의 책사인 괴철이 제 발로 찾아갔을 공산이 크다. 주목할 것은 한신이 괴철의 진언을 좇아 제나라를 손에 넣고 유방 및 항우와 어깨를 나란히 하게 됐다는 점이다. 초한지제에 여러 책사가 지략을 다퉜지만 객관적으로 볼 때 괴철보다 뛰어난 인물은 없었다. 당대 최고의 지낭에 해당한다. 역사상 최초로 천하삼분天下三分의 계책을 제시한 게 그 증거다. 하지만 주군인 한신이 토사구팽을 당하는 바람에 그의 눈부신 활약도 덩달아 묻혀 버렸다. 실패로 끝난 역이기의 활약이 대서특필된 것과 대비된다. 이는 괴철의 활약을 역이기와 대비시켜 보면 쉽게 알 수 있다.

성고가 유방의 손에 떨어졌다는 소식을 듣자마자 항우는 곧바로 매서운 반격에 나섰다. 즉시 군사를 이끌고 동쪽으로 진격해 진류와 외황, 수양 등을 다시 차례로 손에 넣었다. 그 결과 유방은 원래의 수세 국면으로 돌아갈 수밖에 없었다. 협공에 걸릴 것을 우려한 유방은 이내 성고의 동쪽 지역을 포기하고 공현과 낙양에서 항우와 맞붙고자 했다. 이는 매우 위험한 계책이었다. 곡식 창고인 오창을 초나라 군사에게 그대로 넘겨주는 것이나 다름없었기 때문이다. 상황이 이렇게 위급해지자 역이기가 황급히 유방을 만류하고 나섰다.

"신이 듣건대 '하늘 위에 하늘이 있음을 알아야 왕업을 이룰 수 있다'고 했습니다. 왕자王者는 백성을 하늘로 삼고, 백성은 먹는 것을 하늘로 삼습니다. 무릇 오창은 천하의 양곡을 운반해 쌓아 둔 지 오래되었습니다. 그곳에는 저장된 양곡이 매우 많다고 들었습니다. 초나라는 형양성을 함락한 뒤 오창을 견고히 지키지 않고 동진하면서 죄를 지어 국경을 지키던 병사들로 하여금 성고를 지키게 했습니다. 이는 하늘이 한나라를 도와주는 것입니다. 지금 바야흐로 초나라를 쉽게 깨뜨릴 수 있는데도 한나라는 오히려 퇴각하여 스스로 유리한 형세를 버리려고 하니 신이 보건대 이는 큰 잘못입니다. 예로부터 '양웅불구립兩雄不俱立'이라고 했습니다. 한나라와 초나라가 오랫동안 서로 대결하면서 결판을 내지 못하는 바람에 해내가 크게 요동치고, 농부는 쟁기를 놓고, 길쌈하는 여인은 베틀에서 내려오고, 천하인의 마음은 안정되지 못하고 있습니다. 원컨대 대왕은 다시금 급히 진군하여 형양을 탈환한 뒤 오창의 양곡에 의지하고, 성고의 천험을 틀어쥐고, 태항산의 길을 막고, 비호구 남쪽을 봉쇄하고, 백마진을 지키십시오. 이같이 하여 제후들에게 지형에 의지해 적을 제어하는 형세를 보이면 천하인은 어느 곳에 귀부해야 할지를 명백히 알 수 있습니다."

유방이 이를 옳게 여겨 곧 오창을 빼앗을 계책을 다시 논의했다. 역이기가 건의했다.

"지금 연나라와 조나라는 이미 평정되었으나 오직 제나라만이 함락되지 않은 채 남아 있습니다. 제나라는 전씨田氏 종족들이 강성한데다 바다와 태산을 등에 지고 황하와 제수를 천혜의 울타리로 삼고 있고, 남쪽으로 초나라 땅과 인접해 있습니다. 이로 인해 사람들의 배신과 사술이 매우 심합니다. 대왕이 비록 수만 명의 군사를 보낼지라도 한 해 정도의 단기간에 그들을 깨뜨리지는 못할 것입니다. 청컨대 제가 제나라 전씨에게 유세해 곧 그로 하여금 한나라를 위해 동쪽의 번신藩臣을 청하도록 만들겠습니다."

역이기는 이내 제나라에 가서 제왕 전광 앞에서 천하가 한나라에게 돌아갈 것이라고 말하며 다음과 같이 유세했다.

"한왕이 먼저 함양에 들어갔으나 항우는 약속을 저버리고 그를 한중 왕으로 봉했습니다. 이어 항우는 의제를 이주시켜 죽였습니다. 한왕이 이 소식을 듣고 촉과 한중의 군사를 일으켜 삼진三秦을 친 뒤 함곡관 밖 으로 출관하여 의제 사건의 책임을 묻고, 천하의 군사를 거두면서 제후 의 후예를 찾아내 왕으로 삼고, 성을 함락하면 곧 장수에게 제후의 봉지 를 내리고, 재물을 얻으면 곧 사졸에게 나눠 주었습니다. 천하와 더불어 그 이익을 함께한 까닭에 호걸과 영웅, 현인 모두 그를 위해 성심으로 일 하고자 합니다. 반면 항우는 약속을 어겼다는 오명을 얻은 데다 의제를 죽이고, 은혜를 잊고 의를 저버리는 짓까지 저질렀습니다. 항우는 다른 사람이 세운 공은 기억하지 못하면서 다른 사람이 저지른 죄에 대해서 는 잊는 일이 없습니다. 전쟁에서 이겨도 상을 받지 못하고, 성을 함락시 켜도 봉지를 받지 못하고, 항씨가 아니면 그 누구도 중용될 길이 없습니 다. 천하 사람이 그를 배반하고, 인재가 그를 원망하며 모두 그를 위해 일 하려 하지 않습니다. 그래서 천하가 한왕에게 돌아가리라는 것을 앉아 서도 점칠 수 있는 것입니다. 한왕은 촉, 한 지역의 군사를 동원해 삼진을 평정하고, 서하西河에서 도하해 북쪽으로 위나라를 깨뜨리고, 정형구를 빠져나와 진여를 죽였습니다. 이는 사람의 힘으로 된 것이 아니라 하늘 이 내려 준 복입니다. 지금 이미 오창의 양곡에 의지해 성고의 천험을 틀 어쥐고, 백마진을 지키고, 태항산의 가파른 길을 막고, 비호구를 봉쇄하 고 있습니다. 천하의 제후들 중에서 나중에 항복하는 자는 먼저 패망할 것입니다. 군왕이 속히 한왕에게 귀부하면 제나라는 가히 보전할 수 있 을 것입니다. 그렇지 않으면 조만간 위기가 닥칠 것입니다."

당근과 채찍을 동원한 어르고 뺨치는 식의 뛰어난 유세였다. 결국 전광은 유방과 손을 잡았다. 제나라가 유방과 손을 잡을 경우 동서남북 사방에서 항우를 압박하는 사면협공이 가능해진다. 항우에게는 최악의 시나리오에 해당한다. 그렇다면 왜 중립적인 입장을 취하던 제나라의 전광은 문득 유방과 손을 잡은 것일까? 물론 역이기의 유세 덕분도 있지만 이 때문만은 아니다. 당시의 정황이 그렇게 만들었다. 당초 전광은 한신의 군사가 동진하고 있다는 소식을 듣고 크게 놀랐다. 곧 휘하 장수 화무상華無傷과 전해田解에게 명해 중무장한 군사를 이끌고 가 지금의 산둥성 제남인 역성歷城에 주둔하여 이를 저지하게 했다. 상황이 불리할 경우 항우와 손을 잡고 한신의 동진을 저지할 생각이었다. 만일 한신이 동진하지 않을 경우 구태여 대병을 동원하는 식으로 힘을 소진할 필요가 없다. 초한 두 나라가 싸우는 것을 지켜보다가 양측의 힘이 다했을 때 적극 개입해 어부지리를 취하는 게 가장 바람직했다. 역이기가 노린 것도 바로 이것이었다. 전광이 역이기의 말을 그대로 믿고 이내 사자를 보내 유방과 동맹을 맺은 배경이 여기에 있다. 그러나 이는 결과적으로 유방의 함정에 그대로 빠진 것이었다. 유방이 역이기를 보내 전광을 안심시켜 놓은 뒤 한신에게 명해 제나라를 급습토록 한 사실이 이를 뒷받침한다. 유방이 처음부터 궤계를 구사할 의향을 갖고 있었는지 여부를 놓고 학자들의 견해는 엇갈리고 있다. 결과적으로 볼 때 유방이 궤계를 구사해 제나라를 통째로 접수한 것은 분명한 사실이다.

한신의 기습 공격을 받기 전까지만 해도 전광은 너무 일이 잘 풀려 간다고 생각한 나머지 역성의 방어를 풀도록 명한 뒤 역이기와 연일 술을 마시며 즐거워했다. 한신이 군사를 이끌고 계속 진격하리라고는 꿈에도 생각하지 못한 탓이다. 한편 한신은 제나라를 향해 진격하던 도중 역이기가 제나라 왕의 설득에 성공했다는 소식을 들었다. 평원의 나루터에서 황하를 건너기 직전이었다. 그는 역이기가 제나라에 사자로 가 전광을 설득하는 방안에 관해서는 전혀 들은 바가 없었다. 우선 유방의 진의를 알 필요가 있었다. 일단 진군을 멈춘 뒤 사자를 유방에게 보내 명령이 바뀌게 된 배경 등을 물으려 하자 책사 괴철이 만류했다.

"장군은 지금 한왕의 명을 받고 제나라를 치러 가는 중입니다. 역이기가 세운 공은 한왕의 명을 받아 제나라를 말로 설복시킨 것에 불과합니다. 아직 진공을 중지하라는 명이 내려온 적이 없습니다. 어찌하여 계속 진군하지 않는 것입니까? 이는 명을 위반하는 것이 됩니다. 역이기는 일개 선비인데도 사자가 되어 세 치 혀로 제나라의 70여 개 성을 설복시켰습니다. 장군은 1년여 동안 수만 명의 군사를 이끌고 가 50여 개 성을 항복시켰을 뿐입니다. 몇 년간에 걸쳐 이룩한 장군의 공이 어찌 일개 유생이 세운 공만도 못 해서야 되겠습니까?"

한신이 이를 옳게 여겨 마침내 황하를 건넜다. 괴철은 왜 한신에게 계속 진군할 것을 권한 것일까? 유방의 속셈을 훤히 꿰고 있었기 때문이다. 한신이 진공을 멈췄을 경우 이후 항명죄에 걸려들었을 공산이 크다. 유방의 입장에서 볼 때 항우를 제압한 뒤 가장 먼저 손을 대야 하는 인물은 한신이었다. 그만큼 두려운 존재였다. 무턱대고 손을 쓸 수는 없는 만큼 구실이 필요했다. 한신이 멋대로 진공을 멈춘 것만큼 좋은 구실도 없었다. 괴철은 이를 정확히 읽은 것이다. 이해 10월, 한신이 문득 군사를 이끌고 와 역성을 지키고 있던 제나라 군사를 격파했다. 아무런 대비도 하지 않고 있던 제나라 군사가 패한 것은 필연이었다. 이후로는 탄탄대로였다. 거의 아무런 저지도 받지 않은 채 곧바로 임치에 이르렀다. 보고를 접한 전광은 눈이 뒤집혔다. 어제까지 같이 함께 술을 마시며 형제처럼 가깝게 지낸 역이기를 곧바로 잡아 오게 했다. 그는 역이기가 간교한 기만술을 구사한 것으로 생각했던 것이다. 한신의 진격은 역이기도 전혀 예상하지 못했던 일이었다. 그도 내심 크게 놀랐을 것이다. 그러나 자신도 유방의 속셈을 전혀 몰랐다고 토로해 봐야 남는 게 없었다. 전광이 이를 믿어 주지도 않을 것이고, 이후 유방이 자신의 일족에게 무차별 보복을 행할 공산이 컸다. 게다가 친동생 역상은 유방의 휘하 장수로 맹활약을 하고 있었다. 자신이 유방을 위해 희생하면 장차 역상을 비롯한 일족은 커다란 포상을 받을 게 분명했다. 사서에 기록된 그의 언급이 이런 추론을 뒷받침한다.

"대사를 이루려고 하는 자는 작은 것을 마음에 담아 두지 않고, 훌륭한 덕을 지닌 선비는 장황한 변병을 하지 않는 법이다. 그대는 내가 어찌 말을 뒤집을 것으로 생각하는가!"

대로한 전광은 그를 곧바로 끓는 물에 삶아 죽였다. 그러나 이미 끝난 일이었다. 사마천은 「역생육가열전」에서 역이기를 당대 최고의 유세가로 묘사해 놓았다. 이는 아무래도 지나쳤다. 결과가 좋지 않기 때문이다. 비록 실패로 끝나기는 했으나 현실에 기초한 괴철의 천하삼분지계에 비할 바가 못 된다.

☁ 천하삼분지계의 창시자

한신의 제나라 공략은 초한지제의 흐름을 바꾸어 놓았다. 그간 수세에 몰렸던 유방이 이내 공세로 전환할 수 있게 됐기 때문이다. 위나라 일대를 장악한 팽월의 유격 활동도 과소평가해서는 안 되지만 한신의 제나라 장악은 이와 차원이 다르다. 팽월은 유격전에서 치고 빠지는 식의 전투에서 승리한 것에 지나지 않으나 한신의 제나라 공략은 국력을 기울인 정규군이 맞붙은 싸움에서 이긴 것이다. 초나라가 거의 전군을 동원해 사마용저에게 지휘를 맡겨 제나라를 구원하도록 한 것을 감안하면 그 의미는 더욱 클 수밖에 없다. 한신이 제나라를 공략할 즈음 유방도 어느 정도 세력을 만회할 수 있었다. 유방은 이내 임시 수도로 정한 관중의 약양으로 들어갔다. 관중의 백성들을 고무시키기 위한 조치였다. 약양에서 유방은 성대한 연회를 베풀어 부로들을 위로했다. 항우의 운명을 거의 자신의 손아귀에 틀어쥐었다는 자신감의 표현이었다.

부로들의 지지를 얻는 것은 민심을 장악하는 첩경이다. 원래 진나라는 천하를 현 단위로 다스렸다. 현령은 중앙에서 파견한 말단 조직의 장이었다. 현령은 부임지에서 새로이 하급 관리를 지명해 다스렸다. 그러나 실은 이들 부로들이 유력자 중에서 하급 관원을 천거하면 중앙에서 파견된 관원이 이를 추인하는 식으로 인선이 이뤄졌다. 호족들이 대부분 해당 현의 유력한 하급 관리가 된 배경이다. 유방이 이들을 직접 만나 다독인 것은 진 제국의 가혹한 법치에 고통을 느끼고, 항우의 분탕질에 분노하고 있는 부로들을 감동시키고도 남았다. 훗날 유방이 항우를 제압하고 천하를 거머쥔 것도 이와 무관할 수 없다.

당시 유방은 부로들을 위해 성대한 연회를 베풀면서 성고전투에서 패한 후 비수 강가에서 자진한 초나라 장수 사마흔의 머리를 저잣거리에 내걸었다. 항우의 숨통을 끊기 위한 대대적인 군사 동원을 알리는 의식이었다. 이듬해인 기원전 203년 2월, 유방은 한신을 정식으로 제나라 왕에 봉한 뒤 그의 군사를 이용해 초나라를 칠 심산이었다. 당시 항우도 나름 한신을 끌어들이기 위해 고심하고 있었다. 이내 유세객 무섭을 보내 한신을 설득하고자 했다. 무섭은 한신을 찾아와 이같이 유세했다.

"천하가 모두 오랫동안 진나라의 폭정으로 고통을 겪다가 서로 힘을 합쳐 진나라를 쳤습니다. 진나라가 멸망한 뒤 각자의 공을 헤아려 땅을 베어 주고, 경계를 나눠 왕으로 봉하고, 병사들을 쉬게 했습니다. 그런데 지금 한왕이 동쪽에서 다시 군사를 일으켜 다른 사람의 몫을 침탈하고 다른 사람의 땅을 탈취했습니다. 한왕은 이미 삼진을 격파하고 군사를 이끌고 출관한 뒤 제후들의 군사를 수합해 동쪽으로 초나라를 치고 있습니다. 그의 의도는 천하를 모두 삼키는 데 있으니 이것이 이뤄지지 않으면 결코 싸움을 그치지 않을 것입니다. 그의 만족할 줄 모르는 욕심이 이토록 심합니다. 게다가 한왕은 약속을 기대할 수 없습니다. 그의 몸이 항왕의 손에 들어간 적이 여러 번 있었으나 항왕은 그때마다 그를 불쌍히 여겨 살려 주었습니다. 그러나 그는 벗어나기만 하면 곧 약속을 어기고 다시 항왕을 쳤습니다. 그를 가까이하여 믿을 수 없는 행동이 이와 같습니다. 지금 그대는 비록 스스로 한왕과 두텁게 교유한다고 생각한 나머지 그를 위해 모든 힘을 다해 군사를 동원하고 있으나 끝내 그에게 사로잡히고 말 것입니다. 그대가 계속 승승장구하여 오늘의 이 자리까지 이르게 된 것은 항왕이 아직 살아 있기 때문입니다. 지금 두 왕이 다투고 있는 천하대사의 저울은 그대에게 있습니다. 그대가 오른쪽으로 기울어지면 한왕이 이기고, 왼쪽으로 기울어지면 항왕이 이길 것입니다. 그러나 만일 오늘 항왕이 망하면 그다음은 그대가 될 것입니다. 그대와 항왕은 교분이 있었는데 어찌하여 한나라에 반기를 들고 초나라와 연합하여 천하를 셋으로 나누고 왕이 되려고 하지 않는 것입니까? 지금 이 시기를 놓치면 스스로 정하지 못하고 한나라를 좇아 초나라를 치는 쪽으로 몰려 결심하게 될 것입니다. 어찌 지자智者로서 실로 이같이 할 수 있겠습니까?"

천하의 명변이다. 항우가 패망하면 토사구팽의 1차 대상이 될 수밖에 없다고 지적한 것은 유방의 욕심과 속셈을 정확히 읽었기에 가능했다. 그럼에도 한신은 사의를 표하면서 거절했다. 무섭이 떠나자 괴철이 한신이 있는 곳으로 왔다. 그 또한 천하의 판세를 좌우하는 저울추가 한신에게 있다는 사실을 훤히 꿰고 있었다. 무섭의 유세가 실패한 것을 직감한 그는 유세 방법을 달리했다. 이내 관상법을 이용해 이같이 유세했다.

"제가 그대의 얼굴을 보니 봉후封侯에 불과합니다. 게다가 위태롭고 편안하지가 않습니다. 그대의 뒷모습이 귀하기는 하나 나머지는 말할 수 없습니다."

이런 식으로 얘기하면 다음 말을 듣고 싶어 하지 않을 사람이 거의 없을 것이다. 한신이 다급히 물었다.

"그게 무슨 말이오?"

괴철이 대답했다.

"당초 천하에서 의병이 일어났을 때 모든 사람이 우려한 것은 오직 어떻게 해야 진나라를 타도할 수 있는가 하는 것뿐이었습니다. 그러나 지금 초한 두 나라가 다투자 천하의 백성들이 간과 쓸개로 땅을 칠하고, 부자父子의 해골이 들판에 방치돼 그 수를 헤아릴 수조차 없게 됐습니다. 초나라는 팽성에서 기병한 후 사방에서 싸우며 패배한 적을 추격하는 기세로 승세를 타고, 자리를 말 듯 승리하며 그 위세를 천하에 떨쳤습니다. 그러나 지금은 경현과 색현 사이에서 포위된 까닭에 성고 이서의 산지에서 핍박을 받으며 더 이상 진공하지 못하고 있습니다. 초나라 군사가 여기에 머문 지도 이미 3년이 지났습니다. 한나라 역시 10만의 군사를 이끌고 공현과 낙양에 근거해 험한 산과 황하에 기대고 있으나 하루에 수차례 출전하는데도 약간의 전공도 세우지 못한 채 좌절하여 스스로를 구하지도 못하고 있습니다. 이를 두고 바로 '지혜와 용기가 모두 바닥이 났다'고 하는 것입니다. 지금 백성들은 피로가 극에 달해 크게 원망하고 있지만 돌아가 의지할 곳이 없습니다. 신이 생각건대 형세상 천하의 성인이 아니고는 이 화란을 종식시킬 길이 없습니다. 지금 한나라와 초나라의 운명이 그대에게 달려 있습니다. 그대가 한나라를 위하면 한나라가 승리하고, 초나라를 위하면 초나라가 승리할 것입니다. 실로 그대를 위한 계책으로 천하를 셋으로 나눠 3국이 공존하는 정족지세를 이루는 것보다 나은 게 없습니다. 그러면 누구도 감히 먼저 움직일 수 없게 됩니다. 무릇 그대의 뛰어난 무략으로 제나라 땅을 토대로 조나라와 연나라를 복종시킨 뒤 초나라와 한나라의 병력이 없는 곳으로 출병해 그들의 후방을 제압하십시오. 이어 백성들의 기대를 좇아 서쪽으로 초나라와 한나라를 향해 백성을 위한 정전을 외치십시오. 그러면 천하는 바람 불듯이 신속히 호응할 것입니다. 그 누가 감히 이 말을 듣지 않겠습니까? 큰것은 자르고 강한 것은 약하게 하여 제후들을 세우십시오. 제후들이 서면 천하는 복종할 것이고, 그 공덕은 바로 제나라로 돌아올 것입니다. 제나라의 땅을 안정시켜 교수膠水와 사수泗水의 땅을 점거한 채 조용히 예모를 갖추면 천하의 제후들이 서로를 이끌며 제나라에 조현하러 올 것입니다. 제가 듣건대 '하늘이 주는 것을 받지 않으면 오히려 해를 입고, 시기가 이르렀는데도 행하지 않으면 오히려 재앙을 입는다'고 했습니다. 원컨대 그대는 이를 깊이 생각토록 하십시오."

그러나 한신은 독백하듯 곤혹스런 표정으로 물었다.

"한왕이 나를 심히 후하게 대해 주었는데 내가 어찌 이익을 좇아 의를 등질 수 있겠소?"

괴철이 대답했다.

"당초 장이와 진여가 벼슬이 없는 포의지사布衣之士로 있을 때 서로 문경지교를 맺었습니다. 그러나 후에 제때 구원하지 않은 일로 인해 서로 다투다가 마침내 장이가 진여를 지수의 남쪽에서 죽인 뒤 그 시신을 쪼갰습니다. 두 사람이 서로 어울려 한 몸처럼 가까이 지내다가 끝내 서로 죽이려 한 것은 무슨 까닭입니까? 우환은 다욕多欲에서 생기는 법이고, 인심은 헤아리기 어려운 법입니다. 지금 그대가 아무리 충성을 다하고 무한한 신뢰를 보내면서 한왕과 사귈지라도 틀림없이 장이와 진여의 문경지교보다 견고할 수 없고, 한왕과 그대 사이에 빚어진 갈등은 제때 구원하지 않은 일로 다툰 경우보다 훨씬 많습니다. 그대는 한왕이 반드시 그대를 위태롭게 하지는 않을 것으로 생각하고 있는 듯하나 신이 보건대 이는 착각입니다. 월나라 대부 문종은 망한 월나라를 부흥시켜 구천을 패자로 만들어 공을 세우고 명성을 얻었으나 그 몸은 죽고 말았습니다. 사냥감이 다 없어지면 사냥개를 삶아 먹는 토사구팽이 빚어지는 법입니다. 무릇 교우로 말하면 그대와 한왕의 그것은 장이와 진여의 그것에 미치지 못합니다. 충신으로 말할지라도 대부 문종이 구천에게 해 준 것보다 더할 수는 없습니다. 이 두 경우는 족히 감계로 삼을 만합니다. 원컨대 그대는 이를 깊이 생각토록 하십시오. 제가 듣건대 '용기와 지략이 뛰어나 주군을 두렵게 만드는 자는 몸이 위태로워지고, 공로가 천하를 뒤덮는 자는 상을 받지 못한다'고 했습니다. 그대는 군주를 두렵게 만드는 막강한 위세인 이른바 진주지위를 지니고 있고, 그 어떤 포상으로도 그 공을 기릴 수 없는 이른바 불상지공不賞之功을 세웠습니다. 초나라에 귀부하면 초나라 사람들이 믿지 않을 것이고, 한나라에 귀부하면 한나라 사람들이 크게 두려워하며 떨 것입니다. 그대는 이런 무략과 대공을 지닌 채 장차 어디로 귀부하려는 것입니까?"

한신이 완곡하게 말했다.

"선생은 더 이상 언급하지 마시오. 내가 장차 유념하겠소."

며칠 후 괴철이 다시 말했다.

"무릇 남의 말을 듣는 것은 일이 이뤄질 징조이고, 세밀히 계획하는 것은 일이 이뤄지는 관건입니다. 잘못 알아듣고 계획을 잘못 세우고도 오랫동안 편안한 자는 극히 적었습니다. 그래서 사물의 대세를 장악하는 것은 곧 과감한 단안을 내리는 데 있고, 머뭇거리며 결정하지 못하는 것은 일을 그르치는 근원이 됩니다. 터럭같이 작은 이익을 자세히 살피면 천하의 대국을 잃기 마련입니다. 머리로는 명백히 알고 있는데도 결단하여 감히 실행하지 않는 것은 모든 일의 화근입니다. 무릇 공업功業은 이루기는 어렵고 실패하기는 쉽기 마련이고, 시기時機는 얻기는 어렵고 잃기는 쉬운 법입니다. 일은 반드시 해당 시기에 맞춰야 하니 지나간 시기는 두 번 다시 오지 않기 때문입니다."

「회음후열전」은 한신이 머뭇거리며 차마 유방을 등지지 못했다고 기록해 놓았다. 그는 자신이 세운 공이 많아 유방이 끝내 자신의 제나라를 빼앗지는 않을 것으로 생각한 것이다. 결국 한신은 괴철의 계책을 따르지 않았다. 「회음후열전」은 당시 모든 것이 끝났다고 생각한 괴철이 이내 한신의 곁을 떠난 뒤 거짓으로 미친 척하며 무당이 되었다고 기록해 놓았다. 계속 한신 곁에 남아 있다가는 목숨을 부지하기 어렵다고 판단한 결과다.

괴철은 전국시대 말기 당대 최고의 종횡가로 활약한 소진과 장의의 후신에 해당한다. 천하대세를 훤히 읽는 비상한 두뇌와 판단력을 지닌 괴철은 왜 1인자의 길을 걷고 있는 항우와 유방을 찾아가지 않고 어정쩡한 2인자의 길을 걷고 있는 한신을 찾아가 유세를 한 것일까? 삼국시대 당시 당대의 현자 제갈량이 근거도 없이 떠도는 유비를 택해 정족지세를 이룬 것과 비슷하다. 괴철과 제갈량의 기본 취지는 똑같다. 제갈량이 조조와 손권을 찾아가지 않은 것과 마찬가지로 괴철 역시 유방과 항우를 찾아가 봐야 별 소득을 기대할 수 없었다. 유방에게는 장량과 진평 등의 책사가 이미 포진해 있었고, 항우 역시 범증이라는 책사가 곁에 있었다. 오직 한신만이 주변에 그럴듯한 참모가 없었다. 당대 최고의 전략가인 한신이 자신의 계책을 받아들이기만 하면 두 사람이 합작해 능히 천하를 거머쥘 수도 있다고 생각했을 것이다. 그의 이런 판단이 틀린 것은 아니었다. 문제는 그릇이었다. 한신은 유방이 자신에게 베푼 은혜에 감격해 충성을 다짐한 샌님에 지나지 않았다.

🌥 1인자와 2인자의 길

　객관적으로 볼 때 한신의 우유부단한 태도가 유방의 천하 통일에 결정적인 배경으로 작용한 것은 말할 것도 없다. 당시 유방은 관중에 사직을 세우고, 명분상 5국 제후에게 명을 내리는 등의 움직임을 통해 점차 제왕의 모습을 갖춰 나가고 있었다. 아울러 한신을 제나라 왕에 봉하고, 한신과 함께 움직였음에도 아무런 공도 세우지 못한 장이를 조나라 왕에 봉했다. 유방의 입장에서 볼 때 장이와 한신은 하늘과 땅만큼의 차이가 있었다. 한신이 장차 자신에게 커다란 위협이 될 수밖에 없다는 사실을 유방은 통찰하고 있었다. 한신을 마지못해 제왕에 임명한 것도 바로 이때문이다. 실제로 당시 유방은 한신을 극도로 경계했다. 무략도 무략이지만 현실적으로 최강의 무력을 보유하고 있었기 때문이다. 항우와 유방이 치열한 공방전을 전개할 때 한신은 무려 30만 대군을 이끌고 있었다. 항우와 유방이 공히 싸우다가 지쳐 나가떨어지면 가만히 앉은 자리에서 어부지리를 취할 수도 있었다. 유방이 한신을 경계한 것은 당연했다.

　문제는 한신이 왜 자신을 제왕에 봉해 달라고 요청해 놓고도 괴철이 제시한 삼국 정립 방안을 거부하는 모순적인 모습을 보였는가 하는 점이다. 그간 여러 해석이 나왔지만 사다케의 분석이 가장 그럴듯하다. 한신은 유방이 자신의 재능을 알아줄 것으로 생각해 제나라 왕에 봉해 달라고 요청했고, 유방이 응하자 이에 대한 화답으로 항우의 제의를 거절했다는 것이다. 유방이 최고의 대우를 베푸는 방식으로 한신을 심복시킨 결과로 본 것이다. 그는 육가의 『초한춘추』에 나오는 한신의 다음 언급을 근거로 들었다.

"한왕이 나에게 옥으로 장식한 식탁 위에 차린 음식과 옥검을 하사했다!"

음식을 옥으로 장식한 식탁에 차려 주고 옥검을 선물로 내린 것은 파격이다. 이에 감격한 한신이 평생 유방에 대한 지조를 지켰다는 게 논거다. 한마디로 말해 한신은 전국시대 초기 협객 예양豫讓이 자신을 국사國士로 대접해 준 주군 지백智伯의 원수를 갚기 위해 몸을 내던진 것과 유사한 행보를 보였다는 게 그의 분석이다. 나름 일리가 있다.

예양의 일화는 매우 유명해 『사기』를 비롯해 많은 사서에 대거 인용돼 있다. 출전은 『전국책』 「조책」이다. 이에 따르면 전국시대 초기 예양은 중원의 패권국인 진晉나라의 권신인 범씨范氏와 중항씨中行氏를 섬겼으나 제대로 인정을 받지 못했다. 이에 곧 지씨智氏에게 몸을 의탁하자 지백이 그를 국사로 대접했다. 이후 조씨趙氏와 한씨韓氏, 위씨魏氏가 지씨를 멸하고 진나라 영토를 나눠 가졌다. 조씨는 지백에게 극도로 원한을 품은 나머지 마침내 그의 두개골로 술잔을 만들었다. 이때 예양이 산속으로 도망치며 이같이 다짐했다.

"아, 선비는 자신을 알아주는 사람을 위해 목숨을 바치고, 여인은 자신을 사랑해 주는 사람을 위해 화장을 하는 법이다. 나는 지백의 은혜에 보답하지 않으면 안 된다."

여기서 21세기 현재까지 인구에 회자하는 '사위지기자사士爲知己者死, 여위열기자용女爲悅己者容'이라는 명구가 나왔다. 사다케가 한신의 거절을 유방의 은덕에 대한 보답 차원에서 해석한 것은 '자신을 알아주는 자를 위해 모든 것을 바치는 것은 남자가 본래 품고 있는 소망이다'라는 고정관념에서 비롯된 것이다. 예양의 일화를 보편적인 진리로 간주한 결과다.

틀린 것은 아니나 한신을 예양에 비유한 것은 지나쳤다. 유방이 한신에게 과감히 군사로 발탁하는 지우지은知遇之恩을 베풀기는 했으나 이는 자신의 필요에 따른 것이었다. 한신은 유방에게 제왕에 봉해 달라고 요청할 당시 항우와 유방의 위세를 뛰어넘는 막강한 무력을 지니고 있었다. 명실상부한 군웅의 일원이었다. 비록 유방이 자신을 군사로 발탁하는 은혜를 베풀었다고 할지라도 이는 일종의 계약에 가까운 것으로 두 사람의 인간관계를 규제하는 결정 요인은 아니었다.

객관적으로 볼 때 사다케가 언급한 옥으로 장식한 식탁과 옥검 등은 사소한 것에 지나지 않는다. 그의 분석은 한신을 졸장부로 규정한 것이나 다름없다. 보다 근본적인 원인은 역시 유방에 대한 근거 없는 신뢰와 우유부단에 있었다고 보는 게 옳다. 단호한 결단이 필요한 상황에서 한신은 유방과 맺은 사적인 의리를 내세워 괴철의 천하삼분지계를 거절하는 우를 범했다. 그가 만일 장차 토사구팽의 표적이 되리라는 것을 알았다면 과연 이처럼 사소한 사적인 의리에 얽매였을까? 훗날 한신은 괴철의 말을 듣지 않은 것을 후회했으나 때는 이미 늦은 뒤였다. 그가 죽기 직전에 내뱉은 탄식이 이를 뒷받침한다.

"아, 내가 왜 천하를 셋으로 나눠 가지라는 괴철의 천하삼분지계를 쓰지 않았던 것인가? 끝내 일개 아녀자에게 속아 죽게 되었으니 이 어찌 천운이 아니겠는가!"

당시 진희를 진압하고 귀경한 유방은 한신이 죽었다는 소식을 듣고는 한편으론 기쁘면서도 한편으로 가련한 생각이 들어 여후에게 물었다.

"한신이 죽으면서 무슨 말을 하였소?"

"참모의 계책을 쓰지 않은 것이 한스럽다고 했습니다."

그러자 유방은 곧바로 괴철을 잡아들이게 했다. 괴철이 잡혀 오자 유방이 물었다.

"네가 한신에게 모반을 가르쳤는가."

"그렇습니다. 그가 신의 계책을 쓰지 않았기 때문에 죽임을 당한 것입니다. 그가 신의 계책을 썼다면 폐하가 어떻게 그를 죽일 수 있었겠습니까?"

발끈한 유방은 괴철을 팽살하려 했지만 원통해하는 괴철에게 그 이유를 물었다. 그러자 괴철이 대답했다.

"진나라가 실록失鹿하자 천하의 모든 사람이 이를 쫓았습니다. 실록의 시기에는 재주가 많고 빨리 달리는 자가 먼저 잡는 법입니다. 도척盜跖의 개는 성군인 요임금을 보고 짖었습니다. 이는 요임금이 어질지 않기 때문이 아닙니다. 개는 본래 그 주인이 아닌 사람을 보면 짖기 마련입니다. 당시 신은 오직 한신만 알았을 뿐 폐하는 알지 못했습니다. 지금 천하에는 정예한 기개로 날카로운 칼을 지니고 폐하처럼 천하를 취하고자 하는 자가 너무 많습니다. 단지 역량이 미치지 못해 그리하지 못할 뿐입니다. 장차 그들을 모두 팽살할 수 있다고 생각하는 것입니까?"

할 말이 없게 된 유방은 좌우에 명해 괴철을 풀어주게 했다.

괴철의 건의는 훗날 제갈량이 유비에게 건의한 천하삼분지계의 효시에 해당한다. 그는 당대 최고의 책사였다. 사서의 기록을 토대로 보면 결코 장량이나 진평에 뒤지지 않았다. 오히려 더 뛰어난 바가 있다. 그러나 그 역시 범증과 마찬가지로 주인을 잘못 만났다. 당시 한신이 그의 계책을 받아들였다면 역사는 전혀 다른 방향으로 흘렀을 것이다. 괴철의 충언을 듣지 않은 한신의 패망은 자업자득의 성격이 짙었다.

후흑학의 관점에서 볼 때 괴철의 행보는 면박심흑으로 요약할 수 있다. 한신에게 유방을 배신하고 독자노선을 걸으라고 충고한 것은 뛰어난 심흑에 속한다. 한신이 이를 받아들였다면 천하는 전혀 다른 방향으로 진행되었을 것이다. 그러나 그는 면후에 능하지 못했다. 한신이 천하삼분지계를 받아들이지 않았을 때 더 이상의 설득을 포기하고 그의 곁을 떠난 게 그렇다. 자존심 때문이다. 한신을 도와 천하를 거머쥐고자 했다면 비상수단을 강구해서라도 한신을 설득시켜야 했다. 그러나 그는 모든 것이 끝났다고 생각해 이내 한신 곁을 떠난 뒤 거짓으로 미친 척하며 무당 행각을 벌였다. 속세와 인연을 끊은 것이다. 항우 곁을 떠났다가 등창이 나 죽은 범증의 최후와 닮았다. 그의 행보를 면박심흑으로 요약하는 이유다. 🔲

제6장

21세기와 후흑

유가에서 말하는 중용은 무성무취無聲無臭의 단계에 이르러야
비로소 그것을 완성했다고 할 만하고, 불도를 닦는 사람은 불립문자不立文字의
단계에 가야만 진정한 깨달음의 경지에 갔다고 할 수 있다.
하물며 후흑학은 수천 년 동안 전해져 오지 않은 비전인데
마땅히 무형무색無形無色의 단계로 들어가야 비로소 그 경지에 도달했다고 할 수 있다.

도광양회와 불후불흑

사람들은 누구나 남다른 재주를 하나씩 갖고 있기 마련이다. 이를 남에게 보여 주려고 애쓰면 시샘을 사게 된다. 사람들 앞에서 자랑하고픈 자기 자신을 이겨 내야 한다. 승리의 비결이 그 안에 있다. 평소 한 발 물러서는 훈련을 해야 하는 이유다. 『도덕경』 제8장은 처세의 이치를 이같이 비유해 놓았다.

"최고의 선은 물과 같다. 물은 능히 만물을 이롭게 하면서도 공을 다투지 않고, 많은 사람이 싫어하는 곳에 머문다. 그래서 거의 도에 가깝다. 머무는 것이 땅처럼 낮고 마음이 연못처럼 고요하면 주는 것이 매우 인자하고, 말이 매우 믿음직하고, 정치가 잘 이뤄지고, 일이 잘 처리되고, 움직임이 때에 잘 맞는다. 오직 다투지 않기에 허물이 없는 것이다."

위정자와 기업 CEO 등 모든 조직의 수장은 마치 땅이 그러하듯이 스스로를 낮춰야 조직을 올바로 이끌 수 있다고 지적한 것이다. 『후흑학』이 역설하는 모든 후흑의 비술도 여기에서 출발하고 있다. 노자 사상과 한비자 사상을 하나로 녹인 덕분이다. 리쭝우가 후흑의 비술을 크게 3단계로 정리해 놓은 것도 이런 맥락에서 이해할 수 있다. 『후흑학』의 해당 대목이다.

"후흑의 연마 과정은 크게 세 단계가 있다. 1단계는 낯가죽이 성벽처럼 두껍고 속마음이 숯덩이처럼 시꺼먼 이른바 '후여성장厚如城墻, 흑여매탄黑如煤炭'의 단계이다. 처음에는 낯가죽이 한 장의 종이처럼 얇으나 점차 밀리미터에서 센티미터, 미터 단위로 늘어나 마침내 성벽처럼 두꺼워진다. 마찬가지로 최초의 얼굴색은 우유처럼 흰색인데 점차 회색, 검푸른 색으로 변하다가 마침내 숯덩이처럼 시꺼멓게 되는 것이다. 이 경지가 되면 능히 1단계 연마가 끝났다고 할 만하다. 그러나 이 경지는 비록 성벽이 두껍다고는 하나 대포의 공격에 파괴될 수 있듯이 초보적인 수준에 불과할 뿐이다. 또한 속마음이 숯덩이처럼 검다고 하나 안색이 혐오스러워 사람들이 접근하길 꺼린다. 따라서 이 단계는 아직 초보적인 연마 단계에 불과하다.

2단계는 낯가죽이 두꺼우면서 딱딱하고 속마음이 검으면서도 맑은 이른바 '후이경厚而硬, 흑이량黑而亮'의 단계이다. 낯가죽이 두꺼운데 능통한 사람은 당신이 어떤 공격을 퍼붓더라도 미동도 하지 않는다. 유비가 바로 이런 사람이다. 조조 같은 사람도 그를 어떻게 할 방법이 없었다. 속마음이 시꺼먼데 능통한 사람은 마치 빛바랜 칠흑 간판이 귀한 대접을 받는 것과 같이 남에게 인정을 받는다. 조조가 바로 이런 사람이다. 그는 속마음이 시꺼멓기로 유명했지만 중원의 이름난 호걸들이 마음을 빼앗겨 그에게 귀복하고 말았다. 이 단계는 가히 '속마음은 칠흑같이 시커멓지만 얼굴은 투명하리 만큼 밝다'고 말할 수 있다. 이 단계에 도달하면 실로 1단계와는 천양지차가 있다. 그러나 이 단계에 들어설지라도 그 자취를 나타내는 형체와 색채가 드러난다.

제3단계는 낯가죽이 두꺼우면서도 형체가 없고 속마음이 시커먼데도 색채가 없는 이른바 '후이무형厚而無形, 흑이무색黑而無色'의 단계이다. 이 단계에 이르면 하늘은 물론 후세 사람들마저 그 사람을 후흑과는 완전히 정반대인 불후불흑不厚不黑의 인물로 여기게 된다. 그러나 이런 경지는 도달하기가 매우 어렵다.

어떤 사람이 묻기를, '후흑이 어찌 이같이 정밀하고 깊을 수 있습니까?'라고 했다. 나는 이렇게 대답하려 한다. 유가에서 말하는 중용은 무성무취無聲無臭의 단계에 이르러야 비로소 그것을 완성했다고 할 만하고, 불도를 닦는 사람은 불립문자不立文字의 단계에 가야만 진정한 깨달음의 경지에 갔다고 할 수 있다. 하물며 후흑학은 수천 년 동안 전해져 오지 않은 비전인데 마땅히 무형무색無形無色의 단계로 들어가야 비로소 그 경지에 도달했다고 할 수 있다. 요순, 우, 탕의 삼대三代에서 현대에 이르기까지 왕후장상과 호걸, 성현은 무수히 많았다. 그러나 후흑을 통해 성공하지 못한 사람은 단 한 명도 없었다."

유가와 법가, 도가 등 춘추전국시대를 풍미한 제자백가 사상은 물론 후대에 들어온 불가와 기독교 및 마르크시즘 등에 이르기까지 동서고금의 모든 사상은 후흑으로 귀결된다는 게 그의 지론이다. 실제로 리쭝우는 중국의 역대 왕조사를 위시해 마르크시즘과 무정부주의에 이르기까지 나름 빠짐없이 검토한 뒤 후흑을 제창했다. 이를 국가 총력전으로 전개되고 있는 21세기 경제전쟁에 적극 활용할 필요가 있다.

검은색 벌이 필요한 이유

노자가 『도덕경』에서 얘기하는 지극한 통치인 이른바 지치至治는 매사에 너와 나를 구분하는 인위적이면서도 자의적인 요소를 극소화하는데 있다. 그게 바로 무위지치無爲之治이다. 이는 모든 세속적인 가치를 무시 내지 부정하는 장자의 초속超俗과 다르다. 『도덕경』은 어디까지나 세속에 발을 붙인 가운데 최고 수준의 치국평천하 방략을 찾고자 한 까닭에 결코 불교처럼 출세간出世間으로 나아가지 않았다. 노자 사상과 장자 사상을 엄히 분리해야만 하는 이유다. 이를 뒷받침하는 일화가 청대 말기 고전에 해박해 손이양孫詒讓 및 황이주黃以周와 더불어 '청말 3대 선생'으로 일컬어진 유월俞樾의 「안면문답顔面問答」에 나온다.

본래 사람 얼굴 위에 자리 잡고 있는 눈썹, 눈, 코, 입은 제 할 구실이 따로 있게 마련으로 그것들이 서로 유기적으로 도와서 얼굴의 구성이 이루어지고 사람의 활동이 유지된다. 어느 날 문득 입이 코를 보고 말했다.

"이 세상에 질서로 따지면 공이 많은 자가 윗자리에 앉고, 무능한 자가 낮은 자리에 앉게 마련이다. 코야, 너는 무엇을 한 게 있다고 나보다 높은 자리에 떡 버티고 앉아 있는 것인가?"

"입아, 너는 모르는 소리 그만해라. 내가 먼저 향기로운 것과 구린 것 등을 냄새로 맡아 분간한 연후에 너에게 먹도록 넘겨주는 게 아닌가? 내가 네 윗자리에 앉은 것은 마땅하고도 남음이 있다. 그것보다도 네가 하는 일이 무엇인지 얘기해 봐라."

"그래, 내가 하는 일을 일러 줄 테니 들어 보아라. 우선 누구나 마음속에 하고 싶은 말이 있어도 입을 거치지 않고는 뜻을 전달하지 못한다. 어디 그뿐이랴. 책을 읽고 음식을 먹는 일도 입이 맡아 하고, 신에게 기원하는 말씀을 드리는 것도 입이 아니면 못 하는 일이 아니냐?"

"그렇다고 하고, 너는 그러면 콧구멍이 할 일 없이 생겨 있는 줄 아느냐? 냄새를 맡아 좋고 나쁜 것을 가려내는 일이 코가 하는 일이고, 사람의 얼굴 가운데 우뚝 솟아 전체의 균형을 잡고 있을 뿐 아니라 위엄도 세운다. 또 콧구멍이 막혀 바람이 통하지 않으면 이야기든 글 읽기든 하나도 될 것이 없다."

코는 또 눈을 보고 물었다.

"눈, 너는 무엇 때문에 나보다 더 높은 자리를 차지하고 있는 것인가?"

눈이 대답했다.

"나는 좋고 나쁜 것을 가려 보며, 이쪽저쪽을 살필 수 있어 그 공이 적지 않으므로 네 위에 있는 것이다."

입은 또 코와 눈을 보고 물었다.

"너희들의 이야기는 그렇다 하고 눈썹은 또 무엇이 잘났다고 귀만큼 꼭대기에 올라 앉아 있는 것이냐?"

입과 코, 눈이 말했다.

"우리들이 눈썹을 두고 시비를 따질 게 아니라 셋이 함께 가서 한번 물어보자."

입, 코, 눈이 눈썹을 찾아가 따지듯 물었다. 눈썹이 빙그레 웃으면서 대답했다.

"두 눈썹이 할 일 없이 맨 꼭대기에 붙어 있는 것이라고 생각하면 잘못이다. 옛날부터 나는 윗자리에 앉아 있도록 되어 있다. 만일 두 눈썹을 아래쪽으로 옮겨 놓고 보아라. 그 꼴이 어떻겠는가?"

그러자 입과 코, 눈이 핏대를 올렸다.

"꽁무니 빼는 소리는 그만두어라. 우리가 너를 찾아온 것은 네가 하는 일이 무엇이냐를 따지러 온 것이지, 모양을 따지러 온 게 아니다."

마침내 입, 코, 눈, 눈썹은 자기가 제일이라고 서로 어울려 싸우기 시작했다. 이때 귀가 그 모습을 보고 싸움을 말리면서 말했다.

"군자는 다투지 않는 법이다. 너희들은 그래도 앞쪽에나 붙어 있지 않느냐? 내 신세를 보아라. 날 때부터 머리 양쪽에 붙어 별로 대접도 못 받는다. 위고 아래고 나도 앞으로나 붙어 있었으면 하고 생각하는 때가 있는데, 다 같이 앞에 모여 있으면서 무엇 때문에 싸우는 거냐?"

리쭝우가 『후흑학』에서 성악설에 기초한 유월의 「안면문답」 비유를 높이 평가하며 후흑의 최고 단계를 '불후불흑'으로 표현한 이유가 여기에 있다. 불후불흑은 후흑을 전혀 눈치채지 못하게 하는 최고의 단계이다. 명태조 주원장의 책사로 활약한 유기劉基의 저서 『욱리자郁李子』에도 이와 유사한 우화가 나온다. 이에 따르면 하루는 거리杞離가 웅칩보熊蟄父에게 말했다.

"그대는 검은색 벌인 오봉烏蜂에 대해 아시오? 누런색 벌인 황봉黃蜂이 사력을 다해 꿀을 만들면 오봉은 꿀을 만들지도 못하면서 오직 먹기만 하오. 벌집 입구를 진흙으로 막을 때면 황봉의 여왕벌은 일벌을 시켜 꿀의 축적을 감시하고 계산토록 하면서 반드시 오봉을 멀리 쫓아내오. 떠나지 않는 오봉은 벌들이 윙윙 소리를 내며 합세해 죽여 버리오. 지금 조정에 있는 자는 고하를 막론하고 손에 굳은살이 박이고 발이 어는 것도 아랑곳하지 않은 채 군주의 일을 처리하지 않는 자가 없소. 모두 초나라에 유익한 자들이오. 그런데도 그대만은 유독 놀고먹으면서 별이 뜨기 전에 자고, 해를 보면서도 일어나지 않으니 초나라에 무익한 자요. 아침저녁으로 아무리 생각할지라도 그대가 혹여 오봉이 될까 걱정이오."

웅칩보가 응수했다.

"그대는 사람 얼굴을 못 보시오? 눈과 코와 입 모두 매일 긴급히 사용되고 있소. 그런데 유독 눈썹만은 하는 일이 없기에 없애도 될 듯싶소. 그러나 사람들 모두 눈썹이 있는데 유독 그대만 없다면 그 얼마나 가관이겠소? 초나라가 이처럼 방대한데 놀고먹는 선비 한 사람도 용납할 수 없단 말이오? 그러다가 눈썹 없는 사람이 되어 구경꾼의 비웃음을 살까 두렵소."

『욱리자』는 유기가 주원장을 만나기 직전 산속에 칩거하며 지은 저서이다. 『장자』와 더불어 우언문학寓言文學의 쌍벽으로 이루는 것으로 평가받고 있다. 이 우화는 마치 눈썹처럼 일견 무용한 듯이 보이면서도 유용한 상황에 대한 주의를 촉구한 것이다. 개미 사회가 이와 같다. 일본의 곤충학자 하세가와 에이스케長谷川英祐가 지난 2010년에 펴낸 『일하지 않는 개미』에 따르면 일개미의 70퍼센트는 평상시 거의 아무 일도 하지 않고 빈둥대며, 10퍼센트는 평생 아무 일을 하지 않는다. 휴식하는 일개미 70퍼센트와 전혀 일하지 않는 10퍼센트의 일개미를 합친 80퍼센트의 일개미가 부지런하지 않다는 사실은 인간 사회의 파레토 법칙을 연상시킨다. 통상 2080의 법칙으로 알려진 파레토 법칙에 따르면 조직의 생산성은 결국 20퍼센트의 일꾼들로부터 나오고, 제품의 구매도 실제로 20퍼센트의 중요 고객들이 올려 준다. 개미 사회를 정밀하게 탐사한 하세가 와의 관찰 결과와 닮았다. 개미 사회는 왜 이런 비효율적인 전략을 택한 것일까? 이유가 있다. 알을 돌아가면서 보살피고 또 갖가지 돌발 상황에 대비하기 위해 일개미의 일부는 일하지 않고 에너지를 비축하고 있는 것이다. 그의 관찰에 따르면 모든 개미들은 동시에 일을 시작하지 않는다. 처음에는 집단의 20퍼센트에 해당하는 개미들이 먼저 일을 시작한다. 시간이 흐를수록 그 개미들의 피로가 누적돼 더 일을 할 수 없게 되면 그때 비로소 가만히 있던 개미들이 일을 시작한다. 처음부터 일을 시작하는 개미들만 모아서 개미집을 구성할 경우 모든 개미들이 동시에 일을 하게 되므로 전체의 피로도가 급격히 높아져서 개미집이 빨리 붕괴한다. 일하는 개미들과 일하지 않는 개미들이 반드시 함께 하는 이유다. 주목할 것은 평생 일을 하지 않는 10퍼센트의 역할이다. 이들은 개미 집단이 붕괴하는 최후의 사태를 대비한 자원이다. 인간 사회에 비유하면 치국평천하 업무에 종사하며 자강불식의 자세로 끊임없이 연마하며 부국강병을 추구하는 각계각층의 리더 그룹에 비유할 수 있다. 리쭝우가 후흑구국을 역설하며 불후불흑의 단계로 나아갈 것을 촉구한 것과 취지를 같이한다. 『도덕경』 제45장은 불후불흑의 의미를 이같이 풀이해 놓았다.

"실로 크게 이루는 것은 마치 모자란 듯이 보이나 아무리 써도 닳지 않고, 실로 가득 찬 것은 마치 텅 빈 듯이 보이나 아무리 써도 끝이 없다. 커다란 정직은 마치 굽은 듯하고, 뛰어난 솜씨는 마치 졸렬한 듯하고, 큰 변설은 어눌한 듯하다."

『도덕경』의 '도'가 인간 사회에 적용돼 나타난 게 바로 아무것도 하지 않는 듯이 보이면서도 다스리지 않는 게 없는 이른바 무위지치이다. 이는 기본적으로 국가 공동체를 형성하는 각 구성원의 자율성을 보장하면서도 공동체 전체의 조화를 도모한 데서 출발하고 있다. 인간과 자연이 조화를 이루며 공존하는 것처럼 치자와 피치자가 유기적으로 결합해 창조적이면서도 고차원적인 삶을 영위하는 게 바로 무위지치이다. 원래 『도덕경』은 『논어』와 마찬가지로 춘추전국시대라는 난세 속에서 나온 것이다. 무위지치는 치자와 피치자, 사용자와 노동자 등의 이분법적 접근을 거부하고 있다. 서양의 학자들은 이분법적 사유에 익숙한 까닭에 이를 제대로 이해하지 못하고 있다. 프란시스 베이컨이 "방황하고 있는 자연을 사냥해 노예로 만들어 봉사하게 해야 한다"고 언명한 게 그렇다. 인간과 사물을 서로 용납할 수 없는 대립관계로 간주한 탓이다.

치국평천하의 관점에서 보면 공자를 효시로 하는 유가 사상도 그 뿌리만큼은 노자의 무위지치에 닿고 있다. 『공자가어』에 이를 뒷받침하는 일화가 나온다. 이에 따르면 공자가 천하유세에 나설 당시 오나라가 진陳나라를 공격했다. 초나라는 진나라를 구하기 위해 군사를 출동시키면서 공자가 진나라와 채나라의 중간 지역에 있다는 말을 듣고 사람을 보내 공자를 초빙했다. 공자가 초나라로 갈 것을 우려한 진나라와 채나라 대부들이 노역자들을 보내 들판에서 공자를 포위케 하자 공자는 옴짝달싹도 못한 채 식량마저 떨어지는 곤경에 처하게 되었다. 수종하던 제자들이 굶주린 나머지 일부는 병들어 잘 일어서지도 못했다. 그러나 공자는 조금도 흐트러짐 없이 강의도 하고, 책도 낭송하고, 거문고도 타면서 지냈다. 공자는 제자들의 마음이 크게 상해 있다는 것을 알고 곧 자로를 불러 놓고 탄식하듯 물었다.

『시』에 이르기를, '외뿔소도 아니고 호랑이도 아닌데 광야에서 헤매고 있네!'라고 했다. 나의 도에 무슨 잘못이라도 있단 말이냐, 우리가 왜 여기서 곤란을 당해야 한단 말이냐?"

공자는 자신이 거친 들판인 광야를 헤매고 있는 이유가 외뿔소처럼 독선적인지, 아니면 호랑이처럼 분수에 넘치는 욕망으로 세상을 지배하려는 권력욕에 빠져 있기 때문인지를 자문한 것이다. 자로가 스승의 속마음을 읽고 이같이 대답했다.

"아마도 우리가 어질지도 지혜롭지도 못하기 때문이 아니겠습니까? 그래서 사람들이 우리를 믿지 못하고 놓아주지 않는 듯합니다."

자로는 공자를 미완의 스승으로 본 것이다. 자로가 나가자 자공이 들어왔다. 공자가 똑같은 질문을 하자 자공이 이같이 대답했다.

"선생님의 도가 지극히 크기 때문에 천하의 그 어느 국가에서도 선생님을 받아들이지 못합니다. 선생님은 어째서 도의 수준을 약간 낮추지 않는 것입니까?"

공자가 말했다.

"사賜야, 훌륭한 농부가 파종에 능하다 해서 반드시 곡식을 잘 수확하는 것도 아니고, 훌륭한 장인이 정교한 솜씨를 지녔다고 해서 반드시 사람을 만족시키는 것도 아니다. 군자가 그 도를 잘 닦아 기강을 세우고, 잘 정리할 수는 있겠지만 반드시 세상에 수용되는 것은 아니다. 지금 너는 스스로의 도를 낮춰서까지 남에게 수용되기를 바라고 있다. 사야, 너의 뜻이 원대하지 못하구나."

자공이 나가고 안회가 들어왔다. 똑같은 질문을 하자 안회가 이같이 대답했다.

"선생님의 도가 지극히 크기 때문에 천하의 그 어느 나라도 선생님을 받아들이지 못하는 것입니다. 비록 그렇기는 하나 그들이 받아들이지 않는다고 해서 무슨 걱정이 있겠습니까? 받아들여지지 않은 연후에 더욱 군자의 참모습이 드러나는 법입니다. 무릇 도를 닦은 인재를 등용하지 않는 것은 군주의 치욕입니다. 그러니 받아들여지지 않는다고 해서 무슨 걱정이 되겠습니까?"

공자가 기뻐했다.

"아, 그렇던가! 네가 만일 큰 부자가 되었다면 나는 너의 재무 관리자가 되었을 것이다."

안회가 "받아들여지지 않은 연후에 더욱 군자의 참모습이 드러날 것이다"라고 언급한 것은 도가적인 색채가 짙다. 시라카와 시즈카白川靜는 자신의 저서 『공자』에서 이를 근거로 안회가 장자 사상의 시조일 공산이 크다는 주장을 펼쳤다. 이에 대한 학계의 견해는 엇갈리고 있다. 공자는 『논어』「위정」에서 안회를 이같이 칭송한 바 있다.

"내가 안회와 더불어 온종일 얘기했다. 그가 내 말을 어기지 않아 일견 어리석은 듯했다. 그러나 그가 물러간 뒤 그의 사생활을 살펴보니 그 내막이 충분히 드러났다. 그는 결코 어리석지 않다."

북송 때의 소동파도 공자가 안회를 칭송한 것과 비슷한 취지로 이른바 대지약우大智若愚를 언급한 바 있다. 크게 깨달은 사람은 마치 어리석은 사람처럼 행동한다는 뜻이다. 이는 리쭝우가 말하는 불후불흑과 취지를 같이한다. 일각에서는 대지약우를 외우내지外愚內智로 표현하고 있다. 겉으로는 어리석은 듯 보이나 사실은 매우 총명하다는 뜻이다. 현재 중국에서는 대지약우나 외우내지보다 난득호도難得糊塗를 즐겨 사용한다. 총명해지는 것도 쉽지 않으나 어리석은 체하는 것은 더 어렵다는 뜻이다. 이 또한 불후불흑과 그 취지를 같이 하는 것이다. 현대의 중국인들이 최고의 처세술로 난득호도를 꼽는 것은 곧 불후불흑을 깊이 연마하고 있음을 시사한다. 난득호도는 원래 청대 건륭제 때 화가 겸 학자로 명성을 떨쳤던 정판교鄭板橋가 처음으로 사용한 말이다. 난득호도의 관점에서 보면 마오쩌둥 시대의 대약진운동과 문화대혁명은 커다란 재앙이었다. 백白이 아니면 흑黑이라는 식의 서구식 논리 위에서 사람을 좌우의 두 패로 갈라놓은 뒤 나라를 온통 이념 투쟁에 빠뜨렸기 때문이다.

마오쩌둥 시대의 흑백논리에 따른 후유증은 매우 컸다. 세계 최빈국으로 전락한 게 그렇다. 중국은 덩샤오핑의 개혁개방을 계기로 도광양회를 관철해 문득 G2의 일원으로 우뚝 설 수 있었다. 흰 고양이든, 검은 고양이든 쥐만 잘 잡으면 된다는 그의 주장은 난득호도의 변형에 해당한다. 중국이 비약적인 발전을 하게 된 배경이 여기에 있다. 난득호도에 입각한 도광양회의 책략이 없었다면 중국은 지금도 자본주의냐 사회주의냐를 놓고 사상 논쟁을 벌이고 있었을지도 모른다. 이는 패망의 지름길이다. 21세기 좌파 이론의 태두로 불리고 있는 슬라보예 지젝은 지난 2013년 7월 국내 일간지와 가진 인터뷰에서 이같이 말한 바 있다.

"20세기 공산주의 실험은 완전히 파국으로 끝났다. 프란시스 후쿠야마는 공산주의는 패배하고, 자본주의가 승리했다고 선언했다. 그런데 중국은 최고의 공산주의자가 최고의 자본주의자로 변하고 있다. 우리는 흔히 자본주의와 민주주의는 동종교배이고, 자본주의와 공산주의는 이종교배라고 생각한다. 그러나 지금 자본주의와 민주주의는 이혼 중이다. 오히려 중국과 베트남에서 보듯이 자본주의와 공산주의가 행복한 결혼

328

생활을 하고 있다."

　미국 내 일부 정치학자들도 이제 미국식 민주주의만이 옳다는 환상에서 깨어나 중국 및 러시아 등의 사례를 깊이 연구할 필요가 있다고 주장하고 있다. 부강한 나라를 만드는 방도가 꼭 영미식이어야 하는 것도 아니고 그럴 필요도 없다. 미국의 미래학자인 나이스비트는 『메가트렌드 차이나』에서 민주주의는 서양 전래의 수평민주주의 말고도 동양 전래의 수직민주주의가 존재한다고 역설한 바 있다. 제왕적 경영과 민주주의는 결코 배치되는 개념이 아니라고 주장한 것이다. 사회주의 시장경제에 기초한 중국의 비약적인 발전은 지젝과 나이스비트의 지적이 암시하듯이 사회주의와 자본주의는 양립할 수 없다는 서구의 기존 통념을 깨뜨린 대표적 사례에 속한다.

🌀 처세술과 후흑술

　중국에는 처세의 비결을 담은 뛰어난 3대 걸작이 있다. 명대의 홍자성洪自誠이 쓴 『채근담菜根譚』, 같은 명대의 진계유陳繼儒가 쓴 『소창유기小窓幽記』, 청대의 왕영빈王永彬이 쓴 『위로야화圍爐夜話』가 그것이다. 이른바 처세 3대 기서이다. '처세 3대 기서' 운운은 처세의 기술이 얼마나 중시됐는지를 반증한다.

　『채근담』은 처세 3대 기서 가운데 가장 오랫동안 널리 읽히고 있는 책이다. 명대 말기에 태어나 젊었을 때 유가 경전을 두루 섭렵한 뒤 관계로 들어가 공명을 떨치는 데 열중했던 홍자성은 만년에 산속으로 들어가 예불禮佛하며 도인의 삶을 살았다. 그의 저서 『채근담』은 유불도儒佛道 3교의 진수를 하나로 녹인 이른바 삼교합일三敎合一의 역저로 평가받고 있다. 『채근담』을 관통하는 처세의 이치는 몸은 세속에 두되 마음은 자연과 하나가 되어 사는 도가적 삶에 가깝다. 그러나 세상은 결코 불가에서 말하는 고해도 아니고, 도가에서 말하는 선경仙境도 아니라고 언급한 점을 감안하면 오히려 유가에 가깝다. 『채근담』에 나오는 다양한 처세술은 병에 따라 약을 주어 치료하는 이른바 응병시약應病施藥에 해당한다. 읽는 사람에 따라 그 의미가 각기 다르게 와 닿은 이유다. 그러나 한 가지 공통점이 있다. 누가 언제 어디서 볼지라도 자신의 삶을 반성하고 심기일전의 자세를 가다듬도록 만드는 게 그렇다. 『채근담』만의 자랑이다. 『채근담』은 처세의 이차를 이같이 설파하고 있다.

"몸을 세우는 입신에서는 남보다 한 걸음 더 높이 서지 않으면 마치 먼지가 자욱한 가운데 옷을 털고, 진흙탕 속에서 발을 씻는 것과 같다. 그러고도 어찌 남을 뛰어넘을 수 있겠는가? 세상을 살아가는 처세에서는 남보다 한 걸음 더 뒤로 물러서지 않으면 마치 부나방이 겁도 없이 등불로 뛰어들고, 숫양이 뿔로 울타리를 받다가 꼼짝없이 걸려드는 촉번觸藩을 범하는 것과 같다. 그러고도 어찌 안락할 수 있겠는가?"

입신의 과정에서 인격이 한결 높지 않으면 이는 마치 티끌 속에서 옷의 먼지를 털고 진흙탕에서 발을 씻는 것과 같다. 먼지와 진흙만 더 묻을 뿐이다. 처세에서는 통상의 기준보다 조금 더 뒤로 물러설 필요가 있다. 그러지 않으면 부나방과 숫양의 우를 범하게 된다. 입신에는 고매함, 처세에는 겸양이 필요하다고 역설한 이유다. 노자 사상과 한비자 사상을 하나로 녹인 후흑도 동일한 관점에 서 있다. 이를 최초로 통찰한 인물은 사마천이었다. 한비자 사상이 노자 사상에 뿌리를 내리고 있음을 간파한 그는 『사기』를 편제할 때 두 사람을 하나로 묶어 「노자한비열전」으로 편제했다. 실제로 『한비자』는 『도덕경』에 대한 주석을 최초로 시도한 제자백가서에 해당한다. 군주는 자신의 속마음을 드러내서는 안 된다고 역설한 『한비자』 「주도」의 다음 대목이 이를 뒷받침한다.

"현군은 마음을 비우고 고요히 상대를 지켜봄으로써 신하가 스스로 자신의 생각을 말하게 하고, 이후 그에 따른 책임을 지워 자연스럽게 그 일이 이뤄지게 한다. 그래서 말하기를, '군주는 자신이 바라는 것을 드러내거나 자신의 뜻을 다른 사람이 알게 해서는 안 된다. 행동할지라도 현명함을 보이지 않고, 용맹할지라도 화내지 않고, 신하들로 하여금 자신의 지혜와 용맹을 다 발휘하도록 만들어야 한다'고 하는 것이다. 현군의 도는 지혜로운 자들로 하여금 스스로 사려를 다하게 해 이를 근거로 일을 결단하는 데 있다. 군주의 지혜가 다함이 없는 이유다."

이는 원래 노자가 역설한 무위지치를 풀이한 것이다. 20세기 후반에 들어와 리쭝우의 후흑이 새삼 각광을 받는 데서 알 수 있듯이 모든 것이 격변하는 21세기 스마트 혁명 시대에 『한비자』가 사랑을 받게 된 것 또한 자연스런 일이다. 『한비자』는 무위지치와 신상필벌에 입각한 군주의 리더십을 논한 점에서 매우 특이하다. 중지衆智를 적극 활용코자 한 것이다. 21세기 스마트 혁명 시대의 리더십에 부응한다. 이를 뒷받침하는 『한비자』 「팔경」의 해당 대목이다.

"한 사람의 힘으로는 여러 사람의 힘을 대적할 수 없고, 한 사람의 지혜로는 만물의 이치를 다 알 수 없다. 군주 한 사람의 힘과 지혜로 나라를 다스리는 것은 온 나라 사람의 힘과 지혜를 이용하는 것만 못하다. 군주 한 사람의 지혜와 힘으로 무리를 대적하면 늘 무리를 이룬 쪽이 이기게 된다. 설령 계략이 가끔 적중할지라도 본인 홀로 고단하고, 만일 들어맞지 않게 되면 그 허물은 온통 군주 홀로 뒤집어쓰게 된다. 하급의 군주인 하군下君은 오직 본인 한 사람의 지혜와 힘을 모두 소진하고, 중급의 군주인 중군中君은 사람들로 하여금 자신의 힘을 모두 발휘하게 하고, 상급의 군주인 상군上君은 사람들로 하여금 자신의 지혜를 모두 발휘하게 한다."

고금동서를 막론하고 독력獨力과 독지獨智는 중력衆力만 못하고, 중력은 중지만 못한 법이다. 한비자가 독력과 독지에 기대는 자를 하군, 중력을 쓰는 자를 중군, 중지를 활용하는 자를 상군으로 규정한 이유다. 중지를 적극 활용하기 위해서는 부하를 널리 포용할 줄 아는 금도襟度를 보여야 한다. 원래 금도는 앞가슴 부분의 옷깃을 뜻하는 흉금胸襟의 폭을 말한다. 이후 다른 사람을 포용할 만한 도량의 뜻으로 전용됐다. 지도자는 관인한 흉금을 지닐 필요가 있다. 그게 진정한 의미의 금도이다. 대표적인 사례로 삼국시대 관도대전 당시의 이른바 분소밀신焚燒密信 사건을 들 수 있다. 일각에서는 이전의 잘못을 불문에 붙였다는 취지에서 분서불문焚書不問으로 칭하기도 한다. 당초 관도대전에서 승리를 거둔 조조는 원소의 서신을 대거 손에 넣게 됐다. 그중에는 자신의 근거지인 허도의 일부 인사를 포함해 휘하 장령이 보낸 서신도 있었다. 좌우가 입을 모아 건의했다.

"그 이름들을 일일이 조사해 모조리 잡아 죽여야 합니다."

그러나 조조는 이를 거부했다.

"원소가 강성할 때에는 나 또한 스스로를 보호할 길이 없었다. 하물며

332

다른 사람들이야 말할 것이 있겠는가!"

그러고는 이내 이들 밀신들을 모두 불태우도록 조치했다. 이로 인해 몰래 원소와 교신을 했던 허도의 인사들과 장령들 모두 조조의 금도에 감복했다. 원래 분소밀신 사건은 후한 제국을 세운 광무제 유수가 처음으로 행한 것이다. 갱시更始 2년 5월, 황제를 칭하며 하북 일대를 호령했던 왕망의 부하들은 광무제 유수의 포위 공격을 견디지 못해 마침내 성문을 열고 항복했다. 왕망은 도주하다가 죽임을 당했다. 왕망이 한단에 세운 궁에 머물던 유수는 부하들에게 모든 문서를 조사토록 했다. 대부분 각 군현의 관원과 지방 유지들이 왕망과 주고받은 서신이었다. 왕망을 칭송하고 유수를 헐뜯는 내용이 주를 이뤘다. 심지어 유수와 그 무리를 어떻게 소탕하면 좋을지를 적어 놓은 서신도 있었다. 유수는 서신들을 보지도 않은 채 모두 궁 앞 광장에 쌓아 놓은 후 관원과 호족들을 전부 불러들여 놓고는 그들이 보는 앞에서 불살라 버렸다. 누군가 깜짝 놀라 유수에게 말했다.

"왜 이러십니까? 저희를 반대하던 자들이 모두 이 안에 기록돼 있는데 이제 이름조차 알아볼 수 없게 되었습니다."

"내가 이것들을 불사른 이유는 더 이상 과거의 은원을 문제 삼지 않겠다는 나의 의지를 보여 주고자 하는 것이다."

비밀이 밝혀질까 가슴을 졸였던 지방 호족과 관원들은 증거물이 불태워지자 안도의 한숨을 내쉬었다. 유수는 문서를 태움으로써 그들이 보복을 두려워하여 반反유수 진영에 들어가는 일을 사전에 차단한 것이다. 조조의 분소밀신과 같은 맥락이다. 간첩 행위를 했거나 잠재적 배신자를 제거할 수 있는 절호의 기회였음에도 불구하고 짐짓 아무것도 아닌 것처럼 소각을 명령한 분소밀신은 난세의 득인술이 어떤 것인지를 극명하게 보여 준다. 조조는 득인술뿐만 아니라 용인술에서도 탁월한 면모를 보여 주었다. 대표적인 예로 배신을 일삼은 위충魏种을 껴안은 일화를 들 수 있다. 『자치통감』 건안 4년(서기 199년)에 그 배경을 이같이 기록해 놓았다.

"당초 조조가 연주에 있을 때 위충을 효렴孝廉으로 천거한 적이 있었다. 연주에서 반란이 일어났을 때 조조가 장담하기를, '오직 위충만이 나를 배반하지 않을 것이다'라고 했다. 이후 조조는 위충이 도망갔다는 얘기를 듣고 크게 노해 말하기를, '위충은 남쪽으로 도망해 월나라 땅으로 가지는 않고 북쪽으로 도주해 호인들이 있는 곳으로 갔을 것이다. 내가 그를 그대로 가게 하지는 않을 것이다'라고 했다. 원소를 대파한 후 위충을 사로잡게 되자 조조가 '나는 단지 너의 재주를 아낄 뿐이다'라고 말하면서 그의 결박을 풀어 주고 하내 태수에 임명해 황하 이북의 일을 그에게 맡겼다."

상식적으로 볼 때 위충처럼 배신을 일삼은 경우는 당시의 정황에 비춰 능지처참을 면하기 어려웠다. 실제로 모든 사람들은 조조가 위충을 죽일 것이라고 생각했다. 그러나 조조는 그의 포승줄을 풀어 주고 그를 또다시 등용했다. 조조가 중시했던 것은 오직 그의 재능이었다. 난세에는 비상한 사고와 행보가 필요하다. 기존의 가치관과 관행에 얽매여서는 안 된다. 세상의 모든 것은 마치 세월이 그렇듯이 쉼 없이 바뀌며 순환하기 마련이다. 어제의 황제가 내일의 필부가 될 수도 있고, 오늘의 필부가 내일의 황제가 될 수도 있는 것이다. 조조는 난세에 능력 있는 자들이 강한 편에 붙어 일신의 안전을 보전할 수밖에 없는 인간의 약점을 깊이 이

334

해하고 있었다.

한반도는 미중이 G1의 자리를 놓고 패권을 다투는 21세기 스마트 혁명 시대의 한복판에 있다. 난세의 전형에 해당한다. 초일류 글로벌 기업을 만들어 천하를 호령하고자 하면 반드시 조조 수준의 금도를 발휘할 줄 알아야 한다. 그래야 중지를 모을 수 있다. 『한비자』는 「팔경」에서 군주가 무위지치에 입각해 중지를 모으는 이치를 설명한 데 이어 「세난」에서는 신하가 군주를 모시는 비결을 언급하고 있다. 요체는 군주의 심기를 정확히 헤아려 의중에 부합하는 건의를 하는 데 있다. 「세난」의 해당 대목이다.

"군주가 명예를 떨치는 일에 관심을 갖고 있는데 많은 이익을 얻는 것으로 유세하면 지조가 없다고 여겨 비천하게 대우하고 반드시 멀리 내칠 것이다. 또 군주가 많은 이익을 얻고자 하는데 명예를 떨치는 것으로 유세하면 생각이 부족하고 세상 물정에 어둡다고 여겨 반드시 받아들이지 않을 것이다. 군주와 가깝지도 않고 은총도 크지 않은데 대신大臣을 평하면 군주는 군신 사이를 이간하려는 것으로 생각하고, 소신小臣을 평하면 군주의 권력을 팔아 아랫사람에게 사적인 은혜를 베풀려는 것으로 생각한다. 유세의 요체는 상대가 자랑으로 여기는 것을 은근히 칭찬하고, 부끄럽게 여기는 것을 은근히 덮어 주는 데 있다. 유세할 때는 자신이 말하고자 하는 것이 상대의 뜻에 거슬리지 않도록 해야 하고, 말씨가 상대의 감정을 자극하는 일이 없도록 조심해야 한다. 그런 연후에 자신의 주장을 능히 펼 수 있다. 군주에게 간언을 하거나 논의를 하고자 하는 자는 반드시 먼저 자신이 과연 군주에게 총애를 받고 있는지 아니면 미움을 받고 있는지부터 잘 살핀 연후에 유세해야 한다. 무릇 용이란 짐승은 본래 유순해 사람이 잘 길들이면 능히 타고 다닐 수 있다. 그러나 용의 턱 밑에는 한 자 길이의 거꾸로 박힌 비늘인 역린逆鱗이 달려 있다. 이를 잘 못 건드리면 설령 용을 길들인 자라도 반드시 죽임을 당하게 된다. 군주 역시 용과 마찬가지로 역린이 있다. 유세하는 자가 역린을 건드리지 않으면서 설득할 수만 있다면 거의 성공을 기할 수 있다."

글로벌 경제 전쟁의 총사령관인 최고 통치권자를 제외한 모든 사람은 역린을 거스르지 않도록 조심해야 한다. 초일류 글로벌 기업의 총수도 기업 내에서는 역린을 지닌 용일지는 모르나 국가 전체 차원에서 보면 최고 통치권자의 부하에 지나지 않는다. 본인 역시 최고 통치권자의 역린을 거스르지 않도록 세심하게 행보할 필요가 있다. 위로 기업 CEO를 모시면서 아래로 부하들을 다루는 중견 간부의 경우도 마찬가지다. 부서 내에서는 역린을 지닌 용일지 모르나 회사 전체 차원에서 보면 기업 CEO의 부하에 지나지 않는다. 상사와 하사의 리더십을 공히 발휘해야 하는 이유다. 문제는 1인자 리더십인 상사 리더십과 2인자 리더십인 하사 리더십이 충돌하는데 있다. 상사는 「주도」에서 역설했듯이 자신의 속마음을 섣불리 내보여서는 안 되고, 반대로 하사는 「세난」에 나오듯이 먼저 상사의 속마음을 정확히 헤아릴 줄 알아야 한다. 이를 조화롭게 발휘하려면 어떻게 해야 하는 것일까? 먼저 하사의 리더십부터 제대로 발휘할 줄 알아야 한다. 그래야만 부하의 노고를 아는 상사의 리더십이 진가를 발하게 된다. 하사의 리더십을 제대로 발휘하지 못한 채 성급하게 상사의 리더십을 발휘하면 역린을 거스르기 십상이다. 이를 두고 커다란 위세로 군주를 떨게 만드는 진주지위라고 한다. 사서를 보면 진주지위를 보인 인물치고 역모의 당사자로 몰리지 않은 경우가 거의 없다. 『한비자』

336

와 『후흑학』이 난세의 하사 리더십을 언급하면서 거듭 상사의 의중부터 정확히 헤아리라고 당부하는 이유가 여기에 있다.

☁️ 상사와 하사의 행보

하사는 상사의 속마음을 정확히 헤아려 의중에 부합하는 계책을 건의하는 것도 중요하지만 더욱 중요한 게 있다. 바로 자신의 계책이 주효해 큰 공을 세웠을 경우 이를 상사에게 돌리는 게 그것이다. 이때 그 계책이 자신의 머리에서 나온 것임을 떠벌리면 스스로 무덤을 파는 짓이나 다름없다. 상사를 부하의 아이디어나 빼먹는 파렴치한으로 모는 짓을 한 셈이 되기 때문이다. 이는 계책을 올리지 않은 채 아예 무능한 부하로 찍히는 것만도 못하다. 극히 주의해야 할 대목이다.

마지막으로 설령 모시던 상사가 도중에 낙마할지라도 끝까지 충성을 다하는 모습을 보여야 한다. 그런 모습을 보인 사람만이 새로 부임한 상사의 돈독한 신임을 얻을 수 있다. 당태종 이세민 때 활약한 위징魏徵이 대표적이다. 그는 원래 이세민이 이른바 현무문의 변을 일으켜 당고조 이연의 후계자 자리를 굳힐 때 이세민의 반대파인 태자 이건성의 핵심 참모로 있었다. 그는 이건성에게 기회 있을 때마다 온갖 구실을 대어 이세민을 미리 제거할 것을 건의했다. 이건성이 그의 건의를 받아들였다면 역사는 전혀 다른 방향으로 흘러갔을 것이다. 그러나 이건성은 이를 받아들이지 않은 탓에 결국 정변의 희생양이 되고 말았다. 현무문의 변이 일어난 직후 위징이 이건성을 부추긴 사실이 폭로됐다. 이세민이 크게 화를 내며 좌우에 명해 위징을 속히 데려오게 했다.

"그대는 어찌해 우리 형제 사이를 이간질했는가?"

위징이 의연히 대답했다.

"당시 저는 태자의 참모였으니 당연히 그분을 위한 계책을 내놓아야 했습니다. 그러나 안타깝게도 태자는 저의 말을 듣지 않았습니다. 그렇지 않았다면 지금과 같은 말로에 이르지는 않았을 것입니다."

이세민은 그가 정직하고 담력과 식견이 있는 인재임을 알아보고 이내 간의대부諫議大夫에 임명했다. 그의 의연하면서도 강직한 자세와 모시던 주군에 대해 끝까지 충성하는 모습에 감동을 받은 결과다. 후대의 사가들로부터 그의 치세가 정관지치貞觀之治의 성세를 이뤘다는 칭송을 받게 된 데에는 위징의 공이 컸다. 이세민이 위징과 함께 치국평천하 문제를 깊숙이 논의한 내용을 수록한 『정관정요』의 내용이 이를 뒷받침한다. 『정관정요』「논납간」에 따르면 이세민은 즉위한 해인 무덕 9년(서기 626년)에 장병의 징집 명령을 내린 바 있다. 위징은 조서를 거머쥔 채 발송하지 않았다. 이세민이 여러 번 재촉해도 전혀 개의치 않았다. 대로한 이세민은 당장 위징을 불러 그의 항명 행위를 꾸짖었다. 그러자 위징이 간했다.

"신이 듣건대 '연못 속의 물을 말린 뒤 물고기를 잡으면 결코 잡지 못하는 일이 없지만 이듬해에 다시는 물고기를 볼 수 없고, 숲을 태워 사냥을 하면 짐승을 못 잡는 일은 없지만 이듬해에는 짐승을 보지 못한다'고 했습니다. 차남 이상이 모두 군대를 가면 세금과 각종 부역은 누구에게서 취할 것입니까?"

이에 이세민은 곧 사과하며 명을 거둬들였다. 정관지치가 결코 우연히 나온 게 아님을 알 수 있다. 당시 태평성세가 지속되자 대신들 모두 이세민을 극구 찬양했다. 그러나 오직 위징만은 이세민의 열 가지 결점을 지적했다. 자만에 빠지는 것을 경계한 것이다. 이세민은 이를 병풍에 옮겨 적고 조석으로 읽어 보며 좌우명으로 삼았다. 그가 재위 기간 내내 수성과 창업의 어려움을 묻는 질문을 스스로에게 던지면서 초심을 잃지 않은 이유다. 정관 17년(서기 643년), 위징이 병사하자 이세민은 크게 비통해하며 이같이 탄식했다.

"구리로 거울을 만들면 가히 의관을 단정하게 할 수 있고, 역사를 거울로 삼으면 천하의 흥망성쇠와 왕조 교체의 원인을 알 수 있고, 사람을 거울로 삼으면 자신의 득실을 분명히 알 수 있다. 짐은 일찍이 이들 세 가지 거울을 구비한 덕에 허물을 범하는 것을 막을 수 있었다. 지금 위징이 세상을 떠나는 바람에 마침내 거울 하나를 잃고 말았다!"

사람 거울인 인감人鑑과 역사 거울인 사감史鑑의 중요성을 언급한 것이다. 당태종이 보위에 오르는 과정에서 패도의 행보를 보였음에도 천하를 거머쥔 이후에는 왕도의 행보를 보이는 데 애쓴 이유가 여기에 있다. 득천하得天下의 창업과 치천하治天下의 수성 이치가 다르다는 사실을 통찰한 결과였다. 원래 왕도와 패도는 동전의 양면과 같다. 아무리 난세일지라도 상황에 따라서는 간혹 왕도를 섞어 써야 하고, 태평성세의 치세일지라도 상황에 따라서는 가차 없이 패도를 구사할 줄 알아야 한다. 그게 이른바 왕패병용王覇幷用이다. 이런 왕패병용 행보는 한겨울과 한여름조차 동복과 하복을 고집하지 않고 당일의 날씨에 맞춰 옷을 춘추복으로 갈아입는 것에 비유할 수 있다. 정관지치는 기본적으로 당태종의 이런 겸허하면서도 관인한 자세와 위징의 강직한 충성에서 비롯된 것이다. 물론 이세민도 사람인 까닭에 때에 따라서는 필부처럼 희로喜怒의 감정에 마구 휩싸이곤 했다. 실수가 적지 않았던 이유다. 성급하게 신하의 목을 친 뒤 크게 후회하기도 했다. 그러나 그에게는 남다른 덕목이 있었다. 바로 관인한 자세와 열린 마음이었다. 크게 세 가지로 요약할 수 있다.

첫째, 신하들에게 역린을 두려워하지 말고 과감히 직간할 것을 적극 권한 점이다. 위징이 그 역할을 전담했다. 이세민이 위징을 '인감'으로 삼은 이유다. 둘째, 군주와 신하 모두 책을 손에서 놓지 않는 수불석권을 실천했다. 이세민이 사서를 '사감'으로 삼은 이유다. 셋째, 군신 모두 『주역』을 관통하는 키워드인 자강불식自强不息의 자세를 보였다. 이세민이 때론 희로의 감정에 휩싸이면서도 끝내 절도 있는 모습을 보인 근본 배경이 여기에 있다.

많은 역사가들은 당태종을 두고 사상 최초로 명실상부한 세계 제국을 세운 인물로 칭송하고 있다. 실제로 그의 공식 칭호는 장성 안팎을 아우른 최초의 제왕이라는 뜻의 '황제-칸'이다. 장성 안의 황제에 불과했던 진시황 이래의 역대 황제와는 차원이 다르다. 그의 치세 때 동북방의 고구려와 서쪽의 토번을 제외한 사방의 모든 나라가 무릎을 꿇었다. 가장 방대한 규모의 세계 대제국을 세운 원세조 쿠빌라이도 그를 흉내 내 '황제-칸'을 칭했다. 강희제 이래의 역대 황제 역시 공식 칭호는 '황제-칸'이다. 명실상부한 천하의 주인인 '황제-칸'의 효시가 바로 당태종이었다.

이세민이 보여 준 관인과 겸허의 리더십은 21세기 스마트 혁명 시대의 상사 리더십의 전형으로 삼을 만하다. 그래야 중지를 모을 수 있고, 중지를 모아야만 미래지향적인 창조 융합 경제도 가능하기 때문이다. 나아가 위징이 보여 준 강직과 충성의 리더십 역시 하사의 리더십 롤 모델로 꼽을 만하다. 뛰어난 계책을 제시해 대공을 이룬 후 이를 모두 상사에게 돌

340

리는 게 요체이다. 리쭝우가 노자의 무위지치 사상에 기초한 불후불혹을 역설한 것도 이런 맥락에서 이해할 수 있다. 상사와 하사의 리더십은 대립 관계에 있는 게 아니라 전 인민이 예의염치를 아는 문화대국을 건설하는 과정에서 서로를 북돋우며 협조하는 보완 관계에 있음을 보여준다. 공자가 역설한 군신공치君臣共治의 근본 취지와 부합한다.

❀ G2 시대와 과제

한국은 전자제품과 조선 등에서 나름 상대적 우위를 유지하고 있으나 후발주자인 중국의 추격이 매섭다. 기술력에서 일본을 따라잡지 못한 상황에서 중국에게 추월마저 허용할 경우 심각한 위기 상황에 봉착할 수밖에 없다. 중국의 추월을 결코 허용해서는 안 되는 이유다. 그러나 정부와 기업이 이인삼각의 자세로 합심하여 잘만 대응하면 오히려 이런 위기를 전화위복의 계기로 삼을 수 있다. 심기일전의 각오로 임기응변하는 게 관건이다. 이를 달성하기 위해서는 크게 세 가지 방략을 생각할 수 있다.

첫째, 왜곡된 시장 질서부터 바로잡아야 한다. 공자는 『논어』 「안연」에서 정치가 무엇인지를 묻는 노나라 권신 계강자의 질문에 '정자정야政者正也'라고 답했다. 잘못된 것을 바로잡는다는 뜻이다. 이는 전 인민이 고루 잘사는 균부均富를 달리 표현한 것이다. 『논어』 「계씨」에 나오는 다음 언급이 이를 뒷받침한다.

"군주와 공경대부는 재물이 적은 것을 근심하지 않고 고르지 못한 것을 걱정하며, 가난한 것을 근심하지 않고 편안하지 못한 것을 근심한다. 대개 고르면 가난하게 되는 일이 없고, 조화를 이루면 적게 되는 일이 없고, 편안하면 기울어지는 일이 없게 된다."

이는 최근 중국 학계에서 제자백가의 일원으로 새롭게 각광을 받고 있는 상가商家의 효시인 관중의 주장과 맥을 같이하는 것이다. 춘추시대 중엽 제환공을 도와 첫 패업을 이룬 관중은 전 인민에게 재화를 고르게 나눠 주는 여민분화與民分貨를 정치의 요체로 꼽은 바 있다. 『관자』「치미」의 해당 대목이다.

"지나치게 부유하면 부릴 수가 없고 지나치게 가난하면 염치를 모르게 된다."

공자와 관중의 이런 주장은 경제 민주화와 동반 성장이 화두로 등장한 저간의 상황에 비춰 암시하는 바가 매우 크다. 정치경제학의 관점에서 풀이하면 극도로 왜곡된 시장 질서의 시정을 주문한 것이나 다름없다. 역대 왕조사가 증명하듯이 시장이 소수 독과점 업자에게 좌지우지되고 시장 질서가 극도로 왜곡된 나라치고 오랫동안 유지된 적이 없다. 이는 민생 문제가 해결돼야 비로소 나라가 바로 설 수 있다는 매우 단순하면서도 엄중한 진리를 반영하고 있다. 지젝도 유사한 입장을 피력한 바 있다.

"프랑스와 독일, 스웨덴 등 유럽 좌파의 사민주의 복지국가 모델 역시 공산주의 모델과 마찬가지로 실패의 길을 걷고 있다. 내가 보기에 강력한 국가만이 우리의 자유를 보장할 수 있다. 물, 전기, 직업, 그리고 은행과 금융 제도까지 통제하는 강력한 국가 말이다. 중국이 대표적이다. 기업과 은행의 훌륭한 매니저는 다 공산당원이지만 어떤 자본주의자보다도 뛰어나다. 터키와 브라질은 경제적으로 발전하는데도 시위와 집회가 그치지 않고 있다. 경쟁에서 뒤처진 자들, 배제된 자들이 만들어 내는 시위다. 자본주의 하에서 새로운 종류의 차별과 배제가 벌어지고 있다는 증거다."

민생의 현장인 시장의 질서를 바로잡아 균부를 실현하라고 주문한 것이나 다름없다. 그러기 위해서는 시장을 활성화시켜야 한다. 시장의 활성화는 사람 몸에서 피가 원활히 돌아 활력이 넘치는 이치와 같다. 혈액순환이 원활하지 못하면 아무리 튼튼한 신체를 자랑할지라도 이내 죽게 된다. 나라 경제도 이와 같다. 혈액에 해당하는 게 바로 재화와 돈이다. 실물경제와 화폐경제가 수레의 두 바퀴처럼 맞물려 원활히 돌아가야만 활성화된다. 재화와 돈이 교환되는 장소가 바로 실물 시장이다. 시장 상인들은 돈이 원활히 도는지 여부로 활황과 불황을 가늠한다. "돌고 돌아야 돈이지"라는 우리말 속담이 있다. 이처럼 시장경제의 정곡을 찌르는 말도 없다. 돈이 돌게 만드는 게 관건이다. 그러려면 왜곡된 시장 질서부터 바로잡아야 한다.

둘째, 이공계 인재를 대거 육성해야 한다. 이웃 중국을 적극 벤치마킹할 필요가 있다. 현재 세계의 공장에서 세계의 시장으로 탈바꿈한 G2 중국의 과학 기술 발전은 눈부시다. 지난 2013년 6월, 지상 340킬로미터에 떠 있는 중국의 우주정거장 텐궁天宮에서 물리학 강의와 실험이 이뤄졌다. 실시간으로 중국 전역에 생중계 된 우주 강의에서 6천만 명에 달하는 중국 학생이 이를 시청하며 직접 화상통신을 통해 강사와 질의응답을 주고받았다.

현재 중국은 연구 개발에 엄청난 투자를 하고 있다. 한국보다 몇 배나 높은 수준이다. 지난 2008년부터는 세계적 수준의 과학 인재 2천 명을 국내로 영입하는 천인계획千人計劃을 추진하고 있다. 이에 비해 한국은 그 기반이 매우 취약하다. 우리나라는 국회의원의 7퍼센트만이 이공계 출신이다. 중국의 핵심 권력층 대부분이 이공계 출신으로 채워져 있는 것과 대비된다. 과학 기술에 대한 과감한 투자와 이공계 인재의 육성은 장기적인 저성장과 저소비, 고실업으로 상징되는 뉴노멀 시대에 자원 빈국인 한국이 살아남을 수 있는 유일한 활로이기도 하다. 과학 기술의 발전 없이 일류 국가로 도약하는 것은 기대하기 어렵다. 위정자와 기업 CEO의 대오각성이 절실한 상황이다.

셋째, 초일류 글로벌 기업을 대거 육성해 국민 기업으로 만들어야 한다. 경제 민주화 및 동반 성장의 프레임에 갇혀 초일류 글로벌 기업의 육성을 게을리하는 것은 교각살우矯角殺牛의 우를 범하는 짓이다. 중소기업을 중견기업으로 집중 육성하는 방안과 함께 우리도 여러 개의 초일류 기업을 거느려야만 국부를 획기적으로 증진시켜 실질적인 부국강병을 이룰 수 있다. 그러기 위해서는 초일류 글로벌 기업을 지향하는 기업 CEO들을 적극 성원할 필요가 있다. 그들로 하여금 명실상부한 국민 기업인으로 거듭나게 해 스스로 자부심을 갖도록 만드는 게 관건이다.

모든 것이 급변하는 21세기 스마트 혁명 시대의 경제 전쟁 양상은 칼날이 부딪치는 전쟁터를 방불케 하고 있다. 『손자병법』의 이치를 적용하면 최고 통치권자는 경제 전쟁의 총사령관, 기업 CEO는 일선의 장수에 해당한다. 기업 CEO가 전 세계를 무대로 산업 전사인 비즈니스맨을 독려하며 세일즈에 나서는 것은 장수가 병사들을 이끌고 전쟁터로 나아가는 것과 같다. 사실상 사지死地로 들어서는 것이나 다름없다. 여러모로 열

세에 처해 있는 중과부적衆寡不敵의 상황에서는 더욱 그렇다. 그러나 장수
의 역량에 따라서는 이런 사지에서도 능히 살아날 수 있다. 『손자병법』을
비롯한 역대 모든 병서가 사지를 예로 들어 장수의 리더십을 논하는 이
유다. 리더십의 진면목이 바로 여기서 드러난다. 리쭝우가 역설한 후흑
의 비술을 깊이 탐구해 천하 경영에 적극 활용해야 하는 이유다. 🔳

기원전	연대		사건
221	진시황 26년		진시황이 천하를 통일함.
220	27		황하를 '덕수德水', 백성을 '검수黔首'로 개칭, 천하를 36군으로 나눔.
219	28		아방궁을 지음. 치도馳道를 닦음. 진시황이 낭야로 감.
218	29		장량이 역사를 시켜 진시황 척살을 시도함.
217	30		아무 일이 없었음.
216	31		납월臘月을 '가평嘉平'으로 개칭, 백성들에게 쌀 6석과 양 2마리씩 하사함.
215	32		진시황이 갈석碣石으로 감.
214	33		남월南越을 공략해 계림桂林과 남해南海, 상군象郡을 설치함.
213	34		이사가 분서焚書를 건의함.
212	35		몽념에게 명해 직도直道를 닦아 구원九原까지 길을 내게 함.
211	36		백성 3만 명을 북하北河와 유중榆中으로 이주시킴.
210	37		진시황이 사구沙丘에서 붕어, 호해가 즉위.
209	이세황제 원년	7월	초은왕楚隱王 진승陳勝이 기병함.
		8월	무신武臣이 조왕으로 자립, 갈영葛嬰이 양강襄彊을 초왕으로 옹립.
		9월	유방 기병. 제왕 전담田儋, 연왕 한광韓廣, 위왕 위구魏咎 자립.
		10월	진승이 갈영을 주살. 진나라 음력으로 기원전 208년, 이세황제 2년 개시

		11월	조왕 무신이 살해되자 장이와 진여 도주.
		12월	진승 사망. 옹치가 위나라에 투항. 진나라 장수 장함이 초병을 침.
208	2년	1월	장이와 진여가 조왕 헐歇 옹립.
		2월	항량의 도강으로 경포 귀속.
		3월	유방이 하읍을 공략함.
		4월	항량이 초왕 경구를 침.
		6월	항량이 초회왕과 한왕韓王 옹립. 제왕 전담 패사. 위왕 위구 자진.
		7월	진나라 군사 동아東阿 포위, 유방와 항우가 구원.
		8월	항량이 전불을 제왕으로 옹립.
		9월	항량이 진나라 장수 장함에게 패사. 위표가 위왕으로 자립.
		後9월	장함이 조나라 한단을 공파해 백성을 하내로 이주시킴.
		11월	항우가 송의를 살해하고 상장군에 제수됨.
		12월	항우가 진나라 군사를 거록에서 대파하고 제후들을 호령함.
207	유방 원년	1월	항우가 진나라 장수 왕리를 생포함.
		2월	항우가 장함의 군사를 격파함. 유방이 팽월의 군사를 얻음.
		3월	유방이 개봉에서 진나라 장수 양웅을 격파함.
		4월	조고가 장함의 증원 요청을 거부함. 유방이 형양을 공략함.
		5월	진나라 장수 사마흔이 장함에게 조고의 전횡을 고함.
		6월	장함이 항우에게 투항할 것을 약속함. 유방이 남양을 침.
		7월	항우가 장함을 옹왕에 봉함. 유방이 남양을 평정함.

		8월	항우가 사마흔 등을 상장군에 임명함. 유방이 무관을 공파함.
		9월	유방이 장량의 계책으로 남전 등을 평정함.
		10월	유방이 함양을 점령한 뒤 파상으로 물러남.
		11월	항우가 진나라 항졸 20만 명을 갱살함. 유방이 약법삼장을 선포함.
		12월	항우가 자영을 주살한 뒤 제후국들을 소국으로 나눔.
206	2년	1월	항우가 서초패왕으로 자립함.
		2월	항우가 18왕을 분봉함.
		6월	제왕 전영이 교동왕 전불을 격살함.
		7월	팽월이 제북왕 전안을 죽임.
		8월	항우가 정창을 한왕으로 세움.
		9월	연왕 장도가 요동국을 병탄함.
		10월	항우가 의제를 죽임.
		12월	유방이 이해 12월을 정월로 삼음. 한무제 때 원래 음력으로 복귀.
205	3년	1월	항우가 전가를 제왕으로 옹립함.
		2월	전영의 동생 전횡이 전가를 침. 전가가 망명지 초나라에서 피살됨.
		3월	항우가 3만 병력으로 한나라의 56만 대군을 격파함.
		4월	위표가 한나라 유방을 배반함.
		5월	유방이 입관入關함.
		6월	유방이 옹雍 땅을 농서군 등으로 편입함.
		8월	한나라 군사가 위표를 사로잡음.
		9월	한나라가 서위西魏를 군으로 편입.
		10월	한나라 장수 한신이 진여를 참함.
		11월	한나라가 상산국常山國을 태원군으로 편입, 대국代國을 병탄함.

		12월	구강왕 경포가 한나라에 투항. 항우가 구강국을 병탄함.
204	4년	4월	초나라 군사가 형양을 포위함.
		7월	임강왕 공오 사망.
		11월	한신이 초나라 장수 용저龍且를 격파함. 유방이 장이를 조왕으로 세움.
203	5년	2월	유방이 한신을 제왕으로 세움.
		7월	유방이 경포를 회남왕으로 세움.
		9월	태공과 여후가 초나라 군영에서 풀려나 유방에게 옴.
		12월	항우가 해하에서 패사함. 진나라 음력으로 기원전 202년 12월임.
202	6년	1월	유방이 천하통일의 논공행상을 함. 제왕 한신이 초왕으로 옮겨 봉해짐.
		2월	유방이 황제로 즉위.
		9월	한신이 종리매의 목을 바침. 노관이 연왕에 봉해짐.
200	8년		유방의 공격으로 한왕 한신이 흉노 땅으로 도주.
199	9년		흉노가 북변을 침공함.
198	10년		승상 소하가 상국相國이 됨. 척부인 소생 유여의劉如意를 조왕으로 바꾸어 봉함.
197	11년		유방의 부친인 태상황 붕어함. 진희가 모반함.
196	12년		회음후 한신이 멸족을 당함. 동명이인 한왕 한신이 패사함.
195	13년		경포와 진희 패사. 연왕 노관 모반 도주. 유방 붕어.
194	혜제 원년		척부인이 인체人彘가 됨.
193	2년		소하가 죽고 조참이 상국이 됨.
192	3년		종실의 여인을 공주라고 속여 흉노의 모두선우冒頓單于에게 보냄.
191	4년		노원공주의 딸을 황후로 맞이함. 혜제가 성인식인 관례를 치름.

190	5년		조참 사망. 장안성 축조 완료.
189	6년		왕릉과 진평이 승상이 됨.
188	7년		혜제 붕어. 여후가 대권을 잡음.
187	고황후 원년		여후가 선부先父를 선왕宣王으로 추존함. 노원공주 사망.
186	2년		여후가 여록呂祿의 딸을 주허후朱虛侯 유장劉章에게 보냄. 장량 사망.
185	3년		이수伊水와 낙수洛水 등이 범람해 수천 호가 유실됨.
184	4년		여후가 소제少帝 유공劉恭을 유폐시켜 살해함.
183	5년		조타趙佗가 남월무제南越武帝를 자칭하며 장사長沙를 공격함.
182	6년		흉노가 적도狄道를 침공함.
181	7년		여후가 조왕 유우劉友를 아사시킴. 후임 유회劉恢는 분사함.
180	8년		여후가 죽자 승상 진평과 태위 주발이 여씨를 멸족하고 대왕代王 유항劉恒을 새 황제로 옹립함.
179	문제 원년		문제 유항이 진평을 좌승상, 태위 주발을 우승상, 대장군 관영을 태위로 삼음.

참고 문헌

1. 기본서

『자치통감』『사기』『한서』『후한서』『삼국지』『전국책』『국어』『춘추좌전』『논어』
『맹자』『관자』『순자』『열자』『한비자』『윤문자』『노자』『장자』『묵자』『양자』『상
군서』『안자춘추』『여씨춘추』『회남자』『춘추번로』『오월춘추』『신어』『신서』『세
설신어』『잠부론』『염철론』『국어』『설원』『논형』『공자가어』『정관정요』『독통감
론』『일지록』『명이대방록』『근사록』『송명신언행록』

2. 저서 및 논문

_ 한국어판

가리노 나오끼, 『중국철학사』, 오이환 역, 을유문화사, 1995.
가이즈카 시게키, 『제자백가』, 김석근 외 역, 까치, 1989.
고우영, 『초한지』, 자음과모음, 2003.
곽말약, 『중국고대사상사』, 조성을 역, 도서출판 까치, 1991.
김석환, 『초한지』, 학영사, 2010.
김승혜, 『원시유교』, 민음사, 1990.
김엽, 「전국·진한대의 지배계층」『동양사학연구』, 1989.
김용옥, 『동양학 어떻게 할 것인가』, 민음사, 1985.
김충렬 외, 『논쟁으로 보는 중국철학』, 예문서원, 1995.

김팔봉, 『초한지』, 어문각, 1984.

김학주, 『공자의 생애와 사상』, 태양문화사, 1978.

김형효, 『맹자와 순자의 철학사상』, 삼지원, 1990.

김홍신, 『초한지』, 아리샘, 2007.

니시지마 사다오, 『중국의 역사-진한사』, 최덕경 외 역, 혜안, 2004.

라이샤워 외, 『동양문화사』, 고병익 외 역, 을유문화사, 1973.

마루야마 마사오, 『일본정치사상사연구』, 김석근 역, 한국사상사연구소, 1995.

마쓰시마 다까히로 외, 『동아시아사상사』, 조성을 역, 한울아카데미, 1991.

마준, 『손자병법강의』, 임홍빈 역, 돌베개, 2010.

마키아벨리, 『군주론』, 강정인 역, 까치, 1997.

모리모토 준이치로, 『동양정치사상사 연구』, 김수길 역, 동녘, 1985.

모리야 히로시, 『인간력』, 박화 역, 청년정신, 2004.

박덕규 편, 『중국역사이야기』, 일송북, 2006.

박영진, 『공자에서 노신까지』, 삼경, 1999.

박한제, 『중국역사기행』, 사계절, 2003.

방기환, 『초한지』, 불이출판사, 1967.

번즈 외, 『서양문명의 역사』, 손세호 역, 소나무, 1987.

북경대중국철학사연구실 편, 『중국철학사』, 박원재 역, 자작아카데미, 1994.

사다케 야스히코, 『유방』, 권인용 역, 이산, 2007.

사마광, 『자치통감』, 권중달 역, 삼화, 2009.

사마천, 『사기』, 김원중 역, 민음사, 2012.

사이드, 『오리엔탈리즘』, 박홍규 역, 교보문고, 1997.

서울대동양사학연구실 편, 『강좌 중국사』, 지식산업사, 1989.

소공권, 『중국정치사상사』, 최명 역, 서울대출판부, 2004.

솔즈베리, 『새로운 황제들』, 박월라 외 역, 다섯수레, 1993.

송영배, 『제자백가의 사상』, 현암사, 1994.

쉬캉, 『의리천하 유방』, 민경삼 역, 세종서적, 2008.

슈월츠, 『중국고대사상의 세계』, 나성 역, 살림, 1996.

시바료타로, 『항우와 유방』, 양억관 역, 달궁, 2007.

시오노 나나미, 『로마인이야기』 1-13, 김석희 역, 한길사, 1998.

신동준, 『열국지교양강의』, 돌베개, 2011.

_____, 『한권으로 읽는 초한지』, 살림, 20009.

양계초, 『중국문화사상사』, 이민수 역, 정음사, 1980.

양지강, 『천추흥망』, 고예지 역, 따뜻한손, 2009.

엄광용, 『전략가의 리더십』, 나무의 꿈, 2006.

여동방, 『삼국지강의』, 문현선 역, 돌베개, 2010.

오카다 히데히로, 『세계사의 탄생』, 이진복 역, 황금가지, 2002.

오하일, 『사기인간학』, 정신서적, 1992.

왕리췬, 『항우강의』, 홍순도 외 역, 김영사, 2012.

유재주, 『초한지』, 랜덤하우스코리아, 2005.

이남훈, 『샐러리맨 초한지』, 중요한현재, 2012.

이문열, 『초한지』, 민음사, 2008.

이성규 외, 『동아사상의 왕권』, 한울아카데미, 1993.

이성규, 『동아사상의 왕권』, 한울아카데미, 1993.

이시야마 다카시, 『유방의 참모학』, 이강희 역, 사과나무, 2006.

이언호, 『초한지』, 큰방, 2004.

이재권, 「순자의 명학사상」『동서철학연구』8, 1991.

리쭝우, 『후흑학』, 신동준 역, 인간사랑, 2010.

이중천, 『초한지강의』, 강주형 역, 에버리치홀딩스, 2007.

이탁오, 『분서』, 김혜경 역, 한길사, 2004.

전락희, 「동양 정치사상의 윤리와 이상」『한국정치학회보 24』, 1990.

전목, 『중국사의 새로운 이해』, 권중달 역, 집문당, 1990.

전세영, 『공자의 정치사상』, 인간사랑, 1992.

전해종 외, 『중국의 천하사상』, 민음사, 1988.

정비석, 『초한지』, 범우사, 2003.

조병덕, 『하룻밤에 읽는 초한지』, 발해그후, 2010.

진기환, 『사기 인물평』, 일신서적, 1994.

차하순 편, 『사관이란 무엇인가』, 청람, 1984.

최근덕 편저, 『한손에 잡히는 초한지』, 느낌이 있는 책, 2007.

최명, 『삼국지 속의 삼국지』, 인간사랑, 2003.

___, 『춘추전국의 정치사상』, 박영사, 2004.

최성철, 「선진유가의 정치사상 연구」『한국학논집』 11, 1987.

쿨랑주,『고대도시』, 김응종 역, 아카넷, 2000.
크레인 브린튼 외,『세계문화사』, 민석홍 외 역, 을유문화사, 1972.
크릴,『공자, 인간과 신화』, 이성규 역, 지식산업사, 1989.
풍 우란,『중국철학사』, 정인재 역, 형설출판사, 1995.
플라톤,『국가·정체』, 박종현 역, 서광사, 1997.
한자오치,『사기교양강의』, 이인호 역, 돌베개, 2009.
헤로도토스,『역사』, 박광순 역, 범우사, 1995.
황원구,『중국사상의 원류』, 연세대출판부, 1988.

_중국어판

郭志坤,『荀學論稿』, 三聯書店, 1991.
金德建,『先秦諸子雜考』, 北京, 中州書畵社, 1982.
勞思光,「法家與秦之統一」『大學生活』153-155, 1963.
童書業,『先秦七子思想硏究』, 濟南, 齊魯書社, 1982.
東雄 等,『劉邦的天下謀略』, 華夏出版社, 2010.
劉小川,『大話古名人-劉邦』, 巴蜀書社, 2004.
潘富恩·歐群,『中國古代兩種認識論的鬪爭』, 上海人民出版社, 1973.
方立天,『中國古代哲學問題發展史』上下, 北京, 中華書局, 1990.
傅樂成,「漢法與漢儒」『食貨月刊』復刊5-10, 1976.
史傑鵬,『劉邦傳』, 中華書局, 2012.
常萬生,『項羽』, 華夏出版社, 2006.
徐復觀,『中國思想史論集』, 臺中印刷社, 1951.
蕭公權,『中國政治思想史』, 臺北聯經出版事業公司, 1980.
蘇誠鑑,「漢武帝'獨尊儒術'考實」『中國哲學史硏究』1, 1985.
蘇俊良,「論戰國時期儒家理想君王構想的産生」『首都師範大學學報社會科學』2,
    1993.
孫謙,「儒法法理學異同論」,『人文雜誌 6』, 1989.
孫家洲,「先秦儒家與法家'忠孝'倫理思想述評」『貴州社會科學』4, 1987.
孫謙,「儒法法理學異同論」『人文雜誌』6, 1989.

孫立平,「集權·民主·政治現代化」,『政治學研究 5-15』, 1989.

梁啓超,『先秦政治思想史』, 商務印書館, 1926.

楊軍,『中國古代帝王傳記叢書-楚霸王項羽傳』, 吉林人民出版社, 2010.

楊立著,「對法家'法治主義'的再認識」,『遼寧大學學報, 哲學社會科學』2, 1989.

楊雅婷,「荀子論道」,『中國文學研究 2』, 1988.

楊榮國 編,『簡明中國思想史』, 北京, 中國青年出版社, 1962.

楊幼炯,『中國政治思想史』, 商務印書館, 1937.

楊鴻烈,『中國法律思想史』, 商務印書館, 1937.

呂凱,「韓非融儒道法三家成學考」,『東方雜誌』23-3, 1989.

呂思勉,『秦學術槪論』, 中國大百科全書, 1985.

吳康,「荀子論王覇」,『孔孟學報』22, 1973.

吳乃恭,『儒家思想研究』, 東北師範大學出版社, 1988.

吳辰佰,『皇權與紳權』, 臺北, 儲安平, 1997.

王德昭,「馬基雅弗里與韓非思想的異同」,『新亞書院學術年刊』9, 1967.

王道淵,「儒家的法治思想」,『中華文史論叢』19, 1989.

王冬珍,「韓非子的政治思想」,『逢甲學報』24, 1991.

王立群,『讀史記之項羽』, 重慶出版社, 2007.

王文亮,『中國聖人論』, 中國社會科學院出版社, 1993.

王文治,「荀子的富民思想」,『經濟學集刊』1, 1980.

王錫三,「淺析韓非的極端專制獨裁論」,『天津師大學報』1982-6, 1982.

王亞南,『中國官僚政治研究』, 中國社會科學出版社, 1990.

王威宣,「論荀子的法律思想」,『山西大學學報, 哲學社會科學 2』, 1992.

王曉波,「先秦法家之發展及韓非的政治哲學」,『大陸雜誌』65-1, 1982.

于孔寶,「論孔子對管仲的評價」,『社會科學輯刊』4, 1990.

雲中天,『人生三十六計全書-劉邦用人三十六計』, 百花洲文藝出版社, 2007.

熊十力,『新唯識論 原儒』, 山東友誼書社, 1989.

劉奉光,「孔孟政治思想比較」,『南開學報, 哲學社會科學 6』, 1986.

劉澤華,『先秦政治思想史』, 南開大學出版社, 1984.

游喚民,『先秦民本思想』, 湖南師範大學出版社, 1991.

李侃,「中國近代'儒法鬪爭'駁議」,『歷史研究』3, 1977.

李德永,「荀子的思想」,『中國古代哲學論叢 1』, 1957.

李宗吾, 『李宗吾與厚黑學』, 劉泗 編譯, 經濟日報出版社, 1997.

_____, 『厚黑學』, 求實出版社, 1990.

易中天, 『易中天读史』, 上海文艺出版社, 2007.

_____, 『品三国前传之汉代风云人物』, 东方出版社, 2006.

李澤厚, 『中國古代思想史論』, 人民出版社, 1985.

林聿時·關峰, 『春秋哲學史論集』, 人民出版社, 1963.

張豈之, 『中國儒學思想史』, 陝西人民出版社, 1990.

張國華, 「略論春秋戰國時期的'法治'與'人治'」, 『法學研究』 2, 1980.

張君勱, 『中國專制君主政制之評議』, 臺北, 弘文館出版社, 1984.

張岱年, 『中華的智慧-中國古代哲學思想精髓』, 上海人民出版社, 1989.

鄭良樹, 『商鞅及其學派』, 上海古籍出版社, 1989.

曹謙 編, 『韓非法治論』, 上海, 中華書局, 1948.

曹思峰, 『儒法鬪爭史話』, 上海人民出版社, 1975.

趙曙光, 『項羽評傳』, 中國社會出版社, 2008.

趙守正, 『管子經濟思想研究』, 上海古籍出版社, 1989.

趙如河, 「韓非不是性惡論者」, 『湖南師範大學社會科學學報』 22-4, 1993.

曹旭華, 「管子'論富國與富民的關係」, 『學術月刊』 6, 1988.

趙忠文, 「論孟子'仁政'與孔子'仁'及德政說的關係」, 『中國哲學史研究』 3, 1987.

鍾肇鵬, 『孔子研究, 增訂版』, 中國社會科學出版社, 1990.

周啓元, 『天命的眞相-劉邦帝王之路』, 濟南出版社, 2010.

周立升 編, 『春秋哲學』, 山東大學出版社, 1988.

周燕謀 編, 『治學通鑑』, 臺北, 精益書局, 1976.

曾小華, 『中國政治制度史論簡編』, 中國廣播電視出版社, 1991.

陳大絡, 「儒家民主法治思想的闡述」, 『福建論壇文史哲』 6, 1989.

陳隆予, 『劉邦與大漢基業』, 河南大出版社, 2011.

崔建林, 『中國帝王智慧叢書-草莽帝王漢高祖劉邦』, 中國戲劇出版社, 2008.

冯其庸, 「项羽不死乌江考」, 『中华文史论丛』, 2007.

郝鐵川, 「韓非子論法與君權」, 『法學研究 4』, 1987.

韓兆琦, 『史記新讀』, 燕山出版社, 2007.

韓學宏, 「荀子'法後王'思想研究」, 『中華學苑 40』, 1990.

黃公偉, 『孔孟荀哲學證義』, 臺北, 幼獅文化事業公司, 1975.

黃偉合, 「儒法墨三家義利觀的比較研究」 『江淮論壇』 6, 1987.

黃俊傑, 「孟子王覇三章集釋新詮」, 『文史哲學報』 37, 1989.

黃中業, 『中國古代帝王傳記叢書-漢高祖劉邦傳』, 吉林人民出版社, 2010.

曉東, 「政治學和政治體制改革」 『瞭望』 20-21, 1988.

_일본어판

角田幸吉, 「儒家と法家」 『東洋法學』 12-1, 1968.

岡田武彦, 『中國思想における理想と現實』, 東京, 木耳社, 1983.

鎌田正, 『左傳の成立と其の展開』, 東京, 大修館書店, 1972.

高文堂出版社 編, 『中國思想史』 上下, 東京, 高文堂出版社, 1986.

高山方尙, 「商子荀子韓非子の國家」 『中國古代史研究』 4, 1976.

高須芳次郎, 『東洋思想十六講』, 東京, 新潮社, 1924.

高田眞治, 「孔子的管仲評-華夷論の一端として」 『東洋研究』 6, 1963.

溝口雄三, 『中國の公と私』, 東京, 研文出版, 1995.

宮崎市定, 『アジア史研究』 I-V, 京都, 同朋社, 1984.

金谷治, 『管子の研究-中國古代思想史の一面』, 東京, 岩波書店, 1987.

大橋武夫, 『項羽と劉邦 漢楚の兵法に學ぶ』, マネジメント社, 1982.

大久保隆郎也, 『中國思想史』, 東京, 高文堂出版社, 1985.

大濱晧, 『中國古代思想論』, 東京, 勁草書房, 1977.

渡邊信一郎, 『中國古代國家の思想構造』, 東京, 校倉書房, 1994.

木村英一, 『法家思想の探究』, 東京, 弘文堂, 1944.

服部武, 『論語の人間學』, 東京, 富山房, 1986.

福澤諭吉, 『福澤諭吉選集』, 東京, 岩波書店, 1989.

山口義勇, 『列子研究』, 東京, 風間書房, 1976.

司馬遼太郎, 『項羽と劉邦』, 新潮社, 1988.

上野直明, 『中國古代思想史論』, 東京, 成文堂, 1980.

小野勝也, 「韓非帝王思想の一側面」 『東洋學·學術研究』 10-4, 1971.

小倉芳彦, 『中國古代政治思想研究』, 東京, 靑木書店, 1975.

松浦玲, 「'王道'論をめぐる日本と中國」 『東洋學術研究』 16-6, 1977.

守本順一郎,『東洋政治思想史研究』, 東京, 未來社, 1967.
狩野直禎,『韓非子の知慧』, 東京, 講談社, 1987.
信夫淳平,『荀子の新研究』, 東京, 研文社, 1959.
安岡正篤,『東洋學發掘』, 東京, 明德出版社, 1986.
伊藤道治,『中國古代王朝の形成』, 東京, 創文社, 1985.
佐竹靖彦,『劉邦』, 東京, 中央公論新社, 2005.
中村哲,「韓非子の專制君主論」『法學志林』74-4, 1977.
紙屋敦之,『大君外交と東アジア』, 東京, 吉川弘文館, 1997.
津田左右吉,『左傳の思想史的研究』, 東京, 岩波書店, 1987.
村瀬裕也,『荀子の世界』, 東京, 日中出版社, 1986.
貝塚茂樹 編,『諸子百家』, 東京, 筑摩書房, 1982.
丸山松幸,『異端と正統』, 東京, 毎日新聞社, 1975.
丸山眞男,『日本政治思想史研究』, 東京, 東京大出版會, 1993.
荒木見悟,『中國思想史の諸相』, 福岡, 中國書店, 1989.

_ 서양어판

Ahern, E. M., *Chinese Ritual and Politics*, Cambridge Univ. Press, 1981.

Allinson, R., ed., *Understanding the Chinese Mind The Philosophical Roots*, Hong Kong Oxford Univ. Press, 1989.

Ames, R. T., *The Art of Rulership - A Study in Ancient Chinese Political Thought*, Honolulu Univ. Press of Hawaii, 1983.

Aristotle, *The Politics*, London Oxford Univ. Press, 1969.

Barker, E., *The Political Thought of Plato and Aristotle*, New York Dover Publications, 1959.

Bell, D. A., 「Democracy in Confucian Societies The Challenge of Justification.」 in Daniel Bell et. al., *Towards Illiberal Democracy in Pacific Asia*, Oxford St. Martin's Press, 1995.

Carr, E. H., *What is History*, London Macmillan Co., 1961.

_____, *Nationalism and After*, London Macmillan, 1945.

Cohen, P. A., *Between Tradition and Modernity Wang T'ao and Reform in Late Ch'ing China*, Cambridge Harvard Univ. Press, 1974.

Creel, H. G., *Shen Pu-hai. A Chinese Political Philosopher of The Fourth Century B.C.*, Chicago Univ. of Chicago Press, 1975.

Cua, A. S., *Ethical Argumentation - A study in Hsün Tzu's Moral Epistemology*, Univ. Press of Hawaii, 1985.

De Bary, W. T., *The Trouble with Confucianism*, Cambridge, Mass. Harvard Univ. Press, 1991.

Fingarette, H., *Confucius The Secular as Sacred*, New York Harper and Row, 1972.

Fukuyama, F., *The End of History and the Last Man*, London Hamish Hamilton, 1993.

Hegel, F., *Lectures on the Philosophy of World History*, Cambridge Cambridge Univ. Press, 1975.

Held, D., *Models of Democracy*, Cambridge Polity Press, 1987.

Hsü, L. S., *Political Philosophy of Confucianism*, London George Routledge & Sons, 1932.

Huntington, S. P., "The Clash of civilization." *Foreign Affairs* 7, no.3, summer.

Johnson, C., *MITI and the Japanese Miracle*, Stanford Stanford University Press, 1996.

Machiavelli, N., *The Prince*, Harmondsworth Penguin, 1975.

Macpherson, C. B., *The Life and Times of Liberal Democracy*, Oxford Oxford Univ. Press, 1977.

Mannheim, K., *Ideology and Utopia*, London Routledge, 1963.

Marx, K., *Oeuvres Philosophie et Économie 1-5*, Paris Gallimard, 1982.

Mills, C. W., *The Power Elite*, New York Oxford Univ. Press, 1956.

Moritz, R., *Die Philosophie im alten China*, Berlin Deutscher Verl. der Wissenschaften, 1990.

Munro, D. J., *The Concept of Man in Early China*, Stanford Stanford Univ. Press, 1969.

Peerenboom, R. P., *Law and Morality in Ancient China - The Silk Manuscripts of Huang-Lao*, Albany, New York State Univ. of New York Press, 1993.

Plato, *The Republic*, Oxford Univ. Press, 1964.

Pott, W. S., *A Chinese Political Philosophy*, Alfred. A. Knopf, 1925.

Rawls, J., *A Theory of Justice*, Cambridge, Harvard Univ. Press, 1971.

Rubin, V. A., *Individual and State in Ancient China - Essays on Four Chinese Philosophers*, Columbia Univ. Press, 1976.

Sabine, G., *A History of Political Theory*, Holt, Rinehart and Winston, 1961.

Sartori, G., *The Theory of Democracy Revisited*, Catham House Publisher, Inc., 1987.

Schumpeter, J. A., *Capitalism, Socialism and Democracy*, London George Allen & Unwin, 1952.

Schwartz, B. I., *The World of Thought in Ancient China*, Cambridge Harvard Univ. Press, 1985.

Strauss, L., *Natural Right and History*, Chicago Univ. of Chicago Press, 1953.

Taylor, R. L., *The Religious Dimensions of Confucianism*, Albany, New York State Univ. of New York Press, 1990.

Tocqueville, Alexis de, *Democracy in America*, Garden City, N.Y. Anchor Books, 1969.

Tomas, E. D., *Chinese Political Thought*, New York Prentice-Hall, 1927.

Tu, Wei-ming, *Way, Learning and Politics- Essays on the Confucian Intellectual*, Albany, State Univ. of New York Press, 1993.

Waley, A., *Three Ways of Thought in Ancient China*, doubleday & company, 1956.

Weber, M., *The Protestant Ethics and the Spirit of Capitalism*, London Allen and Unwin, 1971.

Wu, Geng, *Die Staatslehre des Han Fei - Ein Beitrag zur chinesischen Idee der Staatsräson*, Wien & New York Springer-Verl., 1978.

Wu, Kang, *Trois Theories Politiques du Tch'ouen Ts'ieou*, Paris Librairie Ernest Leroux, 1932.

Zenker, E. V., *Geschichte der Chinesischen Philosophie*, Reichenberg Verlag Gebrüder Stiepel Ges. M. B. H., 1926.